个孩子都是一个

界

陈青天 / 著

吉林人民出版社

图书在版编目(CIP)数据

每个孩子都是一个世界/陈青天著.—长春：吉林人民出版社，2020.7（2023.11重印）

ISBN 978-7-206-17290-8

Ⅰ.①每… Ⅱ.①陈… Ⅲ.①教育工作—研究 Ⅳ.①G4

中国版本图书馆CIP数据核字（2020）第130706号

责任编辑：李沫薇
助理编辑：王璐瑶
封面设计：姜　龙

每个孩子都是一个世界
MEIGE HAIZI DOUSHI YIGE SHIJIE

著　　者：陈青天
吉林人民出版社出版发行（长春市人民大街7548号　　邮政编码：130022）
印　　刷：北京一鑫印务有限责任公司
开　　本：787mm×1092mm　　1/16
印　　张：16.75　　　　　字　　数：302千字
标准书号：ISBN 978-7-206-17290-8
版　　次：2020年7月第1版　　印　　次：2023年11月第2次印刷
定　　价：59.80元

可期待的"学生世界"

（代序一）

在2011年广东省中小学骨干教师高中思想政治省级培训班，我和陈青天老师成了师徒，而后又陆续在省、市相关名班主任工作室等平台继续着师徒情缘。陈老师身处教育教学一线，身上洋溢着教育、教学工作激情。在我的印象中，他的教育生涯"揣着"一个满满的"学生世界"。

陈老师告诉我，在他的电脑里装着一个属于他和历届学生的"学生世界"，当中有"学生活动、学生故事、学生成长以及学生与我"。学生的个性装饰着教师们的教育生活，学生的个性是成就教师的因子，学生的个性自成一个个世界。每一个教师都是幸运的，能够成为这一个个七彩世界的轴心。男教师职业生涯平均是38年，女教师职业生涯平均是33年，在整个教育生涯中，教师要面对的学生个体成千上万。从2002年至今，陈老师的职业生涯已经有18个年头了。18年的光阴，对一个教师来说，陈老师经历了太多。在那个属于他们的世界里，毫不掩饰地描绘着属于他们的故事，而故事里的那一段段青春必然是每个个性世界中最浓墨重彩的一笔。

教育没有派别界限，可以个性存在，可以共性交流。学生之间的共性和个性都是教育的奇迹。共性可以强调原则、立场、社会公约精神、价值观念等；个性则可以侧重学生的追求、特长、兴趣、气质、方向与选择，甚至是存在方式。无论是学生间的共性还是个性，都是学生个体存在的权利。这权利恰好是公平教育的一大基石。细细阅读本书，从《以爱，从内心到行为》《青春本色，何惧言它》《理性施为，亲子同行》《知晓成本，高效前行》到《创新教育，激发可能》，陈老师把自己的教育教学工作和学生的共性、个性进行有效的统一，把自己的教育教学实践和学生的生活进行有效的结合，描绘了"学生—家庭—学校—社会经历" 的四维立体人生，注重通过"学生现状线—师生解决线—引领成长线"三线横向的方式分享学生的故事，立体真实地反映学生的内心世界，于平凡之处恰到好处地把"内心世界、原生世界和未来世界"融入教育教学当中，回归最真实的教育状态。

学生对教师的感恩，可以延续多年直到终身。学生对教师的教育领悟会从校内延伸至校外的众多领域。不管是刚性的教育还是柔性的教育，学生的收获、成功与成才离不开教师的点滴教育。因此，在学生的成长中，教师扮演的角色是举足轻重的。从《颜色心理，彩色行为》《自己格局，自己成长》《生涯规划，科学成长》到《重视内省，发展成才》，本书给读者展示了陈老师对学生世界的探索，面对复杂的学生世界，陈老师没有退缩，而是主动地去触碰。学生的个性差异让习惯用一成不变的思维和方法面对每一届学生的老师感到吃力。学生的内心世界，学生所处的外部世界，特别是学生与自己、学生与学生之间、学生与成人之间的三种复杂的世界关系，更是让身为教师的我们难以厘清的千头万绪。

在教育生态链里，孩子和教师一起追梦是最理想的风景。本书没有系统高深的理论支撑，但陈老师努力用自己最真实的行动，去接近学生的步伐，以耐心倾听与交流的身姿，去测量教师要面对的那些难以捉摸的世界。本书的经验是可贵的，它给很多教师提供了解决问题的思路，陈老师以一种平等的姿态走进孩子的世界，看到了很多我们居高临下时无法看到的东西。

本书的讲述是务实的，它告诉我们如何去 "理解与接纳"孩子的行为、用"理性与空间"来维护孩子的可能及成长。在本书中，你既可以看到一个个学生的成长，又可以找到一名良师的心路历程。或许陈老师的这本书，也给千千万万的一线教师一种启示：诉诸笔端，或许是记录个人成长，也是分享经验的最好方式。

高家方于广州

2019年11月25日

（高家方教授是广东省第二师范学院政治系主任、广东省中小学德育研究与指导中心主任。）

成为学生的明灯

（代序二）

著名哲学家雅斯贝尔斯在其《什么是教育》中写道：教育的本质意味着，一棵树摇动另一棵树，一朵云推动另一朵云，一个灵魂唤醒另一个灵魂。

得到App创始人罗振宇在2019—2020年"时间的朋友"跨年演讲中，谈到教育主题时说，教育的本质是人点亮人，每个人都是别人的一盏灯。

陈青天老师是一棵树，摇动着学生这一棵棵树；他是一盏灯，走进学生的世界，点亮了一个个学生。那一次次摇动，那一次次点亮，汇聚成《每个孩子都是一个世界》这本书，书中记录了青天老师自己成长的历程，记录了学生成长的故事，书中有他对教育的思考和感悟，有他对教育的热爱和追求。

用真心点亮学生。青天老师喜欢学生，习惯叫学生"孩子"，拉近与学生的距离，走进学生的世界，去了解他们、探索他们，尝试打通他与学生的世界，去改变学生的世界。用青天老师的话来说，"我的初衷，便是希望他们的世界，变得更好"。青天老师18年初衷不变，用真心点亮了一批又一批学生。

用细心点亮学生。青天老师喜欢观察，观察学生的学习和生活，观察学生的行动与情绪。他的观察细致入微，他通过观察和分析学生的行为，思考和解决学生的问题，触及学生的本质，从而朝着更好的方向去塑造学生。细心，让青天老师能发现学生每个不寻常言行里的秘密，让他找到解决学生困难和问题的契机，也让他抓住点亮学生的时机。

用暖心点亮学生。青天老师喜欢和学生聊天。他在书中谈到一个学生，这位学生在朋友圈里说："毕业12年，每年至少回一次学校似乎已成为习惯，更重要的是那里有位亦师亦友的老师，熟悉的灯，熟悉的教室，熟悉的声音，有趣的交谈，很喜欢。"这位学生提到的老师就是青天老师。在校园里、办公室里、课室走廊上，我们常常会遇见青天老师那与学生谈话的温暖身影。我想，也正因有像青天老师这样暖心的老师，校园才会成为令人充满美好回忆的家园。

用专业点亮学生。青天老师喜欢记录，记录学生成长的故事，记录自己的灵感，记录自己的思考。这些记录，成了他这本书的素材。他从科任教师到班主任，从德育级长到名班主任工作室主持人……一路走来，一路成长，一路收获。学习，积累，反思，提升，成就了他的专业之路。学无止境，教亦无涯。相信青天老师亦将继续用他的专业专长去点亮学生，照亮学生的未来。

青天老师就是一盏灯，不仅点亮了他的学生，也点亮了我们每一个人。其实，青天老师这本《每个孩子都是一个世界》也是一盏灯，它可以点亮更多的人，而那被点亮的人，又成了一盏灯。

杨志坚于东莞五中

2020年1月2日

（杨志坚是广东省东莞市第五高级中学党总支书记、校长。）

造一个慧美世界

（自序）

世界，并不虚空。它以时间为纵轴，串联着生命的过去、现在及未来；它以空间为坐标，印记着生命的宽度、厚度和深度。

人有三界：过去的世界、当下的世界、未来的世界。对教育者而言，唯一的区别是，你把握住了哪个。

在我眼中，每个孩子都是一个世界。

为什么我叫孩子，而不是学生？学生，更多的是社会给予他们的身份，在特定的师生关系中、在具体的教学环境里，甚至在一纸法律条文的字里行间。

孩子，更贴近自身，与我们的距离更近，也更方便我们去了解和探寻。

世界可大可小，可真可假，可生可灭，可前可后，可塑可造，可写可述，可歌可颂。如此种种，因孩子而生，因孩子的世界而精彩。从一张白纸开始，可以在经年后变成一幅精美的、富有阳光气息的青春画卷，也会在经年后变成满满的回忆。

每一次迎新，我都在接待全新世界。

每一次毕业，我都在回忆美好世界。

每一个三年，都是人生轮回，以聚开始，又以散告终。

记不清太多了。他，她，它……他令我生气了，她逗我开心了，它足够我回味。18年的教育人生，我不想停留在碎片记忆中，我想以写实回忆我的人生。

这本书，就是我和孩子们之间的真实故事，波澜不惊，也朴实无华。

我所努力的，就是将这个世界真实地不加粉饰地呈现，当中有孩子的成长，有他们与老师最真实的互动，有我对孩子世界的思考。我试图为你打开一扇窗，让你能够触及这个年龄段孩子最真实的世界。

然而，当我说出这样的"豪言"，我内心又有点胆怯，因为当我们自信能够摸到孩子内心世界真相的时候，我们所了解的所谓的真相，往往是冰山一角。不过这或许也是教育的伟大之处，它总是以一种不断追寻的方式去无限地逼近孩子发展的真相，去帮助孩子的成长。而我们只要确信，只要我们一直在路上，那么一切就是值得的。

作为班主任，作为教育、陪伴孩子成长的重要的人，我很彷徨。不同的社会经历，不同的年龄段构成了孩子们各自的世界，尽管他们的世界总是变幻着七彩的鲜亮，却也总不太相同。如今，我们只凭着那么一点已有的经验和做法，尝试去打通我和他们的世界，尝试去改变他和他的世界，而我的初衷，便是希望他们的世界，变得更好。

我认真观察学生的生活、所见、所历、所感、所思，细心地记录教师的所思、所历、应对、分享、感悟。"世界"在我的书中，是一个接纳学生全部的重要概念。

基于教育对象的万千。每一个孩子有他自己天生的基因，有他特定的成长规律和成长环境。他在成长过程中会受到各种外在的、内在的因素的影响，这些因素，其实都是一个系统的综合性的因素。这样的因素如果对其加以跟踪、研究再放大，足足称得上是一个世界。

基于教育可能的万千。我们的教育对象——孩子，在我们的教育生涯中，何止万千，万千个孩子，形成万千个世界，再加上他们背后的万千家庭、万千家长，无论是作为受教育对象，还是协同教育关系，都有着万千教育的可能。

所以教育的功能就是要通过我们的教学、教育培养确定的教育对象，使之能够在今后的人生当中孕育出多种的发展可能，这种可能性才是教育的最大价值所在。

身处教育中，自我深思，发现解决问题太难了。面对着年年不同的学生个体，却有着年年相似的问题，每一次的回眸，看似停住思考，实际在扪心自问，目前的教育制度、教育生态、大众观念又会把我们引向何方？

借着这本小书，让我们重新认识孩子的情绪、孩子的意识、孩子的行为、孩子的自我。本书的对象首先是一个个真实的自然人，然后才是社会人，或者他们出生时起就已经是"自然—社会"人。所以，我们在努力讨论他们时，即在认真研究自己！

陈青天于台山

2020年2月5日

目 录

CONTENTS

下 篇
重视自省，发展成才

以爱，从内心到行为

当学生
活在自己的世界时，
言它犹过。

以爱，从内心到行为

一、触碰，需要很大的勇气

（一）关注内心这个奇妙世界

在和学生打交道的过程当中，我们时常感到困惑：为什么同一个问题，或者同一种坏习惯，学生会在一段时间内多次出现，给人一种永远改不掉的感觉。

例如，迟到是一种很常见的坏习惯。也许你会见到一个学生一个星期内隔三岔五，甚至天天都会迟到。教师或者班主任处理这个问题大都会感到头疼：到底应该用怎样的方法帮他改掉这种坏习惯？他的不良行为依然可塑吗？在心理学当中，其实这是一种具有可塑性的行为。"可塑性"是学术界给"能不能改变"冠上的一个专用名词。教育心理学中所指的可塑性，主要指儿童在成熟过程中，其心理发展易受环境和教育的影响。研究指出，儿童的可塑性随年龄的增长而降低。一般认为儿童早期的可塑性最大。如果在这个时期缺乏良好的教育和训练，将会给儿童以后的心理发展带来难以弥补的损失。

学生很多不良的行为习惯，其实都是他内心思想、内心观念外化形成的。所以，如果我们想改变他们的不良行为习惯，那么我们首先要走进他们的内心，通过了解、把握和触碰他们的内心，这样才能有针对性地、科学地、持续性地改变他们的不良习惯和行为。在关注学生的内心以及影响他们的外在行为的时候，我们要注意以下四点：

（1）乐观的思想、乐观的内心、乐观的人生态度会让人积极、持续、健康、向上地工作、学习和生活。但如果是悲观的思想、悲观的情绪、悲观的思维往往会令人一蹶不振，无心工作、学习或者是生活。所以从这个角度来讲，触碰、了解、扶正学生的内心，显得十分重要。

3

（2）我们的传统教育从孩子进幼儿园到小学、初中、高中、大学甚至进入社会，都过多地灌输"孩子，你的成长是为了对他人、对社会更好"的这样一种思想。这种思想其实就是一种"为他人"的思想。说白了，我们的传统教育忽视了对孩子自我的开发、保护。所以，在实现个人价值的过程当中，学生往往被引导为他所做的努力、所有付出，全部都是为了"他我"而不是"自我"，这很容易使学生在学习过程中丧失持续的动力和信心。

（3）学生的成长究竟是内在因素为主还是外在环境因素为主？我们必须要强调，在这个问题上，存在两种对立的观点：一是种族主义的自我中心论。种族主义是一种以自我为中心的态度，它认为种族差异决定人类社会历史和文化发展的方向，认为自己所属的团体，如人种、民族或国家，优越于其他的团体。传统的种族主义理论认为人的智力、社会上的种种不良行为，还有法律道德下出现的各种违法犯罪行为都是和自己的根基有关。另外一种观点则是产生于20世纪60年代的自由主义者。他们往往会认为学生的不成功，主要是来源于他们所经历的生活的贫穷，所受到的各种启示，还有家庭的不当教育以及社会上各种不合理的制度。

我认为，学生的成长更多的是依靠自身的、内在的因素。"内心"其实是一个很玄乎的词。它的存在和发生作用可能来源于现实或者是孩子一个小小的想法。学生的成长首先要超越家庭轨迹。有这样一种圈子内的观点：通过朋友、同事之间的了解、对比，发现很多家庭中的孩子的人生发展高度最多与父辈持平甚至更低。很多人会百思不得其解。其实，家庭的种种因素既能支撑孩子的发展，也会制约孩子的成长。阿德勒说："在以后的岁月里，我们就无法辨别他的哪些特征来自遗传。每种可能是遗传的基因，都因被母亲修正、训练、教育而面目全非了。她的教子办法成功与否，直接影响孩子的所有潜能的发展。"[1]举个简单的例子吧！如果你是家里的长子，却又想着发展自己的兴趣特长时，父母往往在你成长的过程中要你"做榜样""听话，给弟妹做榜样""要注意帮助家庭，分担劳作"……孩子的成长往往会在"做榜样"中变

---

[1]［奥］阿德勒（Adler A.）.阿德勒的人格哲学［M］.唐泽，译.长春：吉林出版集团有限责任公司，2013：136.

成另一个自己。

（4）学生的成长需要有限度的逆境客观帮助。尼采说："那些杀不死我的，必使我更强大。"我认为，人只有遭遇到有限度的人生逆境，才能把个人的力量发挥出来。换言之，你得有独立面对、独立承担和解决问题的能力。其实，我是旗帜鲜明地反对两种错误做法的：一是抹掉人生征途中的"难"，美化人生的"顺"；二是家长、成人极力承担孩子成长过程的所有。如同莎士比亚在《皆大欢喜》（As You Like It）一剧中所言：逆境也有好处，就像又丑又毒的蟾蜍，头上却带着珍贵的珠宝一样。[①]

"内心"这个词，看似难以捉摸，但它确实会影响甚至左右你的行动，引领你的方向。认识内心的世界，这必须由自己来决定，也必须由自己来得到，只有这样，一切才会变得有意义。因为人一生中都只有一个敌人——自己。

（二）用爱触碰内心

爱的教育，是一种蕴藉有致的内在享受。只要有足够的爱的感情传递、交流，就总能于细微处见到孩子的成长。懂爱，会爱，撇开功利目的和急成化，同等条件下自然获得那份有趣的"爱"，这才是教育最大的本真。如何触碰学生的内心，用什么媒介触碰学生的内心？唯有充分的尊重和有技巧的爱。

案例 1

"隔墙"对话

我的手机里有着这样三条短信：

1. 陈老师你现在有空吗？我想跟你通个电话，你如果什么时候有空就什么时候回我一个信息吧。

2. 陈老师不好意思，我没有看到你的信息。谢谢你！我觉得她没有那么苦瓜脸了。

3. 陈老师，新年快乐，全家幸福！谢谢你对唐××的帮助。

[①] 威廉·莎士比亚.皆大欢喜［M］.北京：商务印书馆，2014.

一、缘起于"笑"

周日晚自修前，应家长的要求，我和唐××的家长通话，家长问我的第一个问题竟然是："唐××在学校会笑吗？"起初我以为家长在找话题来避免初次通话的尴尬，就不经意地回了一句话："喜、怒、哀、乐是人之常态。她当然会笑。"但家长并没有转移话题，而是接着追问下去："那陈老师，今晚有时间谈一谈吗？唐××在家从来都没有笑过的！"多年的班主任直觉告诉我，这里面有故事，今晚的工作不容易。

二、数度落泪

在办公室见面后，家长给我描述了唐××在家的情况，无论什么时候，无论什么地方，无论是做什么事，无论是面对着爸爸、妈妈、奶奶、弟弟还是妹妹，她都从来没有笑过。

我神色凝重地问："这种情况会不会是一种生理缺陷？"

家长此时情绪有点激动，也有点失控，她竟然在我面前落泪了："老师，本来家丑不可外扬，但走到今天我没有办法了，我实话对你说吧……"

三、解决之道

笑对于想笑之人，早已不是单纯的生理要求，而是一种更强烈的心理需要。不笑之人则是强迫性地把自己关闭在常人之外，选择用一种自我吞噬的方式来待人接物，时间长了，心变，人也变。孩子已经有好多年没有笑过了，这已不仅仅是"说教"就可以解决的问题，我得让她"入心"，通过"走心"才能真正融化冰封多年的"心"。下定决心后，我开始对这对母女实施"破冰—融冰—暖春—迎春"之法，好让这位处在花季的女孩再次阳光地生活，让这位深爱却不容易的母亲释怀。

四、反思前行

刹那间，我的心被猛烈地撞击了，好像无意中洞悉了宇宙的秘密，脸上全是星光的波影，不由得痴了。看着看着心里又惊恐起来，似乎感受到了冥冥之中一种深远的召唤，星空中有一种巨大的召唤力，想要把我也吸进去一般。可接近的人才会越来越受欢迎！教育的根本目标是培养人。但人是一种在可能性和现实性之间游离不定的生物，因此教育既要塑造出有用的"人才"来，又要小心地维护"自由的天性"，营造可以为的环境。引导者要注意区分行为和内在。教育者在实施一定的教育行为之前，必须了解学生的实际，了解清楚学生行为背后的真正原因，才能做出科学而有针对性的教育行为。

教育是要塑造人，但按照什么方式来塑造？塑造后比塑造前是否会更好？人才是衡量教育成功的唯一标准吗？很显然，教育在今天这对母女面前得以重新定义：教育必须服务生活，服务学生的健康快乐成长。面对不同的受教育对象，可以采用不同的方式。培养人才固然重要，但教育的成功与否并不仅仅只有"成才"这一标准。以培养人为目标，是指人的全面、持续的发展。如果我们能够教育出阳光、开心、乐观面对并且懂得感恩的人，这也是成功的教育。

教育是一个修正和教化的过程。教师的成长亦是如此。相关制度和措施有时并不是最重要的，让教育的对象"感同身受"，让学生的内心温暖才是最重要的。

（三）内化于心，外化于行

余华在其名篇《十八岁出门远行》中形容成年的主人公"像一匹兴高采烈的马一样欢快地奔跑了起来"。[1] 很多人的成年记忆正是如此，18岁考上大学，离开家乡到另一座城市求学，青春任由你肆意张扬，一切都是刚刚好的样子。

18年的原生家庭生活、亲密的父母子女关系、相对固定的家庭环境和社会关系都没有办法拴住孩子放飞的心。他们的内心渴望自己认为的自由、自己认为的成长空间和自己想去尝试的事。他们会想飞到自己喜欢的世界。从成长的轨迹看，他们不再喜欢被设计，不喜欢躺在单一的"流水线"上；从成长的依赖性看，他们不再喜欢被扶持，不喜欢家长的过多决定和安排，他们想自己去尝试、碰壁、摔跤、爬起……从成长的方向看，焦虑的家长常常担心自己的孩子会输在起跑线上，希望孩子都在同一条起跑线上，往同一个方向跑。现实却是，不同的孩子偷偷地沿着不同的方向去完成他们对未来的追寻。

---

① 余华.十八岁出门远行［J］.北京文学，1987（1）.

案例 2

父爱的力量

事件一：缺失的父爱。

高二第一学期刚开学不久，突然接到德育处通知，我班的小阡因参与学校群架事件，被累计处以记过处分。作为一个刚休完产假、中途接手此班的班主任，我有些措手不及。不过，再大的"拦路虎"也需要积极处理！

于是，我拨通了他家长的电话，接电话的是他的母亲。谈及此事，他的母亲便滔滔不绝了："他爸从来不管他，我俩很早就离婚了，小阡是判给他爸的，可是他爸组建了新的家庭，便把小阡丢在爷爷奶奶家了。我呢，带着他姐生活，天天忙得团团转，也管不了太多啊！我们真是害了孩子啊……"

我陷入了深思：当其他孩子都承欢膝下时，小阡却缺少完整的关爱，他内心会是多么痛苦啊。"那你周末的时候可以接他回你家玩玩啊！"

"接，怎么不接？只是他现在大了，有时候不愿意过来，而且他在外面兼职，认识的朋友也多，经常夜不归宿呢，我也管不住啊……"母亲伤心地说道。

她的话再一次让我心中泛起波澜：特殊的家庭、缺失父爱的环境塑造了一个自强却自负的男孩。

我想：既然学校已经有了处理意见，为了稳住他的心，我就没有做过多的批评。他不是很爱说话，我呢，就站在他的立场上，为他的行为找到一个说辞：在当"看客"的过程中，被卷入其中。并与他达成的共识：今后不看热闹，不凑热闹。他欣然答应了。

事件二：冷汉柔情。

接下来的时间里，小阡不爱学习、不爱说话，但没有做什么出格行为。所以，我那颗忐忑的心也算是落定了。

但好景不长，一天，小阡找到我，说："老师，我要退学。"说完，眼眶泛泪。

我很疑惑，到底怎么回事？在我的一再追问下，他终于道出了缘由："我爸爸住进了ICU，家里不能缺顶梁柱。"

我的心猛地一震，经过长达两个小时的促膝长谈，我发现在他封闭的内心中，原来有着那么多丰富的情感：他热爱自己的父亲，他怜惜自己的母亲，他珍惜与爷爷奶奶的亲情，他想像一个男人一样，支撑起自己的家庭。我被他的孝心深深感动了，在与他分析病情、分析现实、分析工作后，他陷入了沉思，开始有所动摇。

所幸的是，他的母亲很快告知：小阡深爱的父亲脱离了危险。他紧蹙的眉头终于舒展开来，脸上的表情不再凝重，也打消了退学的念头。

事件三：解铃还须系铃人。

第二学期开学伊始，班上便出现了不少迟到的现象。一天晚修，小阡迟到让我撞了个正着。我依照班规让他写迟到说明，晚修后交。可谁知他第一节课后做出了更加出格的行为——翻墙离校，于是我迅速联系了学校领导和家长。

小阡妈妈告诉我，她多次打电话给小阡，他都不接，单单回复了他爸爸一条短信："爸，我明天回家。"这也让我意识到一点，父亲的地位在如此叛逆的小阡的心中分量不一般。第二天，他如期回到了家中，但仍不愿意来上学。

在我的强烈要求下，小阡的父亲终于来到学校，和我有了第一次的正面沟通。他并非我想象中的无情汉，他通情达理，爱子心切，只是新家庭的各种复杂的现实情况，让他很多时候身不由己。我把小阡的情况跟他详细交待后，小阡父亲非常内疚，决定借此机会多陪陪小阡，和他谈谈心，多表达父亲的爱，帮助小阡调整状态。

解铃还须系铃人，小阡终于在爸爸的影响下，主动发信息给我，希望再回到学校。

事件四：动摇的父爱。

逃学事件发生后不久，他又禁不住同学的诱惑，晚修时在课室里打起扑克牌，这确实让我生气，我没有对他进行任何批评教育，只是让他自己打电话通知他父亲这件事，便让他回到了课室。

我发现，回到课室后，他失魂落魄，眼中的泪水在打着转，他已经意识到自己的错误，我猜想他害怕再一次被他心爱的父亲遗弃……于是，我连忙给他的父亲发了信息："小阡爸爸，小阡现在缺乏判断，容易被蛊惑。他已经意识到自身的问题，他很在乎您，他非常需要您的关心和呵护，只有您能帮他走出困境。"

他的父亲却回复："他貌似很在乎，并决心改错。但是他屡屡犯错，我对他就似老鼠拉龟无从下手。"

这短信中透露出的无可奈何和百般的失望，让我非常着急。我连忙回复道："作为老师，我必须树立班级威严，肃清班级不正之风。但是，您作为家长，纵然有千万句这样的话，也不能对小阡讲。他只有您这一个爸爸……"

过了许久，对方回复了沉甸甸的三个字："谢谢您！"

后序——父爱如山，屹立不倒。

现在，小阡的父亲每周都会通过短信询问我小阡的近况，我也每周与他单独聊天，了解他的情况，并给他看他父亲的短信，让他知道他父亲的爱如山，屹立不倒。

在与小阡交谈的过程中我也发现，只要一说到与爸爸相关的事情，他就低着头，沉默不语。于是每次回复他父亲的短信，我都会建议他每周尽量陪小阡吃个饭、聊会天。

现在，在父亲的关心下，小阡非常懂事，没有违纪现象，而且他很信任我，愿意跟我说知心的话，与同学的交流多了，阳光灿烂的笑容也多了。

二、问题分析

像小阡这样离异家庭的孩子，得不到完整的关爱，心中会无限苦闷，于是就会采取过激行为来引起家长的关注。同时，社会朋友的增多、网络信息的泛滥，也让他的思想不健康：读书无用论、金钱至上论、兄弟义气论等思想充斥着他的内心。所以，小阡问题的形成是多元的、非常复杂的。

心理学家指出："作为一个心理工作者，你别指望你的说教能改变你的咨询对象，因为他们通常会形成不同程度的抗阻，若真想改变他，那么你只能对他表示认同和理解，走近他的情绪世界，让他在心绪上接受你，然后他才会对你的说教不产生抗拒，并慢慢接受。"[1]所以，对于这类学生的转化，苍白无力的说教不如激发他的善，让他在爱的呼唤下进行自我批评和反省，让他用正面积极的思想战胜负面消极的自我，从而达到进步和提升。

三、解决措施

北师大肖川教授指出："没有任何真正的教育是可以建立在轻蔑与敌视之

---

[1] 哈佛大学心理学博士、香港城市大学助教岳晓东博士讲座《小学生攻击性行为的产生与矫正》。

上的，也没有任何一种真正的教育可以依靠惩罚与制裁来实现。真正的教育只能建立在尊重与信任的基础上，建立在宽容与乐观的期待上。真正的教育存在于人与人心灵距离最短的时刻，存在于无言的感动之中。"

问题学生的转化没有固定的措施，但一定要凭着"爱心"和"耐力"，帮他们树立正确的道德观。在家校合作的原则下，采取心理辅导谈话、亲情感化、活动参与、社会实践、自我反省等方法，找到他们的闪光点，让他们感受到浓浓的爱意，使教师、家长和学生之间形成巨大的凝聚力。

四、感悟

（一）家校沟通，进行情感激励

李镇西老师在《致家长的一封信》中写道："家长是孩子的第一任教师，家庭是孩子的第一个课堂。""家长也是教育者——不管家长是否有很高的文化水平或是否学过教育学，只要有孩子，他就是教育者。"所以，家长不能缺席，父爱更不能缺失，对于单亲家庭，唯有更多的关爱才能弥补他们内心的遗憾，才能融化他们心里的坚冰。

李镇西老师还写道："老师和家长之间，本质上是一种同事关系，因为我们都是教育者。"我们与家长之间有共同的教育对象、共同的教育理想，不管孩子面临怎样的父母、怎样的家庭，教师都应该想办法联合家长一起教育，通过家校合作共同教育效果应该会更好。

（二）找到亮点，增强自信

著名心理学家森塔尔德说："当一个人得到赏识时，他的心里就有一种成就感，就会对未来充满信心。"实际上，教育者了解学生兴趣、特长是基础；教育者善于鼓励学生发展兴趣、发挥特长是关键；教育者积极提供机会是保障。例如，你可以在学校艺术节临近之际，鼓励有舞蹈优势的学生出演班级节目，你可以在校运会临近之际，鼓励有运动天赋的学生承担比赛项目。当孩子的舞蹈、运动天赋在台上、运动场上得到身边同龄人的认同，我相信，孩子首先会开心，然后会有这方面的自信，与同学的谈笑也会更多。所以，孩子需要更多的激励，让他们不再因为缺爱而自卑，让他们身上的光彩更加夺目。

（三）反思教育

青少年教育专家孙云晓曾说："一般来说，孩子犯错的时候，恰恰是教育的良机，因为内疚和不安会使他急于求助，而此时明白的道理可能使他刻骨铭心。"所以，当孩子犯错的时候，不要在盛怒之下去处罚，要给他思考和反省的时间，当他进行一番自我心理征战后，教育者再对他进行入情入理的说教，效果更佳。

（四）爱的教育

俗话说："没有爱，就没有教育，爱是教育的源泉。"罗素也曾经说过："凡是教师缺乏爱的地方，无论品格还是智慧都不能充分或自由地发展。"教育者对学生少苛责，多从爱的视角去关注他们，对他们嘘寒问暖，给他们正面的引导，让他们在关爱中学习，在呵护中生活，他们也更愿意敞开心扉。著名教育家陶行知先生说过："真教育是心心相印的活动，唯独从心里发出来的，才能打动心灵的深处。"爱的教育是我们需要持之以恒坚守的理念，也是我一直努力的方向。

颜色心理，彩色行为

一、阶段行为，阶段色彩

中学时期是人生成长承上启下的阶段，是衔接少年后期与青年时期的成人关键时期。中学生在"自然人"的身心发育和"社会人"的社会角色能力方面主要呈现出以下几个基本特点：

（一）成长轨迹曲折性

这是常态，是随着中学生的学历、阅历和未知领域的拓宽而出现的。中学生在社会、他人与自我关系上，易出现困惑、苦闷和焦虑，对家长、教师表现出较普遍的逆反心理和行为。

（二）行为冲动性

中学生思维独立性和批判性有明显的发展，也很容易产生片面性和表面性，往往强调事物的某一方面而忽视事物的另一面，把与众不同的选择当成勇敢的表现。

（三）情绪周期长

思维敏感、容易激动，受身边同龄人的言行影响较大，容易感情用事，注重潮流跟风，情绪调节周期长。

（四）目的需求多层次

除重视关注自己外，开始关注他人，关注社会，开始努力地实现"目的—结果"的变化，价值取向多元。但对权利的需求多于对自身的义务、责任和实际行动的需求。

（五）"自我—本我—超我"格局改变

按照精神分析学家弗洛伊德的理论，中学生的本我放大、自我增强、超我往往被忽视，渴望得到别人的了解、理解和尊重。

（六）新鲜感追求依然热烈

互联网、信息化时代发展，中学生正处于多元文化形态之中，新鲜事物对学生的刺激很大。他们求知欲旺盛，对新鲜事物保有热情；自身缺乏较为完善的道德、价值观念，缺乏较为准确的判断与选择能力。

二、关于"色彩心理学"

"色彩心理学"是心理学的一部分，负责研究每种颜色所具有的不同含义，分析我们如何看待色彩和情绪及对我们行为的影响。这种色彩心理学应用于日常，如艺术、广告、时尚、标牌领域、市场营销、建筑……并且在我们没有意识到的情况下影响我们的日常行为。它的起源可以追溯到中国古代，当时的基本点以蓝色、红色、白色和黑色表示。在这些基本要点的中心是指定帝国的黄色。

我们现在知道的第一个关于色彩心理学的研究来自歌德，他写了一篇名为《色彩理论》的论文。其中，和谐的概念和色彩的主观感受第一次出现。基于这项研究，心理学家伊娃盖勒在2008年撰写了《彩色心理学》一书，扩大了歌德的结论，并深入研究了色彩与人类思维、行为之间的关系。从色彩，到人类思维点滴，再到行为研究，无不透视着色彩与心理行为的紧密联系（图1）。

这个世界上，所有的生物，即使是一根草，也有属于它的颜色！无论是生物的增色、褪色还是混色，其状态都是生物生命的过程。

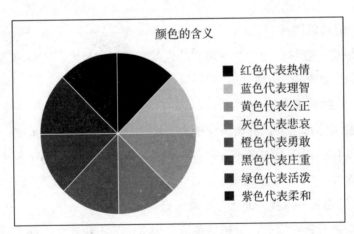

图1 颜色的含义

三、中学生颜色心理及行为

（一）中学生颜色心理关注

中学校园应该是七彩的，中学的教育可以是七彩的，中学生的青春年华也应该是七彩的。七彩的颜色代表着丰富、多样和发展。为此，我设计了问卷《中学生"心情与行为"的调查》进行调查，学生眼中的颜色在社会和内心表现等方面明显不同，中学生由于生理发育的加速和性发育逐渐走向成熟，常常感到不适应，出现不平衡的感受及种种矛盾和困惑。面对这些矛盾和困惑，他们体验着群体、竞争和社会带来的危机感，这促使他们更加关注自我的发展和变化。我们通过表格呈现如下（表1、表2）：

表1　颜色与关注社会表

颜色	第一关注	行为表现	事例	措施
红	奋斗、胜利、正义、共产主义、喜庆	爱国、做事积极	看到中国国旗在国外升空时热血沸腾	自觉担当民族复兴大任
黑	哀悼、神秘、庄重	做好黑白搭配	正式场合穿黑礼服	寻找光明突破黑暗
橙	和谐、温暖、救援、勇敢	自己的行为更勇敢	路见不平会积极相助	多做有意义的事
黄	快乐、幸福、公正、权威	做什么事都开心	黄鸭子带给人开心，丰收	把自己的书房布置成淡黄色
绿	环保、健康、生命	珍爱生命	日常生活注重节约	早睡早起
灰	无助、低迷	封闭自己	学校附近的环境	努力专注自救
蓝	理智、和谐	冷静处理问题	希望常有蓝天	环游世界
紫	史诗、梦想	帮助我们集中和净化思想	优雅的宴会	自我鼓励、找朋友倾诉

表2　颜色与个人内心表

颜色	心情代表	行为表现	事例	措施
红	积极、兴奋，紧张	专注、主动和前行	积极、上进做事	积极面对生活
黑	内心拘谨	外在行为与人的界限	用黑色区分一切	重视而不全部依靠
橙	开朗惊喜、友善，疲劳	乐于助人，学会感恩、放松、坚守	会开玩笑、关心同学	拓展人际关系
黄	开心、激情、嫉妒	对生活乐观	积极与同学交流	分享好心情、组织活动
绿	轻松、活泼、开心希望、治愈	热爱生活	下定决心为目标而努力	修身养性
灰	绝望、心情低下忧愁、阴暗	哭、沉默、消极对待	被人误会、受委屈，做什么事都不带劲	接受现实、转移注意力
蓝	深沉、理智、冷淡	感到忧愁，沉浸在自己的世界	精神状态不佳、喜欢一个人待着	听音乐
紫	带来我们灵性的状态幻想	用眼睛说话	对别人高冷却自卑	找朋友倾诉、自我激励

【学生素材1】

出国前的焦虑

学生自述：近来，在学校睡眠状态一直不是很理想，常会睡不着，星期一至星期五常会在夜晚12点至次日凌晨1点多才入睡，每天早上又要6点起床，状态一直都不是很好。个人认为是有些许的心理负担重。可能是由于有感情方面的问题需要思考，本人也在尽量去思考学习，通过打篮球转移注意力，可没什么效果；加上将要出国，内心也总是忐忑不安，第一次一个人远行，难免心生不安；有些科目的作业可能写不了，更多顾及数学、英语这两方面，担心考不好……

表3 颜色心理与行为分析

事件	颜色	行为
将要出国，第一次一个人远行	红色，代表紧张	近一两个星期睡不着，在学校睡眠一直不是很理想。星期日常常睡不着
有些科目作业写不了，担心数学、英语这两方面，考不好	灰色，代表担忧	星期一至星期五常会在夜晚12点至次日凌晨1点多才入睡，每天早上又要6点起床，状态一直都不是很好
压力倾诉，转移注意力	绿色，代表希望	运动减压，充分准备

（二）中学生颜色心理行为

文章《服色密码》中描述道："在遥远神秘的中世纪，艺术在社会氛围的压制下逐渐成为宗教的衍生品，只为满足其需要而存在。而当时的服饰色彩在宗教势力的控制下也不得不服务于宗教要求。色彩的丰富正迎合了人们对服色象征作用的重视。服饰的颜色显示着每个人的身份与地位，成了符号般的存在。"[①]

颜色会自然流露在特立独行的现代青年学生的生活与学习、情绪与情感、行为与选择中。青年学生在每一个场合、每一起事件中，都会有意无意地呈现某一种主体的颜色，并通过言行举止透露给这个世界某些信息。

1. 红色，它是禁止、激情、危险、血液、爱情、欲望和价值的颜色

红色可以提高心率和呼吸频率。它也会在你的心情中引起愤怒和侵略。相反，它可以为你提供必要的力量去面对一些事情。

2. 黑色，这种颜色与哀悼、神秘、优雅、复杂、死亡、神秘和夜晚有关

黑色让我们难过并且吸收了我们的能量。它可以造成忧郁和压抑的状态，这就是为什么不建议过度暴露于这种颜色中。黑色代表态度。

黑色，是一种最有态度的颜色，它分明在表达"我不烦你，你也别烦我"。

——日本设计师山本耀司

---

① 臧楠.服色密码［J］.读者，2018（19）.

孤独可能是最开始自己能够感受到的一个小小的力量，再之后你要去找到一件有意义的事情，并坚持下去，并且让更多喜欢你的人加入进来，它就会变成一件挺有意义的事情。十六七岁的你喜欢的东西，其实就是喜欢你自己！

特立独行之人，难以下定义，感觉到他或她身上具有一种独特的魅力，包括生活方式、生活态度以及待人处世等多方面或拥有一些人们所不具有的良好品质和特长。加缪说："一切特立独行的人格都意味着强大。"

校园中其实也有着一定数量的特立独行之人。他们匆忙地行走在宿舍、课室和饭堂……①性格内向之人；②不善交际之人；③兴趣爱好缺乏之人；④需要静处之人；⑤在努力追求之人。他们也许并不是不喜欢跟同学玩，他们也许只是希望把时间用在自己想做、自己要做的重要事情上。

3. 橙色，橙色是活力、能量、青春、热情、温暖、乐趣和创造力

这是一种刺激的颜色，给我们力量和乐观，并产生情绪平衡。多余的橙色会引起焦虑。橙色代表运动。

哲学上说："运动是事物存在的根本属性和方式！"它是绝对的，无条件的，永恒的。运动以它的速度、力量、激情深深地吸引着众多的青年学生。

运动是激情，运动是健康，运动是生命，运动是美丽。运动是最佳的一种生活方式，不论是对生活还是工作学习，都有非常大的帮助，可以令人增加自信，热爱生活，保持身材并且保持健康，锻炼意志，提升品质，头脑清醒，精神飒爽。可以说选择运动，就选择了人生，灿烂多彩的人生。

你可曾想到，过度运动也会是一种错误。你有定期运动的习惯吗？运动改造大脑，你能意识到运动怎样影响着你的大脑吗？校园里的运动很容易产生错误：①只为了运动，因为它cool；②餐后运动；③不合适的场地运动；④过量运动；⑤运动场里的不安（欺凌）；⑥运动后的不健康习惯。

4. 黄色，这种颜色象征着能量、快乐、幸福、光明、乐观和嫉妒

黄色让我们感到高兴和积极。不建议过度暴露于此颜色中，因为它会导致压力和紧张。黄色代表能量、信任。

案例3

信 任

"老师，我们成功了！"当得知校运会高一年级第一名是高一（4）班时，学生们沸腾了！

"你我同心致青春，四班雄心想逆袭"，这是我们班在东莞市第五高级中学第13届校园运动会的标号。结果是喜人的，但过程却并不如人所想的那样，我们也有不顺的开头，过程中也出现了许多的"小插曲"，对班主任的管理而言，我觉得是"信任"挽救了我们。

积极的过程其实就是学生积极参与班级活动的过程。无论是工作人员还是参赛选手都积极参与。

一位女生，一天赛程，三个项目。这其中有一位女生，她一共报了两个项目，如果再加上她参与的女子4×100米接力比赛，那么她就一共有三个比赛项目。

两次掉钉鞋。可是在她参加的前面两个项目当中竟然都非常可惜地出现了掉钉鞋的情况，以致成绩没有达到她理想的目标。因此，这个女生非常生气。

极力争取的她。这位女生竟然还想着要参加女子4×100米接力赛。当时我考虑她在早上的时候已经参加了100米还有400米的比赛，如果按照正常的推理分析，她的体力应该是到了极限的状态，已不适合参加4×100米接力赛。再考虑到她两次出现掉钉鞋的现象，我比较担心她会拖班级的后腿。

但是这位女生一直都坚持她一定要参加这个项目。这是她最擅长的一个项目，尤其是弯道。而且为了让老师同意，她也找了好多她的舍友、同学甚至还找了她以前初中时候的一些同学来说明她在这个项目上面是有优势的。

基于信任获得的成绩。基于信任，我把第三棒，即转弯道的位置交给了她，她非常高兴地跟老师说了一句："老师，谢谢你的信任，我一定不会令你失望。"最终，班级获得女子4×100米接力赛第1名。

5. 蓝色，蓝色与进步、忠诚、安宁、和谐、冷静和智慧有关

它与天空和水有关，因此它在我们的心中有放松的力量。另外，它可以让我们冷静下来，达到平静和宁静的状态。蓝色代表希望和和谐。

在这个社会里，闹腾的东西、新的东西有的是，但我们缺乏安静的东西。

这个时代太快了，不静下来，就很难享受到人生的快乐。蓝色的宁静，何其重要。有时，当我们身处一个蓝色的环境里，如面朝大海，我们的内心会很安静。分析当下青年的急躁和冲动，太需要安静，太需要一个蓝色的环境。静以修身、静以养德、静以待物、静以接人、静以修为。静，就是有时间和机会沉下心来去思考、去体会甚至重塑，重塑那本应属于自己的价值观念和自制力。

人的内心至为辽阔。看似不着一物、一无所有的内心，很可能有着超出我们想象的理解力，它一定能理解另一个处于截然不同的命运中的孩子。成年人强调物以类聚、人以群分，他们膜拜阶层。成年人难以理解与他们不同类型的人，他们的理解力太有限了，要用来理解自己的工作、自己的圈子、自己的现实。他们不会交付过多的精力给虚无缥缈的东西。

孩子有时会独自想象，独自回味。他们不觅知音，无须理解，像自学成才那样，建构了自己的诗意与远方。

案例4

尝试犹胜优异

戴着口罩，看不清他的脸庞，只知道他的双眼还是有神的。他试着向我解释为什么要参加"五中好声音"。他说："我从小到大都没有接触过无线麦克风，我想摸一摸、感受一下它，也感受一下自己真实的存在，而且我有信心唱好。"

真不敢想象，在媒体神通、娱乐至上的年代里，这个17岁的青年未曾接触过"无线麦克风"，这是神物或是隔绝物？一个普通的娱乐工具在他17年的人生当中竟然没有出现过，他是如何参加、接触社会的？他的家长又是如何教育他的？父母缺失严重吗？一个小小的平台竟成了他内心强烈的向往。我相信，我应该给他一个鼓励和机会，因为这个机会可以穿越他心中的荒原，穿过他与真实世界之间的距离，让他在自信与自卑中走出阳光之路。

任何事物都是有边界的。例如，正义是有边界的，权力是有边界的，自卑也是有边界的。自卑者的内心与现实世界的最大边界就是行动的边界，给一个机会，多一次肯定，并持之以恒，他们往往会从内心跳出现实。

6. 灰色

灰色是介于黑和白之间的颜色，灰色让人感觉有点寂寞、有点空灵、捉摸不定，奔跑于黑白之间，像极了人心，是常变的、善变的，是最像人的颜色。

 案例5

灰色动机

今天值班，照旧巡堂。

走到体育实验班，发现有四个空位。我习惯性地停了下来，问问在场的学生，"这四位同学为什么会缺席？"很多学生都配合我，积极地给了我答案：

"有两个同学请假。"

"有两位同学去办公室领作业了。"

但我刚从办公室出来，并没有见到有学生在办公室领作业本，难道是参加日语班学习的学生？我认真地核查之后，发现参加日语班的学生已经到位了。这下，我再问了学生一次，结果，又有了新的答案：

"级长，他们俩去洗手间了。"这里面有猫腻了。为了搞清楚原因，我只好在门外等着班主任。

果真，班主任来到课室后，与值日班干部核实，并没有其他情况了，过了几分钟，两位学生终于出现。他们并没有去洗手间，而是迟到了。

真相瞬间大白，是两个学生迟到了。我在年级的日常管理中，常常碰到这种奇怪的现象。学生在面对师长的管理和查问时，都有意无意地采用一些学生常见的行为，如上洗手间、在办公室、打水等来应对。

为什么会这样？他们这样做的原因、动机是什么？

（1）学生的一些个别不良行为逐步变成普遍行为。

（2）学生站在自我立场的角度，保护自己的同学。

（3）这种行为带有群体性。

我们深入研究发现，有一部分学生会如实反映自己知情或者不知情。但有一部分学生会有群体趋向性，行为上选择趋同。毕竟，他们试了，成功了。这些学生便错误地用生活、学习中的小事去掩盖其不良目的。

7. 紫色，这种颜色与神秘、直觉、幻想、魔法和信仰有关

紫色暗示了我们的灵性，也容易指向我们。

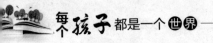

【学生素材2】

审美跨界

昨天晚上，宿舍同学说有人在班级微信群搬弄是非，不知道针对谁，然后在说沈××，然后沈××的事解决到一半，群里面不知道谁说了一句还有董××。我的舍友告诉了我，我就过去隔壁宿舍找董，发现他和李××吵架了。说到群里面的事我让他过来看一下，帮忙问一下到底干吗了，我做了啥。然后他也一直没说话，没过一会儿又回了自己宿舍。我等他过来，上微信，帮我解释。他一直没来，我就再去他们宿舍找他，他们宿舍门锁了，叫他也不开门。当时瞬间就是心痛，觉得很失望，也很绝望，我把他当成最重要的朋友，可以为他"两肋插刀"。

群里面大概就是为了李××打抱不平，还有一些对董××不满的言论，也有同学跟他有小矛盾的也都说出来了。我跟××玩得好，但有时我也看不懂他处理事情的手段和态度。星期二晚上他被女生说事，也不只是这件事，只是时间久了全都爆发出来，我当晚劝过他别理就行，他非要看信息，然后呢，自己心里撑不下去，半夜回家。今天我请假回去后一直在处理跟班主任的通话，跟董××妈妈聊天，跟同学说一大堆的破事，我自己心里就很烦，极端的事我也做得出来啊。如果这么一个简单的事都处理不好，想不开跳楼，免得那么多的同学、老师担心。我想说的就这些，我不会帮助任何一个人澄清，也不会偏向任何一个人。让老师失望了，惹出这么多的破事，对不起，我会好好反省。

8. 绿色，这是自然、健康、成长、希望、平衡的颜色，绿色的发展

成功的教育需要树立起学生的可持续发展思想。

案例6

"书"写文化 添点书香

——一次"意外"的对话

垃圾危机

2013年的7月，临近期末考试。某天，天气炎热，我正在凉快的办公室里工作。值日生邓××和苏××大汗淋漓地走进来对我说："老师，今天的课室垃坂，我们没有办法倒了……"

"是没有办法倒，还是不想倒？前者是能力问题，后者是工作态度问题。"我对学生如是说。

"老师，是没有办法倒，太多了，太重了，我们两位女生非常吃力的。"学生说。

我有点生气了："课室平时的垃圾也就是一些纸屑、食品包装和饮料瓶子，能有多重？"

"老师，要不然您跟我们去课室一趟，顺便帮我们提出一下解决问题的办法。"

我唯有和两位值日生到课室。俗话说："眼见为实！"课室里的杂物房里堆放着两大堆书。新的、旧的、学习用书、课外读物，夹杂着一些生活垃圾。如此多的书，确实不是两个瘦弱女孩可以处理好的。

"老师，您了解实际情况了吧？怎么办？请您给一点意见。"

作为一名老班主任，我坚持一项原则——学生产生的问题应该由学生处理。于是，我把还在课室埋头苦干的班长袁××等几个人叫过来商量解决问题的办法。

……

临走时，我给他们抛下这样几个问题：

第一，垃圾这样堆放合理吗？

第二，这些都是废品吗？

第三，你们有把他们变"废"为"宝"吗？

第四，你们针对这种情况能提一个长远的对策吗？

播下希望　收获硕果

第二天，班长袁××过来向我汇报昨天的处理情况，并向我提交了《高二（5）班"书"写文化 添点书香倡议及计划书》。全文如下：

同学们，勤俭节约、艰苦奋斗是我们的优良传统。书是纸做成的，纸是由树木做成的，森林是人类的天然氧吧，我们今天浪费的是纸和书，却都是在破坏我们明天的呼吸和生存环境。很快我们就是高三的备考生了，每位同学手中都有一些与众不同的资料和课外读物，如果丢掉是很可惜的，如果我们能把自己手头上的资料和课外读物共享出来，也许我们的知识和视界将会大许多倍。变废为宝，循环利用才是正道。因此，班委向全班同学倡议：

（1）学习垃圾和生活垃圾分类回收。

（2）个人的课外读物统一由班级管理，共享知识。

（3）将较好的旧教辅捐作爱心读物。

（4）定好班级读书日，名为"书香人生"，时间是每周星期四第八节班团课。

反思，催我成熟

当我看完这份倡议计划书，我真正明白了班级管理要做到日常化、常态化，多创设情境，让学生领悟生命的真谛！我才发现，留给学生空间，他们也能给我们一片绿色的天空……

俗话说："小事方显不平凡。"我静下心来，细细地回味事情的经过，总结出了以下几点成功的经验：

第一，"缓"字是减少师生矛盾、增加师生信任的前提。民间有句谚语说："事急则变，事缓则圆。"碰到事情不要操之过急，而要慢慢地设法面对，这样不仅可以圆满地解决问题，还可以培养人的气度，使人变得沉稳老练。曾国藩说："世事多因忙里错，且更从容。"凡事缓一缓，三思而后行，也是一个人涵养的重要体现。"缓"其实就是给双方机会，"缓"其实就是给双方达成互谅的搭桥。师生之间有矛盾，既有原则问题，也可能有角度与认知问题，甚至是教师个性与学生个性的问题。缓一下，可能会不解自通。

第二，学生的问题应尽可能由学生处理，这是增强学生人际交往能力的有效途径。奥地利著名教育学者布贝尔说："教师决不可忘记，对于种种冲突只要能在一种健康氛围中加以解决，那么冲突也会具有教育价值。与学生所发生的冲突是对教师的最大考验。"

第三，信任将给予学生无限的创造空间。传统学校德育比较宏观地加强家校沟通，突出班主任与家长的沟通，却忽略身边最重要，也是极需要的师生沟通。通过这一案例不难发现，我们在班级管理上，主动、积极地寻求与学生的沟通合作，将是最直接、最有效的教育途径，它既尊重和了解学生的需要，又发挥了学生的聪明才智，关注学生的生命教育。

第四，团结合作、集思广益是班级管理的有效途径。当班主任一个人面对50位个性各异的学生时，往往会感到力不从心。但我们可以这样思考，如果是一个班主任和九位科任老师一起面对呢？如果一位班主任和九位科任老师，再加上十位班干部呢？班级的事情可以大家分，管理班级的点子可以由大家出，这样效果更佳，效率更高。

9. 彩色的圈子

这个世界本来就是多彩的，多彩的肤色、多彩的文化、多彩的节日、多彩的活动。不同的人会因为一届足球盛宴聚在一起，不同国家的人会因为一次盛会而欢聚一堂。从某种程度上说，现代社会生活本质上是一种圈子生活。这种情况在校园也不例外，彩色校园圈子有四个特点：第一，在学校里有没有固定的一些同学和朋友？第二，你有没有因为没有参加这些朋友的活动而感到失望？第三，在和这些朋友的交往时是否有相对固定的主题内容，或者感兴趣的话题？第四，在和这些同学、朋友聊天时，你的观点、你的意见和你的行为有没有被他们的想法给左右？

有人说青春期其实是叛逆期，这是一种误解。青春多叛逆，我们都会经历青春期。彩色的圈子正是因为青春。青春该是有多种多样的色彩和标签，叛逆只是其中一种令家长、教育者认为可恨的标签。青春期是人成长过程的特殊时期，也仅仅是特殊时期而已。它是可以自然而然越过的。陈旧的原生家庭观念，落后的教育思想，越来越疏远的亲子关系以及家庭、学校中种种简单统一标准的控制令当代青春少有彩色。

独立思考，握好界限尺度——"父母最终的教育，就是撒手不管，让孩子接受自然惩罚"。这几年，"界限感"这个词越来越被重视，特别是家庭教育，常常因为爱，而模糊了界限。缺乏界限感的孩子容易长不大；缺少界限感的孩子，常常会忽视周边人的感受，藐视规矩。家庭教育虽然讲"情感"，但是更讲究"理智"。家庭教育里的首要界限，是公平公正，教育者与被教育者之间公平公正的合作，是要将管理权慢慢移交给孩子。"父母最终的教育，教育的终极目标，就是培养孩子具备界限感的好素养后撒手不管。"

良好沟通。中学生在学习、人际交往、情绪调适、人格发展等方面可能会遇到各种困惑，甚至产生各种心理问题，认识自己的外在和认识自己的内在都需要良好的沟通。

积极赞赏。人不能只在宰割动物中显示自己的权威，更要在和万物的相处中体现自己的智慧。在其他一切都莫名其妙的时候，蜜蜂给了我意义。[①]成功的教育，其实质就是对教育对象的潜能进行激发，激发学生自己挖掘自身的潜能，拓展自身的能力范畴；激发学生主动关注学习本身，热爱学习，喜欢探索，更享受求知、探索和自我拓展的过程，使他们喜欢挑战，不断进取，能在挫折中学习和成长。他们的成长空间越大，就越有成长的可能性，越能取得更大的成就。

需求多元。印度电影《三傻大闹宝莱坞》采用现实主义的方式，描述了三个青年学生的乐观人生态度，不但讥讽调侃了社会陈旧观念和落后的教育体制，还表现了他们通过不懈努力和确定方向的追求，终于各自收获满满。李永波在《最强大脑》中点评比赛竞争对手安德烈和李云龙时说："安德烈说过他可以有周末，可以有半天的时间去享受足球，而李云龙没有。我觉得场上这个压力往往来自平时，我更希望李云龙的父亲，能够给他更多时间。其实他们都完成了挑战，只是李云龙用的时间稍微短了一点，可是他失去了自己童年很多快乐的时光，我觉得这样的胜利未必值得我们大家去学习。"

是的，不同颜色代表不同心理，也反映在不同的行为与选择之中。万千的学生必然存在万千需求，万千个性往往会有万千成人之路。教育培养的人才应该是多元的。学校、家庭、社会都应该尊重学生的多元兴趣和需求，家长、学校都应该提供各种机会发展学生需求。

四、颜色心理行为给教育者的建议

（一）颜色心理给我们的教育须知

颜色心理给我们的第一个启示：颜色多样指向教育生态的多样及教育可能的多元发展。颜色心理学在校园、在教育、在学生成长过程中的最大意义，就是充分做到"教育及其一切都应该是七彩的"和"教育的成长性追求是培养和呵护学生的成长"。

颜色心理给我们的第二个启示：颜色当中总有主次，怎样的主次，并不是由老师的看法、老师的经验以及老师以往的做法所决定，而是由中学生的年龄

---

① ［美］梅雷迪斯·梅.甜蜜巴士［M］.北京：中信出版集团股份有限公司，2018.

特点、心态以及真正需求所决定。因此，颜色心理在中学生的表现上依然呈现着主次性。

颜色心理给我们的第三个启示：注意拉近自己和学生的距离。学生和老师的距离与教育效果有着密切的关系。学生离你越远，你所能感知的东西越少。如果是这样的距离，教师想解决学生身上的突发问题和不良的持续习惯是很难的。

学生与教师之间的距离有可能也是心的距离。教师的言行、教师对学生的看法、教师对学生的喜好，以及教师对学生的评价标准都有可能令学生刻意地拉开与教师之间的距离。一旦这样的距离拉开，心的感觉没有了，学生与教师之间形成了一个相对封闭的空间，教师要解决学生存在的问题，也就更难了。

颜色心理给我们的第四个启示：如中医般的"望闻问切"四个环节，德育工作者要重视平时多观察、多了解学生的兴趣爱好、衣服着装，也要了解学生的个性表现，特别关注学生的突然变化。例如，一个平时开朗的女生，渐渐地变得沉默寡言；一位学生，平时喜欢大红大绿的衣服，突然间，他开始喜欢黑色的东西……

（二）颜色在教育环境中的运用

颜色在一个学校的环境中属于自然因素，却又会因教育者的灵活运用而变成社会因素，是一种重要的教育心理成分。颜色在一个整体教育环境中，成为文化之后的又一重要教育因素。我们综合现阶段的中学校园基本功能室，给出自己的颜色运用建议：

（1）课室——科学家们通过开展人脑电波随颜色视觉而有所变化的实验发现，脑电波对红色的反应是警觉，会让人感到兴奋，不利于静心学习。构建宜学环境，课室的环境布置宜采用明亮鲜艳的色彩，如白色墙壁、淡绿的窗帘、绿色的课桌椅。绿色可以提高人的听觉感受性，有利于思考的集中，提高工作效率，消除疲劳，还会使人减慢呼吸。

（2）男生宿舍——男生宿舍可以搭配同系列浅些的咖啡色几何图案，简单大方，或者用米色搭配咖啡色，素雅又沉静。对比产生美，墙面是花，窗帘适合没有花的单色。墙面适合协调色或补色。

（3）女生宿舍——不宜采用暗沉和不阳光的颜色，粉色是最自然的选择。从我们的生活理念来看，粉色是一种十分可爱和美好的颜色，粉色和灰色搭配会变得十分好看。

（4）食堂——选择有助于食欲的颜色。暖色调色彩适合餐厅使用，如红、橙、黄，能给人温馨感。但鲜艳颜色要尽可能作为点缀，不应大面积使用，否则容易让人感觉压抑、刺眼。

（5）特殊功能室——心理咨询室。心理咨询室在现代教育环境中承担着重要的作用。心理咨询室要求比较安静、相对独立，又不能太偏僻，要方便学生过来上课或者咨询。一般来说，要根据学校提供的地方大小，还有学校的要求及要达到的目标确定划分为几个部分：第一个是办公的接待区，第二个是个体的辅导室，第三个是家长的会谈室，第四个是宣泄功能室，第五个是拓展性功能室，如沙盘室、心理档案室、心理器材存放区等，第六个是团体辅导室。

颜色跟人的心理状态还是有挺大关系的，假如颜色用得比较恰当，会对学生的心理情绪起到缓解和帮助作用。每个功能区域的环境布置、颜色设计应该是有所不同的。

① 办公区的设计应该简洁、大气，让学生感觉到舒服，一般来说浅黄色是比较适合的。

② 个体辅导室要能够让学生情绪状态得到缓解，让学生在一个比较温馨、温暖、暖心的环境中去诉说，所以个体辅导室适合的也是浅黄色、粉色或者浅蓝色。

③ 会谈室的设计要稍微大方一些，可以采用浅蓝色和浅黄色，或者是淡淡的绿色。

④ 宣泄功能室，一个很重要的区域。宣泄室，主要是让学生把情绪发泄出来。它的颜色可以稍微大胆一些、鲜艳一些，如鲜艳的橙色，甚至比较大胆的红色，让学生情绪得到亢奋，然后宣泄出来。

⑤ 拓展性功能室，现在很多学校都基本上具备，宜采用天蓝色，地板采用那种原木色，整体上给学生宽松舒服的感觉。

心理咨询室除去墙壁，还有窗帘。窗帘的色彩宜明亮、清新，坚持对比的原则搭配，能够对心理咨询室起到一种画龙点睛的作用。除了窗帘外，其实还有一些配饰，对"心理环境"有疏通的渠道作用，如绿色的盆栽，它可以整体地平衡和舒缓人的情绪状态。整体的环境的布置会让人感觉明亮，这种感受是内心对环境的认识，能从"外在环境"演变成"心理环境"。

（6）图书馆装修的设计应该倾向于读者的舒适与惬意，图书馆本来就需要一种比较安静的氛围才更适合学习与休息，所以在整体的装修中更要注意格局设计，以更好地满足各种活动因素的使用。那么，图书馆墙面应该怎样装修比较大方得体呢？色彩要求搭配和谐、色调淡雅，一般用淡蓝色、浅灰色比较多，宁静肃穆。图书馆是个比较注重细节和环境的地方，冷色调会让孩子感觉空旷，建议使用暖色，有种温馨的感觉。

自己格局，自己成长

一、格局早有

人人都有追求的权利。无论是追求物质层面的需要，还是追求精神层面的满足，都有表层和深层之分。马斯洛理论把需求分成生理需求（Physiological needs）、安全需求（Safety needs）、爱和归属感（Love and belonging）、尊重（Esteem）和自我实现（Self-actualization）五类，由较低层次到较高层次依次排列。在自我实现需求之后，还有自我超越需求（Self-Transcendence needs）。但我认为，最重要的是追求人生格局和思考问题的方式要改变。一旦正确的人生格局建立起来，我们的思考和行动不会仅仅只见到自己，而是会开始关注周围、关注社会、关注以前从没有看到的领域。

和不同类型的人在一起，可以拓宽你的视野，改变你的思维方式。我们很多的限制，首先是自我思维的设限。一旦思维改变了，你的人生也会随之改变。所以，你学到的所有知识和技能都不会白白地浪费，它们会在你获得的每一个机会面前发挥作用。甚至，它们会在你没有机会的时候，给你创造平台和机会。

周恩来总理在小学五年级时就树立起"为中华之崛起而读书"的目标，他的大人生格局已成，他今后一生的行动都在这一格局的指引下进行。

格局有大小之分，格局有对象之分。格局靠实践筑基，靠目标引领，靠思维设计。人都是从起点出发，继而寻找人生每个阶段的支点，再通过自身的努力，到达追求的终点。这里的"起点—支点—终点"其实就是格局。无论何时，良好的格局建设，都离不开积极的思维创设。积极的思维和行动在推动你的格局。否则，你不可能到达终点。

（1）例如，在你的工作岗位上，你可以产生这样两种对立的思维观念：

消极思维观念：我是为老板打工的，差不多就行。

积极思维观念：我是为自己的美好生活工作的，越努力越好。

（2）例如，作为学生，在你的学习上，你可以产生这样两种对立的思维观念：

消极思维观念：我是为家长、学校、老师而学习，差不多就行。

积极思维观念：我是为自己的美好生活及未来学习，越努力越好。

（3）在面对各种各样的校园文化活动时，你也会轻易地在两种思维观念中摇摆：

消极思维观念：我没有这种才能，我就不参加了。

积极思维观念：我虽没有这种才能，但我想抓住机会锻炼、提升自己。

格局缺失，这是学生的现状；格局需要科学建立，这也是学生的现状，是更为重要的现状。为此，我们对刚刚经历高考的学生进行现状调查，选取个别学生的调查情况分析（表1、表2、表3、表4）：

表1　学生调查情况分析表

	问题	答案（简单记录）
学生1	Q1：你高中时期有什么理想？	我高中时的理想是藏书
	Q2：当时你的家庭状况如何？	普通家庭，吃饱穿暖，有闲钱买书
	Q3：你当时有没有过职业规划？	有，土木工程或者建筑学，热爱并且有一定了解，现在也是在这个专业读
	Q4：你最怀念高中什么人或事情？	下课冲去饭堂抢饭，晚修后抢夜宵，早上5:30起床抢稀有食品——猪扒包、肠粉
结论	自己的追求与努力相关	

表2　学生调查情况分析表

	问题	答案（简单记录）
学生2	Q1：你高中时期有什么理想？	想开一家甜品店，因为我喜欢，感觉悠闲
	Q2：当时你的家庭状况如何？	高三家里新建了房子，穷
	Q3：你当时有没有过职业规划？	穷而开不了甜品店，想读动漫专业，有兴趣，觉得很好玩
	Q4：你最怀念高中什么人或事情？	最怀念高中的打水仗，很难得的一次体验
结论	人生的发展与家庭经济相关	

31

表3 学生调查情况分析表

	问题	答案（简单记录）
学生3	Q1：你高中时期有什么理想？	暴富和想当设计师
	Q2：当时你的家庭状况如何？	以前我和我哥都读高中，经济压力还好
	Q3：你当时有没有过职业规划？	家穷，想读美术没上，想考服装设计专业来弥补我的艺术梦。我的职业规划有两种：一种是朝九晚五的白领生活，第二种是服装设计师
	Q4：你最怀念高中什么人或事情？	高中同学简简单单一起玩、一起浪，还有全班一起努力做好节目那种精神
结论	团队和人生梦想相关	

表4 学生调查情况分析表

	问题	答案（简单记录）
学生4	Q1：你高中时期有什么理想？	想当一个外科医生，手术刀是很酷的东西
	Q2：当时你的家庭状况如何？	在北方大家族环境下长大，我作为长孙，被严格要求，什么都会被管
	Q3：你当时有没有过职业规划？	我比较佛系，这些都没有细想过
	Q4：你最怀念高中什么人或事情？	比较怀念那个早起背书的自己，高中的学习氛围和不分你我的宿舍关系
结论	家庭教育影响人生发展	

格局除指一个人的眼界、胸襟、胆识等心理要素的内在布局外，也包含为此而要坚守的行为。一个吃不饱、睡不好的人再大的格局也不过是一个充饥的饼和烙饼的锅。中学生的格局，就是中学生的内心和行动装有什么。具体而言，就是你在敬畏什么、追求什么、坚持什么；在你给人的感觉，在你做事的态度，在你经历的遭遇，在你的每个念头及你的所作所为。

二、影响格局的因素分析

格局犹如一盘棋子的总体布局，会充分地影响学生总体成长。教师的教育过程体现的应该是通过学生格局观的教育，让他们知道自己所要关注的东西是什么，从而努力追求；让学生树立大局观，从而端正自己的行为。那么，如何引导学生建立大局观应该是教师教育学生的重点问题。格局小的学生经常囿于小细节的东西而出现行为上的不端正，格局大的学生懂得敬畏和获罪。

（一）校园里的敬畏

1. 敬畏学校的规章制度

我认为在高中校园里，需要敬畏的东西还挺多的，首先是学校的规章制度。说起学校的规章制度，是不能打架、抽烟、喝酒、翻墙、偷窃，还有破坏学校的公共设施。

法不可违。俗话说："无规矩，不成方圆。"国有国法，家有家规，这个世界得有规章制度。每个学校都有其各自的规章制度，约束督促着学生的言行举止。正因为有规章制度的要求，中学生才有学生该有的精神面貌；正是因为有学分的要求，中学生的成绩才会始终稳定，才可能稳步向前。律法总有它存在的道理，它总能稳定应有的秩序。我们能做的就是遵法、用法、守法，不可违法！法是我们得罪不起的。

2. 敬畏学习，特别是努力追求的学习行为

学习如影随形，甩不开也躲不掉。牙牙学语的幼儿园时期，珠算、识字兴趣班一应俱全，教室的墙上也全是"培养良好学习习惯，从现在做起""学习是种好习惯"等标语。待你读到了小学，就会发现门口的保安大叔也会对来来往往的学生来句"good good study，day day up"，学习氛围从一开始便浓烈起来。待你读到了初中，每次的考试都是战场，考试磕磕碰碰的，写几题后也许就会抬头看一次挂钟，听到翻页的声音就慌手慌脚，成绩出来后就铆着劲往人群中挤，一列列名字看下来，"还好还好"！捂住胸口的手也就慢慢放松下来。待你读到了高中，学习就更得罪不起了，你说你吃喝玩乐吧，别人在学习；你说你休息一下吧，别人还在学习。你说，学习是不是得罪不起啊？

3. 敬畏睡虫子

高中嘛，就是起早贪黑，手上拿着书，脑里装着题，一个晚上过去还有写不完的作业的青春时代！试问有多少高中生没有无奈地在宿舍床铺上架起小桌子点亮小台灯与作业斗智斗勇啊？

【学生素材3】

熬夜是有代价的，要是一个不小心修仙修到凌晨12点半，那么不好意思，在第二天排得满满的课程表里总有几节是想要睡觉的。一个不留神，好几节重要课程，你就这么睡了过去，到了晚自习就在这里翻下课本，那里翻下教辅书，再借同学的笔记抄下来，最后还是不会，就只能杀到楼下去找老师问问题。一番折腾的结果就是补作业也补到凌晨12点半，写又写不完，会也不会，只能惨兮兮地第二天早上起来顶着一双"国家级、中国产、顶级"卡通大眼睛，上课仿佛是给自己画了一全套死亡系列—生命的归宿—哥特式妆容，吓得值日生差点扣错了分。

4. 敬畏时间、身体和朋友圈

高中是青春热血的时期，正是你们为了学习而奋斗的时候，所以你们在高中时期应该规规矩矩学习，越是青春，你们就越是得罪不起时间、身体、朋友圈。高中也只有三年时间给你们去努力奋斗，如果你们继续这样下去迟早都会因自己没能好好读书而后悔，古人云书到用时方恨少，这一句不就说明了读书的重要性吗？时间不容你们去得罪，不容你们去浪费，不容你们去无视，无论你是否有时间都应被珍惜，空耗别人的时间无异于谋财害命，时间是你们得罪不起的，时间过去了就不会回来的。

身体是革命的本钱，这句话是没有错的，新闻上播出的某大学生考上大学，因身体太差而住院的例子还少吗？青年正处于学习十分紧张的阶段，如果你们不爱惜自己的身体，身体垮了一切也就都没了。试想你正要上考场，却因为身体太弱住院而不能高考，岂不是得不偿失？如果以后身体垮了，有一份好的工作又如何？你的身体都垮了，你还能上班吗？你还能继续健康地享受生活吗？所以身体也是你们得罪不起的。

朋友圈也是一大哥，你们身边都有朋友，都有一定的人际关系，如果你们失去了这些人际关系，你们的生活中会少一大部分机遇和感情。朋友圈是一个很伟大的东西，它里面有许多人和事。在中学时代，好的校园内与校园外、朋友圈之类的关系，能为你们的生活提供更大的助力，更能为你们提供一些机遇和良好的人际。

5. 敬畏事情的真实

得罪不起究竟是语言的问题、行为的问题，还是内心世界的真实问题？我们不妨做一个分层的思考。第一，行为上的；第二，语言上的；第三，内心世界上的。这三个层次，其实都有一个逐渐深入的发展过程。这种得罪不起表现在日常家庭生活当中，也可以表现在日常工作当中，更可以表现在亲密关系的人之间各种各样的交流、探讨和合作上。

我个人认为，得罪不起首先是一种无奈，除了无奈之外，也许还有一种轻视。这种轻视更多地表现为"既然是得罪不起，我还可以选择躲避"。把躲避当作是处理人际关系的基本方法。

如果我们把这种目光转移到我们的校园里面，也可以从方方面面找到这种得罪不起的情形。那么，学生之间、老师之间，这种得罪不起究竟有哪些表现？不愿意？不合作？逃避？往往都会有这样一种心态："玩不起，但我还是躲得起！"

究竟是什么原因导致这种躲不起？第一是处事的风格，比较张扬，比较轻视别人，高傲自大；第二是原则没有做好，不公平、不公正，没有合理地维护别人的权利。

（二）做更好的自己

学会尊重。孟子曰："不以规矩，不能与方圆。"遵守通过协商定义的规则，这是一种契约精神。在校园生活中要想不得罪人就必须学会尊重。

规矩无处不在，时刻影响着我们的生活。在学校我们要遵守学校规章制度，自我约束，为和谐校园增添一分力。学校也是社会，唯有尊重规矩才是尊重自己，也是尊重他人。2000多年前对于人性的善恶，荀子曾说："明礼仪以化之，起法政以治之。"我们不仅要明理，而且要遵守规则。在校园生活中尊重规则，在排队的时候不插队，不乱冲撞师长，不敷衍，认真履行自己被赋予的责任与义务，尊重我们自己践行的契约精神。在校园生活中，我们不能得罪规矩，否则一切事与愿违。

（三）善于处理校园中发生的不开心事情，让自己的格局"轻松"起来

1. 解决不开心的对策

在与学生交流的过程中，我们都会主动引导学生谈论解决身边不开心的事情的对策，学生面对"当你碰到不开心的事情如何处理？"时，方法可谓五花八门。

【学生素材4】

学生1：人际关系紧张、考试失利、家庭矛盾……当我遇到一些不开心的事情的时候，我可能会拿出一张白纸，在上面乱涂乱画，把苦恼发泄出去。

学生2：久而久之，在高中养成写日记的习惯。除了考试、复习期间不写日记之外，每天晚上总会抽时间写日记。现在我偶尔翻下以前的日记，开心的、不开心的，它成了我的话匣子。不知不觉已经用了三本日记本，看着以前写下的每一个字，我用了正确的方式记录我的成长。

学生3：由于在家，我是必须要洗碗的，在洗碗过程中我就可以体验到不一样的东西。让水流一遍又一遍地冲刷碗筷，仿佛心中的不快一次次被冲走了。个中滋味虽说很奇怪，却又很畅快。

学生4：去购物、做饭，是一种成本极低的心灵治愈方式！

学生5：我会试着转移注意力，听听音乐、看看书，也可以选择跑步，打篮球、羽毛球等。

学生6：有什么比大哭一场更能发泄情绪吗？忘记，是解决不开心至关重要的一步！

学生7：玩游戏！

学生8：及时写下这些问题的前因后果，不然会越来越模糊。

学生9：学会与书里的前辈对话，令自己的思想得到升华。

学生10：遇到不开心的事，该怎么处理？不处理在我看来就是最佳处理方法。刻意地改变，还不如慢慢地忘记。

……

2. 人生难免不如意，从古至今，苦占九分

如果不能学会乐观看待所谓的不开心，那么人生将会是不尽如人意的。因此，遇到不开心的事要学会乐观。乐观就是用不一样的角度看待不开心，乐观就是学会看见不开心中的开心，乐观是一种精神。

生活中，我们是不是经常犯这样的错误：对越是陌生的人，越是毕恭毕敬，而对亲近的人，却常常满脸抱怨。对他人给予的小恩小惠，我们总是万分感激；对家人给予的各种关怀，却常常视而不见。我在《意林》杂志上看到过一篇标题是"回家时的表情，决定你们家的关系"的文章，它说，"心情是会传递的。有个男人因为工作上的事很烦，回到家，因为老婆还没有做饭，就骂了她。她又不能骂回他，只能骂孩子，让自己好受一点。那孩子只能把不开心的事放在心里，接下来，一家人这几天都不会太开心"。

其实如果在回家之前有不开心的事，我们没有必要马上回家，我们可以去自己想去的地方走一走，放松一下心情，还可以在家门口玩几把游戏，打赢了，高兴了再进家门。这样就不会因为自己的心情影响到和家人的关系。

3. 完善自我亦是刚需

【学生素材5】

完善自己才是更好应对的办法

不开心，它本来产生的原因应该就是结果的呈现与预期的目标截然不同或者是没有自己认为的那么好吧。

我遇到不开心的事，最通常使用的办法就是转移自己的注意力。世界一直都是残酷的，我们需要认识这一点，并学会去热爱它，不要随便否定自己，去做自己想做的事，成为自己想成为的人。实在不行，我会用行动去对抗，找朋友、家人、老师等，把不开心的事对他们说出来，他们会为你解开疑惑，提供合理有效的建议。如果还不行，有一个包治百病的方法，那就是积极面对不开心。

我在遇到不开心的事情时，会很难受、心烦意乱、情绪爆炸、摇摆不定。这时的我如果再有一个引火线，火就会失控，但我不会允许那种事情发生。大多数情况我都会埋在心里，慢慢消化，或者该做的事不做，以此来表示我的不满和内心的烦闷。

人生无常，喜怒哀乐是常态，安逸是常态。乐观不是一直微笑，而是在任性后，世界报以来日可待的希望。一个乐观的人不是不落一滴眼泪，而是在失望中看得到现在所拥有的美好，接受我们所无法改变的，相信在这个世界的另一个角落有我们所信仰的。

哭，并不代表脆弱，在我遇到让自己生气、不公平的事时，心情的确会受到很大影响。发呆、不讲话，平时傻乐的人不开心起来就真的太明显了，往往这个时候我并不会掉下眼泪，只会无比抑郁、心不在焉，干什么都提不起劲。但一旦有人表露出了对我的理解，或者问题解决的时候，也不知怎么眼泪不自觉地就会往下掉。

每当我不开心的时候，我会纵容自己发呆一段时间，让自己安静一会儿。在不开心的时候，也可以让自己忙起来。作为一名高中生，能忙的就是学习，提醒自己够了，开始忙碌起来，写作业，刷试题。可能你会怀疑我是在逃避问题。但对我来说，这是一个让自己快乐，让自己自信的过程。往往自己不开心的时候，是我做事效率、专注度最高的时候，虽然不能维持一整天，但这种高效率让我很满足、很充实。忙完了，也就冷静下来了，刚刚不开心的，也没多大点事嘛。

其实每次不开心都会给我带来一些人生的礼物——为人处事的道理、生活的经验，还有争吵之后更加深厚的友谊，所以，不开心本身就是一件值得开心的事情。

事与愿违是生活的常态。当你不开心的时候，多出去走走吧！别总对着手机。多留意身边的人，你会发现，这个世界还是有很多很多快乐的，至少它让你快乐过，不是吗？

（四）接纳自己是建立良好个人格局的基础

《活得明白》一书里说道，"认识自己，了解世界，找到自我存在的合适路径，一切的经历，都是陶炼"。[①]所以，人的格局是从自己的"内炼"开始，格局在于你的追求；格局在于你的看法；格局在于你的态度；格局在于你如何对人，对亲人、对朋友、对同学、对陌生人；格局在于你如何待物，待心爱物、待物质、待精神、待陌生物！

接纳自己真的不容易，对于人自身，接纳什么？接纳原生家庭，即接纳家庭、接纳父母、接纳兄弟姐妹、接纳家庭现状；对于学生身份，则要接纳老师、接纳同学、接纳学习现状；对于自己的现状，接纳健康、接纳烦恼、接纳突发状况。学生，以少见的青春活力，正努力地在现实与虚拟的世界之中穿行，他们也许是过着单一的、枯燥的、繁重的学习生活。对于成长过程，他们得要接纳孤独、接纳失败、接纳各种嘲讽。

案例 7

生意失败后

学校创意集市活动圆满结束，有人欢喜有人愁。

高一（3）班学生小丽打电话回家，哭着说："刚刚的创意集市活动结束了，我们班的生意出现了严重的亏损。其中最主要的亏损项目是我负责的那款

---

① 贾杰.活得明白：生涯咨询的十八个典型［M］.北京：北京大学出版社，2014.

创意饮料——柠檬酸梅汁，成本是300多元，只卖出100多元。"

小丽的家长安慰说："生意肯定是有赚有赔，况且学校举行创意集市活动的目的不是为了赚钱，而是为了让你们接近社会、体验经营、体验生活。"可是，经过家长这样的安慰，小丽还没有稳定下情绪。难道还有隐情？不停地安慰，不停地开导，终于等来开口的时刻。

小丽说："为了这次活动，我做了大量的准备工作，牺牲了很多个人的时间，也满怀信心助班级活动一臂之力。亏本了自己也难过，可班里有小部分同学并不理解我的努力和付出，这些人把班级创意集市活动的亏损都归咎到我身上，我特别难受！"

小丽的家长立即打电话给班主任说："小丽的情况相信班主任也知道了吧，这件事情能否由我们解决？要不我们垫上她所负责项目亏损的钱，来堵住那几位同学的嘴巴？"

班主任赶忙问家长："你认为在这件事情上你家女儿小丽有错？她错在哪里？"

接纳自己才是教育的基础

首先，学会接纳自己。在案例中，我们基本清楚了事情的原委，家长可以以此作为教育的契机，引导自己的子女正确看待失败和各种道听途说。班主任老师可以以此作为班级德育的契机，引导班级正确舆论，引导学生尊重、理解和团结。案例当中家长试图单凭自己的经济实力来解决女儿的不开心，想完全取代她去解决问题的全部。但是，这种做法明显是越俎代庖，并且，家长的建议没有完全针对问题的关键而做出具体的努力和尝试。

其次，营造接纳自己的环境。我们现在回到案例本身。其实，小丽不开心，情绪没有控制住，有两层含义在其中。最基础的一层，其实就是失意。因为她的付出跟她所获得的回报并不相当。在这次活动当中，她花了大量的心思和时间去准备她的创意饮品。希望她的创意饮品能帮助班级实现目标。结果，没有获得同学的好评，卖不出去，亏钱了，不开心。但是这种不开心只是很表层的一种不开心，只需要成年人稍稍引导一下，让她明白做生意是有赚有亏的，投资是有风险的这些道理其实就可以了。

小丽的情绪由家长开导之后还没有完全平静下来，更重要的另外一层就是她在意人际关系，有几位同学误会她。班级一些不好的议论对她的影响更深。要解决这个问题，才算是真真正正解决了小丽的后顾之忧，她才会真正开心起来。

那么在这个例子当中，对她的表现不满意的几位同学不认同别人的付出和努力，盲目地凭借自己的主观臆断，从道德层面指责别人的情况，在心理学上面，我们可以把它叫作法国社会心理学家、社会学家、群体心理学创始人，有"群体社会的马基雅维利"之称的古斯塔夫·勒庞眼中的"乌合之众"。学生为什么会聚在一起？学生聚在一起的行动保证有哪些？学生会如何处理在一起之后出现的问题？

鲁迅先生笔下的"看客"，又增加了新的途径。他们不仅仅是在大街上看，更是在网络上看，一个小小的事件，就有可能在网上迅速发酵，进而演化到不可控制的态势。诸多网络暴力现象的发生，从"虐猫事件""铜须门事件"到"最毒后妈事件"，正是由于背后大量的"吃瓜群众""水军大队""键盘侠"等的舆论推动。他们不仅扭曲了事实真相，更给当事人带来了巨大的困扰和伤害。这些观众其实只是在旁边看，也没有注意到别人的付出与牺牲，完全按照事情的结果，或者说按照自己的主观臆测去判断别人的行为是好还是不好。

最后，教育工作者要及时总结和定调。这种总结和定调可以分为活动前和活动后，活动前要有明确的指引，清楚引导本次活动的意图和锻炼目的；活动后班主任需要通过各种途径，如短时集中来总结本次活动的得失，从总体上给班级活动定调，让班级里有其他想法的学生接受主流观点，以便冲淡负面情绪。

（五）需要自律的宿舍生活成就格局

1. 男生宿舍的分类和里面的人的习性密切相关

宿舍，对你而言是什么？有人说是一个集体，有人说是一个发展共同体，有人说是一个小团体，有人说是一种灾难，也有人说是一种回忆。在学生的内心和眼中，宿舍又是何物？我们一起来看看、读读学生的想法：

多数人的群体对少数人的群体影响较大。如果一个宿舍过半的人都习惯了晚睡觉，那么就难形成早睡早起的良好习惯。宿舍良好的环境实质和游戏关联不大，因为男生在宿舍即使不玩游戏，也总会有其他很多的娱乐方式，有时上下铺都睡不着，出到阳台也可以聊天到半夜。所以，宿舍问题首先是个人修养问题。但这个问题一般很难解决，只能寄希望于好运气，能被分到好宿舍。我自己因为学号靠后，一直是住混合宿舍，前后一共住过四个宿舍，深刻感受到不同宿舍间的差距。一个学风优良的宿舍和嘈杂的宿舍，其氛围和处理事情的方式存在明显的差距。暂时，我把宿舍分成四类：

第一类，学风优良宿舍，宿舍按学号排，学号按成绩排，同一个宿舍都是学霸，晚上都是台灯，处理事情也比较好沟通。

第二类，人品宿舍，宿舍的人虽然不怎么爱学习，但都儒雅随和，至少事情能一起解决，平时比较安静，习惯也比较好。

第三类，一般的宿舍，这类宿舍的数量比较多，人不怎么安静，没有什么时间观念，活动比较多，这种宿舍的决定权一般在少数几个人手中，比较难沟通，有时做事待物太出格。

第四类，快乐宿舍，一天到晚都洋溢着开心快乐的氛围，习惯比较差，很多事情解决不了，但他们认为开心就好。

总结起来，在宿舍里，每个人的生活都是有联系的。早起的人在刷牙洗脸和拿东西的时候轻拿轻放，有的人可能是大手大脚地开门关门，就像和你玩游戏一样。如果整个宿舍都是一样的，就不存在影响。但每个人都是千差万别的，说到底，还是归结为个人的修养，被影响的人可以适应、习惯，但肯定会有一段时间受严重的影响。在这里大多数人会选择融入集体，这样会轻松很多，但只要我们洁身自爱——不忘目标，我们也能尽量减少所受的影响。

【学生素材6】

分班分科前的疯狂

平常我们几个都是中午睡觉前、晚饭时间段打牌。可是几个舍友说什么分班分科前最后一个晚上了，分宿舍分班后，就再也不认识了，今晚"嗨起来吧"。没有人民币参与，打久了斗地主，感觉无聊，就睡觉了，此时接近凌晨一点。

最错误的一点是我没有做到对人最起码的尊敬，对于老师给我的警告持无所谓的态度，没有认真对待老师给我的提示。采取无所谓态度，换来的结果是无法毕业。即使毕业了，我的学业也因此而崩塌，如同烂泥扶不上墙。

对恐吓同学，我深有悔意，同学之间，吵架很正常。但是我说的话确实是过分了，语气不好，说错了话，而且说得太过分，对此深深地感到抱歉和后悔。我保证以后不会再发生这样的事情了，我一定友好待人，尊敬师长，关爱同学。

宿舍矛盾

这些事本不该让你烦心，但我觉得事情已经到了不可挽回、又不得不说的地步。老师真的很对不住，又让你操心了。

先说一下事情缘由吧！晓云和雪心高一之前是同班同学，分班后，两人又是同班同学，所以一起玩。分班后我转进四班，而我和雪心同住一个地方，以前都是同一个学校，大家的朋友圈又相近，所以这个学期我们三人同行。同行时有很多人会主动走来和晓云说话，而雪心和我会比较尴尬。

不久之前，晓云写过一封信给雪心，信中谈了很多东西，也有一段是关于我的。大概内容是我和雪心做什么都一起，连厕所也一起上，还让雪心别告诉我，怕我生气和吃醋之类。其实说心里话，我没多在意，后来一次偶然从本班一名男生口中得知一些什么"我强硬插进她们两个中间，拆散了她们两个"之类的话，听完之后我真的很气愤。我就借别人的手机，发条信息给晓云："你有什么想说的就当面说清楚，为什么要在背后和别人这样说？"

其实我也觉得这本来是三个人的事情，那也很容易解决，但越到后面，牵涉的人越多，特别是我们207宿舍。在我们三个闹矛盾之后，笑爱曾多次发朋友圈说一些很冲的话，我不知道她是不是说我和雪心，但感觉上也许是会错意了吧。

关于宿舍有矛盾这个话题我觉得很无奈。因为我认为，我们宿舍大家相处得都挺好的。我们也并没有故意孤立谁，只是有共同话题的多讲几句，没有共同话题的就少讲几句。我知道每个人都有不同的性格以及生活习惯，所以，与每个人相处的方式也不同，但也总不能合不来的，就硬来吧！大家一起生活在同一屋檐下，摩擦会有，矛盾也会有，所以都是用自己最大的包容心去相处。都高三了，已经过了成人礼了，还需要玩小孩子的把戏吗？毕竟大家的任务是高考，而不是针锋相对，很没意思，很无奈！

当然，我们自己本身也有错，没有及时指出问题，事情发展成这样，缺乏交流与沟通是关键。

首先，老实说我真的是不喜欢叶××，但也没到那种废寝忘食地去计较她、算计她的程度。我们也没有刻意要排挤谁，这其中应该有些什么误会吧，总不会因为我不喜欢她，然后让全部人都不和她玩吧，别开玩笑了。这种小学生把戏我是不屑的。女生是这世界上最复杂的生物，没有之一。女生和女生之间总会有些小插曲，但是不喜欢就远离呗，没什么大不了的，更不会让这些东西影响自己。

其实，关于她打扰到我睡觉，我骂了她这件事情，重点是我没有按时起床是我不对，我承认；如果重点是我骂她的话，很抱歉，我有很严重的起床的坏脾气。我不否认我是个坏学生，但我绝不允许别人乱讲话。

宿舍需要做出哪些改变？以色列作家尤瓦尔·赫拉利著的《未来简史：从智人到智神》中说道："人类现实世界除了客观或主观，还有第三种可能——互为主体（intersubjective）。这种互为主体的现实，并不是因为个人的信念或者感受而存在，而是依靠许多人类的沟通互动而存在。"①

2. 区分同质群体与异质群体

宿舍这种小群居地方，需要区分同质群体与异质群体。同质群体是根据年龄、智力、能力等指标划分，在某些方面相同或相近的群体。异质群体，是与同质群体相对而言的，指由个性各异而又互相依赖的人们组成的社会群体，是群体质量结构的表现形式之一。法国社会学家杜尔克姆称维系这一群体的纽带是"有机团结"。在现代社会，社会分工影响了人们的职业活动方式，使职业专门化，社会成员各有所长，但谁也不可能从头到尾参与社会生产的各个领域和整个过程，人们只能互相求助、互相协作。社会分工越发达，人们之间的联系越密切，依赖性也就越大。另外，社会分工又使人们的人格和独立意识得到增强和发展。所以，异质群体比较重视个人的作用和个性。

3. 问题的泛化和减弱

宿舍问题如何才能得到良好的解决？一是要努力实现优质问题的泛化，致力于发现宿舍存在的优质问题，把优质问题的普效性和有效性放大，应用于更多的人；二是强调交互性，重视发展宿舍成员的交互性，增强宿舍成员的交集

① ［以色列］尤瓦尔·赫拉利.未来简史：从智人到智神［M］.林建宏，译.北京：中信出版社，2017.

和共同感，保证团队交互进步。

4. 群体的鼓励与帮助

群体效应是指众多个体形成群体之后，群体会对个体的行为形成约束和引导，某个个体的言行举止可能会对整个群体的发展、变化产生影响。[①]无论是主动的还是被强制的自觉。"哈佛和北大的两个研究者分析了中国某沿海省份著名大学2134个学生的高考成绩和在大学的平时成绩，并研究他们的成绩是怎么受宿舍影响的。结果发现，女学霸对其所在宿舍来说是一盏明灯。如果一个女生的入学成绩比较弱，但是她有成绩好的室友，那么，她在大学的学习成绩会因此受益，她很可能会被室友激励，甚至可能得到室友的直接帮助。可是男生宿舍却没有这样的效应。数据显示那些学习最好的男生，甚至对自己宿舍其他人的成绩有负面影响。"[②]

5. 接纳与认同

社会认同原理其实很简单，指的是人们在进行是非判断的时候，尤其是当人们想要决定哪一种才是应该采取的正确行为时，会本能地去了解周边人或者外界的看法和做法。[③]人是社会性动物，处在一定的社会关系中，是人与动物的显著区别之一。人可以在一定的社会关系中从容地获取各式各样的资源信息和情感，也容易在这些关系中获得成长。高中学段的学生正处在青春成长期，他们的学生身份特征逐渐弱化，但他们的社会身份却明显增强：

（1）他们的社会接触面越来越大。当今是全球化、信息化、自媒体化的时代。学生有各种各样的机会、平台接触到外面更大、更多的社会信息，这无形之中锻炼了他们的能力，也增强了他们向外的野心。

（2）他们需要在一定的群体中相互认同和相互依靠。人与人之间可以相似，但不可能相同。高中生的生活都有明显的地区差异，经历和文化、兴趣爱好、语言风俗的不同，容易导致高中生在形成群体时，带有明显的择群意向。一旦价值观念和选择的不同出现时，他们的相互区分和相互防备则显得更加明显。

---

① 王鹏.高效沟通——如何让沟通精准有效［M］.成都：四川文艺出版社，2018：260.

② 万维钢.万万没想到——用理工科思维理解世界［M］.北京：电子工业出版社，2014：179.

③ 王鹏.高效沟通——如何让沟通精准有效［M］.成都：四川文艺出版社，2018：262.

（3）他们有时需要通过群体的建立以获得更好的成长。人多力量大，团结就是力量，学生的成长其实很多时候确实是集体的力量。诗人、教育学者、生命化教育的倡导者张文质重新定义儿童教育的目标，提出"生命第一、健康第二、品行第三、学业第四、合群第五"的新思路。在此基础之上，我认为，中学生在日益复杂的社会情分和人际关系之中，形成良好的合群关系甚至可以直接影响"生命、健康、品行、学业"。

中学生的格局应该是怎样的？树立正确的三观以保证自身健康成长，建立良好人生发展目标以持续保有动力，建设恢宏人际关系以完善社会支持系统，锻造健康标准身体素质以应对社会挑战。学生如果没有大的格局，就会深深地陷入自己的问题中，只关注个人，只关注自己。

青春本色，何惧言它

青春期的孩子对青春开始有自己的理解和认识，对青春的认识开始因为自己的社会阅历、家庭发展需求、自身理想追求的不同出现分层：

（1）基本层次依然是对身体不同，特别是异性之间的相吸追求。

（2）中间层次是身体在运动与健康甚至是工作落实等方面的积极准备。

（3）更高层次是高中生发现了身体内在更深处的秘密，健康的身体还可以支撑自己更好地获得发展和成就。

我们的身体是人真正存在的处所，是一个人情绪、感觉、心理、认知、精神和心灵的家园。身体的其他特质也发展和独立起来，我们可以用发展完善的头脑来支配身体，可以用身体表达我们的想法、感觉、心理和精神，身体成为我们表达自我的最亲密的伙伴，这令人惊喜。自此以后，我们的内在精神和自我都开始在身体上呈现出来。至于如何呈现以及呈现出来的状况取决于青春期之前的发展和成长，身体的秘密就是在其深处蕴藏着非常多的激情、创造、精神和爱。

一、中学生敢"爱"在当下

（一）"羊有跪乳之情，鸦有反哺之义"

中学生要从现在起，从身边的小事做起来感恩父母、回报父母。回报也不一定必须是物质上的回报，也可以是精神上的回报。就算不在父母身边，你们也要怀揣着一颗感恩的心，要心系父母，心怀感恩。

古时候人们总说做人要"忠孝仁义"。"忠"代表尽忠，尽忠国家，这是做国民的责任，就是要忠于祖国和人民。"孝"代表孝顺，不只是我们对父母的赡养，也代表着对父母的尊重。如果父母有过失，我们也应当婉言规劝，力求其改正，而不是顺从。"仁"代表着爱，我们不能因为与父母的争吵、父母的唠叨与他们产生隔阂。我们都站在让事情更好的立场上，只是因为想法不一样而产生分歧。我们和父母之间也应该多沟通，不要破坏了我们心中的"仁"。"义"代表着情义，义气，有正义感，在这也可以代表义务。它们的本意都是思想行为的道德准则。小时候父母把我们抚养成人，等我们有能力了，也要履行我们的义务，去赡养父母。这不仅仅是义务，也是我们对父母的感恩回报。

（二）中学生不善将爱说出来

中国人在表达自己情感方面是委婉而含蓄的：说母爱是"谁言寸草心，报得三春晖"；说豪迈是"长风破浪会有时，直挂云帆济沧海"；说欣喜是"流连戏蝶时时舞，自在娇莺恰恰啼"。中国的文明哺育了中国人的含蓄、长情，中国人的爱，是字里行间的，正应了老话，"爱你在心口难开，想说爱你不容易"。

人应有尽孝之念，不要等"欲尽孝而亲不在"时，才懂得后悔莫及，想说爱你只可惜执手相看，泪痕却无言；山高水长别离时，总是没来由地生出忧愁来，准备好的措辞到了别离时，却已然失去用处了，只剩泪痕相对无语凝噎。

想说爱你，感慨知音难觅，于是有了《琵琶行》。当琵琶女一曲琵琶，艳惊四座，人们为这华丽乐曲所震惊时，又为她娓娓道来的凄凉身世而凄泣。同是天涯沦落人，相逢何必曾相识。如逢故友，白居易对琵琶女的同病相怜之感不禁油然而生。一篇诗文，一个位置，喜爱、赞叹，却将这情跨越千年真实地展现在我们面前。

想说爱你，唯有鞠躬尽瘁，死而后已。卧龙出山，追随刘备，为其出谋划策，至死都在行军中。诸葛亮为刘备退敌无数，即使遗诏有言，"到万不得已之时，君可自取"，他却不令江山改姓氏。他爱这个国家，爱得如此深沉，一生辛苦，留《出师表》明志，忠心为国，至死未渝。诸葛亮对国家的爱，可谓深；对国家的情，可谓坚。

中学生与家庭的爱，中学生与家长的情却也是到了"想说爱你，不容易"的地步。"想说爱你，不容易"是受中国人的性格影响，中学生的情感表达"求异"的追求和"面子"的协调，直接导致中学生和父母之间的沟通偏少。如何积极利用子女在校、与父母保持一定距离的空间优势，形成真实、有效的沟通方式，是家校合作很重要的研究领域。我们都很清楚，无论是家庭教育还是学校教育，就如同苏霍姆林斯基所说，"归根到底就是关心儿童心灵的敏感性和同情心，关心他们内心深处对善和美永远要有反应。儿童需要有自己的同情心：对某人怜悯，对某人爱抚，对某人保护，对某人关心，为某种原因而焦虑不安，为某件事而悲伤"。只有触动孩子的心灵，才能真正促进孩子与家长积极、主动的爱的交流。①

（三）中学生的爱是全方位的

【学生素材7】

（1）人是有感情的动物。我对已故奶奶感情最深。假如你要问为什么我对奶奶感情最深而非父母，我的回答便是童年经历。

农村没有什么娱乐设施，但我的童年并不缺乏最纯粹的快乐。那份快乐回想起来如同蜂蜜落在舌尖上的久久甜蜜，而这一切都同我奶奶有关。

春天，奶奶在忙完农活后，总会领着胖嘟嘟的我一起去看花。对那时的我来说，是不存在审美的，姹紫嫣红的花到我眼里就变成了令人垂涎欲滴的美食，不由分说地塞进嘴中，古有神农尝百草，今有孩童尝百花，幸好奶奶眼疾手快，不然我可能就真的中毒了，奶奶轻轻弹了弹我的脑袋说道："可惜了这争奇斗艳的花儿了。"

夏天，骄阳似火，蝉鸣扰人心。奶奶不放心带着我出去，但她自己却不得不顶着烈日去干农活，那时的我应该是在农村放养了好一段时间了，已经变成了一个活脱脱的野孩子，怎么会耐得住寂寞？奶奶前脚刚出门，我便溜了出去，在太阳光的烘焙下，我成功变成了一个小煤炭。在外面玩累了，便回到那青瓦屋中等待，等来的不只有慈祥的奶奶，还有她手中那散着冷气的、诱人的冰棍。奶奶稍做休息后，便同爷爷一同做起饭来，饭菜很简单，但在物质匮乏的偏远小农村里，奶奶却总会变着花样地给我做菜。吃过饭后，奶奶便又领着我出去散步，她那枯木一般的手，却是那样的有力、稳健，让我充满了安全感。走着走着便到了池塘边，立在池塘上的荷花，仿佛黑夜中的一团火，但是蜻蜓却不知所踪，耳边传来蛐蛐规律可循的四重奏，听着听着，倦意便侵袭来

---

① ［苏］B.A苏霍姆林斯基给教师的建议［M］.周蕖，王义高，刘启娴，等，译.武汉：长江文艺出版社，2014：146.

了，四重奏的声音渐渐散去，耳边传来的却是那熟悉的乡谣。

四季更替，奶奶对我的疼爱，却未曾有变。

（2）兄弟有爱。月有阴晴与圆缺，我与兄弟有好时光，也有坏时光。我与他时常打闹，也时常为了争着看电视而吵得面红耳赤，会互相捉弄，但却也心有灵犀。生活的点点滴滴使我俩的关系日益加深。虽然我比他大，但他却从不叫我大哥，当然，我也从不叫他弟弟。他性格张扬，也时常犯错，我因此背了不少黑锅，也为此互相责怪，虽说最后都是我认输，没有办法，谁叫我出生比他早呢？不知从什么时候开始，另一种关系——友谊便在我们间悄无声息地生根，发芽。我们既是兄弟，也是能互相帮助的朋友。我们的关系，也变得更深厚，更坚不可摧。现在他已经无法和我争吵了，也不会与我争抢了。我俩相隔两地，但年少轻狂的日子，与他同行的时光，深藏在我心里。

（3）我善于爱自己。其实我自己也不太明白，自己对谁的感情最为深刻，我也不知道如何体现。如果硬要我说的话，那是自己。我每天都可以看到自己，我为自己做事，我也对自己负责。我明白自己有什么、没什么，我知道自己想什么。我了解自己，我对自己可以做出改变，所以我对自己的情感最深。

我常常会思考自己想要什么？获得了什么能力？以及能为自己做什么？又常常为自己的无能为力感到困惑。我对自己既明白又不明白。我虽然说在客观上知道自己的想法，做法却又不尽如人意。我们不仅不能停止对自己的思考，还不能停止为自己工作。你明白自己有一副身体能干什么，所以你去打造它，将它变得更有活力。为此，你对自己做了很多事，你自己也为你成就了很多东西。比如说，你有强健的体魄、活跃的大脑、良好的饮食习惯。

你日日夜夜都在你自己的襁褓中，在你对自己的掌控中。虽然有时恨自己，但是你我都明白，谁也离不开谁，谁都依赖着对方而生活。其实，人人都是这样。谁对自己的情感不深？你们每日每夜都在互相帮助。只是有些人察觉不到对自己的情感，他们最容易将自己忘却。

所以，我们要明白自己真正想要什么，为自己做有意义的事，明白自己身处何处，知道自己要去干什么。我们不能只活在外界，也要活在自己心中。我们其实都有力量，都在为自己做事，我们了解自己，也不了解自己。因此，我们在探索自己，一步一步地给自己下定义，又删改，又继续探索，直到察觉不到自己。

自己，是每个人对其感情最深的人，这是无法改变的。自己就是我们从一出生，就与我们相伴永远的人。"他"既活在心中，又活在现实世界中。"他"和你说的话一样，也和你一起同甘共苦。

（4）我也有自己的"宠爱"。它就是我们家的"阿福"，一只被我父母养得白白胖胖的狗。其因行为、举止、生活习惯像猪一样，被家人们戏称为"阿福"。"阿福"陪伴了我很久。我无聊时，"阿福"会叼着它的玩具来找我玩。我难过时，"阿福"会表演它的游戏给我看，让我捧腹大笑。我开心时，我会带着它到处乱来，祸害我家厨房，我们俩一起享受这份喜悦。可以说，我目前对"阿福"感情最深。

后来因为一件事，我和"阿福"成了最亲密的家人。当时一次挺重要的考试成绩一出来，我成绩下滑了很多。回到家，父母对我就是一顿骂。当时叛逆的我受不了就跟父母吵起来，吵着吵着，我爸过来打我。"阿福"看见了就过来咬我爸。我们受不了，就带着满腔的热血离家出走了，跑去朋友家蹭吃蹭喝勉强撑过两个星期。两个星期后，自己也不好意思再去朋友家，饿了好几天，脑袋都快停止运转了。我倒了下去，迷迷糊糊地听到"阿福"的叫声。我醒来时，人在医院，母亲在旁边，我问："谁发现了我？"我父母说："是'阿福'救了你。"

"阿福"，你虽日渐老迈，但在我心中，你永远是那个"阿福"。

想说爱你不容易，在情感的表达上，我们都太善于"藏拙"。子欲养而亲不待，光阴似箭，不要再错过说爱你的机会。无论是对人还是对物，中学生的爱，需要大声说出来。

二、孤独，有时是青春的本色

王维有句诗十分动人："兴来每独往，胜事空自知。"世界上有很多事情，都只能独往、独品和自知。

（一）青年话孤独

在人们的印象中，青春就应该是骄阳似火、热情洋溢的鲜明代名词。但青春，有时是孤独的，孤独是一种常态。席慕蓉曾经说："青春如同一场盛大华丽的戏，我们有着不同的假面，扮演着不同的经历，却有着相同的悲哀。"没有什么比青春更能强烈地感受到孤独，也没有什么比青春更能与孤独和睦相处。

有的人形单影只，但内心充实满足；有的人周围朋友朝夕相伴，但内心空虚寂寞。青春更像是一部微型人生，人们在青春里懂得一切。人总是有独自一个人的时候，青春的本色是孤独。人越小越害怕孤独。越大却越要克服孤独。所以说，青春的本色是由孤独堆砌而成的。孤独，弥漫了整个青春。在青春里，你们会完成与社会世故的衔接，不适应会让你们觉得孤独。青春本身就是一场孤独的旅行，所有的迷茫与不安、忐忑和彷徨都只能靠你自己走过去，因为在这条道路上，你最忠实的伙伴只有你自己。你们在转弯处留下一个个伤痕累累的路标，然后珍重地收藏好，留给时光把它打磨成一个闪闪发光的目标。而你们的耳旁隐约地响起一个声音，它悄悄地对我们说："上路吧！一个人。"

一般人谈到的孤独不是孤独，而是一种被孤立的感受，是一种求而不得、孤芳自赏的寂寞情绪。青春既是年华，又是心境；青春既是桃面、唇丹、柔膝，又是波动的意志、恢宏的想象、炙热的恋情。青春气贯长虹，勇锐盖过胆怯，进取压倒苟安；青春，朝气蓬勃，意气风发，是生命的深泉在涌流。很显然，孤独与青春能沾上边，但也不完全是青春的全部。青春是一本太过仓促的书，青春在一个个瞬间可以体味着孤独，眼看着正从孤独中摆脱出来时，顷刻间又消失，于是，又陷入孤独的状态。所以说，孤独也是青春的坟墓。

（二）青春的孤独怎么来

孤独，容易在人与人之间的关系处理不当时产生。特别是青春的年纪，孤独感非常容易产生。"同学眼中的你""父母眼中的你""你眼中过去的你""你眼中未来的你"等不同的角色产生不同的内心想法，带来不同的外在行为，稍有不慎，人际陌生感便产生，孤独随之而来。根据我下发的《中学生人际关系处理与行为选择调查》，文理科、艺术学生，高一、高二、高三一共四百余人参与调查，得出中学校园孤独情况排行榜如下：

孤独第一级：一个人上学放学。

孤独第二级：一个人去饭堂。

孤独第三级：一个人参加社团。

孤独第四级：一个人去办公室。

孤独第五级：一个人去医务室。

孤独第六级：一个人走回宿舍。

孤独第七级：一个人单独面对成绩。

孤独第八级：一个人在操场运动。

孤独第九级：一个人在等公交。

孤独第十级：一个人回忆校园生活。

孤独，是一种主观自觉与他人或社会隔离与疏远的感觉和体验，而非客观的状态，是一个人生存空间的自我封闭。

那么，学生为什么会孤独？其中一个原因就是你们处在青春期。你们在思想上很容易产生非常大的变化。有些人总是会想着如何彰显自己，引起别人的注意，总是打扮得非常引人注目，然后就去做一些容易引起别人注意的事情。例如，捉弄别人，做些危险的动作，或者在大庭广众之下做出别人想都不敢想的事情，或者做些学校明令禁止的事情。

还有一种就是非常懒的人，懒会使人变得非常脏、非常有惰性。这种无力感导致一些上进的、想学的人不敢靠近你，然后处处嫌弃你。这种情况之下，你的孤独感会随你的行为而产生。

谁说青春不会孤独？在走廊中、教室中看着别人聊得热火朝天，可是发现自己融入不进去；在别人讨论学习的时候，也会有那种感觉。反正自己与他们不在一个频道，即使参与进去了，也会发现自己没有能插上嘴的地方。正是这刹那的孤独刺激着自己，也刺激着自己的青春，才会使青春显得孤独。

谁没有被误会、不被理解的时候？人终归是不同的。朋友、兄弟姐妹、同学，这些人，有时看似那么近，有时又那么远。他们能在学习上帮助你，在日常生活中陪你玩耍，说说心事。但每个人之间总是有那么一条无法逾越的鸿沟。青春中的你们有各种各样的小心思，永远不可能会有一个人完全地了解你。

朋友圈总会有三三两两的"夜来非""夜来丧"。其实，这并不一定是非主流的心思在作祟，只是因为夜晚更适合品味孤独。耳机里放一首悠扬的纯音乐，一个人蜷缩在床上，漠然地盯着手机屏幕，或许，这正是青年人最常见的一种孤独的表现。

你们甚至自己也难以完全理解自己，又怎么能指望别人理解自己。青春，这个词乍一提及，大概是热闹、欢乐的。但沉下心来，细细品味，这个词是孤单寂寞的。谁的道路前方一片坦荡，谁的青春不迷茫？为什么你们的青春是孤独的呢？大概这是迈向成熟的标志吧！

（三）师说孤独

孩子们，你们正处在一个不断加速的世界里，你们需要孤独让自己慢下来，为自己的心灵充电。现在的世界，无处不快，快手、快播、抖音、快餐、快车、快走……当代的青春需要孤独来为自己冷静一下，同时也让自己慢下来。

有时，孤独只是为了让自己更好地认清自己，谋求发展。有时，蹲下来只是为了让自己下次跳得更远。对于成长来说，孤独是必不可少的。它更多的是让一个人静下心来思考、反省。它往往能带来进步和提高。

有时，孤独就是一次自己与自己的旅行，只有自己能完全体验旅行中的酸甜苦辣。对青春而言，孤独是一种与自己对话的渴望。孤独有时是青春的本色，孩子一面承受着开卷有益给我们带来的各种情绪，一面学会孤独让我们领悟不屈和坚强。孤独，这东西可以来，但别长伴。

难耐孤独是一种在校中学生的观点，这可能是因为你们不会面对孤独罢了。其实，孤独是一种难得的享受。孤独中，你可以思考生活中的喜怒哀乐；孤独中，你可以感受自己此时的心情；孤独中，你可以静静地想念一个人。正是在孤独中，无数人在黑暗中发出了耀眼的光。话说回来，孤独也是一种幸福。幸福其实就在终点等着你们，只是你们还没有尽力向幸福的地方奔去。

孤独这件事，人人都要经历多次。但是每一次的孤独，都能让人重新找到新的道路。学习上常有孤独，这里的孤独是指自己独自专心学习，把一些课余的时间都拿来研究比较难的题目。有时朋友找你出去玩，你正在钻研着难题，直到他拍你，你才发觉有人在跟你说话。这样的孤独，可以说是有好有坏，好的一面在于它帮助你沉下心来，培养专心致志的能力，坏在它牺牲你的娱乐时间。

等待的青春，需要孤独来为自己冷静一下，同时也让自己慢下来。试想一下，在青春趁早、时光正好的假期里独自一人去湖边垂钓，这不正是一个人孤独自处的大好体现吗？平静的、不生一丝波澜的湖面，微微吹出来的几缕清风，正好能打磨一下自己的耐心，使自己在喧闹繁华的大千世界中静下来，沉淀下来，找到属于自己的一片净土修身养性，使自己能有一个更好的姿态去面对未来的挑战。

孩子们，孤独有时代表了短暂的沉寂，也是为了后面的一鸣惊人。多少个只听到蛙声蝉鸣的夜晚，埋头苦读，不理会游戏的诱惑和他人的邀请而全身心地投入，只为那厚积薄发。人唯有耐得住寂寞，才能赢。孤独，有时正好是青春的最好诠释，因为生活的本质便是孤独。所谓的合群，只是为了掩饰。孤坐室中，方能由心。

三、迷茫，如影

有人说，迷茫是一种生活经历，也是一种应对生活必不可少的经验，是人的生活过程因素之一。迷茫不分场合，不分群体，不分家庭，不分年龄。你可能在迷茫"我是否应该谈恋爱？"你可能在迷茫"报读什么学校和专业"？你可能在迷茫"我还继续为班级服务吗"？你可能在迷茫"是否应该继续这段感情"？面对孩子的抵触，父母也会反思"这种教育方法对吗"？

迷茫，就是人左右为难的处境，它令人的人生选择及行动变得更加复杂和难以抉择。从中学生的角度来看，迷茫往往表现为"无助"和"焦虑"，如同进入迷雾重重的森林，急着找出口，急着定方向，却无从下手。迷茫给中学生带来的负面影响较多，我愿意多听学生来说。

【学生素材8】

迷 茫

说起迷茫，应该很多人都有过，而且还不止一次。迷茫可大可小，但终归还是要想办法走出去的。在我的中学校园有着很多调皮而又活泼的问题，想抓住它，却无能为力。在我的中学校园学习生涯中，更是有着许许多多无法解出的谜团，走进去出不来，成了我的迷茫。

我时刻都在迷茫，因为我时刻都在思考。有时是因为一道题我在左思右想，就是没有头绪，心中的厌恶感便油然而生，一时间走不开，更想不出走出来的方法，更是会联想到下一个乃至更多的问题。不过，大部分都是自我谴责、心中内疚。心想这个不会那个不会，等到我不会的多了，就真的什么都学不会了。之后又会怎样呢？虽然这样问自己，但还是忍不住一时的厌恶。

还有，对自己的责问。自己想着与别人随意地交谈，但却说话不走流程，有时更不知该说些什么。与别人交谈的时候，带着对对方的尊敬，对着陌生人更是如此，但这样可能太过于拘谨。与朋友兼同学交谈，场面不要太严肃，很多时候要很随和，这就是困住我的地方。我对待朋友和同学很是尊敬，虽然不知道这样是否合理，但已经做了。总之，不要说错话就好。

其实，不仅仅是在学习生活中，与别人相处的过程中、在兴趣爱好上也是如此。不过话说回来，有时我挺喜欢迷茫的。迷茫不一定是坏事，它在一定程度上约束了自己。迷茫，有时化作动力，有时是强大自身的工具。思考的过程本身也是一种迷茫。它是自己内心更强大的表现，然而，经历的事情多了，也就见怪不怪了。

（一）迷茫的原因

（1）目标混乱。很难想到，原来我身边的孩子，无论是在生活上、学习中，还是在未来的职业选择方面，都有着自己的种种目标。例如，我要环游全球一次，我要做最成功的微电影制作人，我要成为一名超级网红……当然，我也发现，孩子们的目标不分领域，不分目标层次，也不分现实与差距，的确需要我们做好引导。

【学生素材9】

选择难

最开始，我选择学习传媒，迷茫的是选编导还是播音。这是两条完全不同的人生之路。最终，我听从了家人、老师、朋友的意见，选择了播音。我的梦想是成为一个配音演员。我想通过我的声音去赋予一个角色新的灵魂。之后，我又在当主持人或当配音演员中迷茫。家长认为，做主持人更体面，收入会更高。我认为，当配音演员更适合我。我声线广、延展性强、戏感丰富，我当配音演员会闯出一番事业。人生的目标在时时改变，到底路在何方？

（2）人际难理。社会的发展进步，科技、信息的飞速发展，电子产品工具"飞入寻常百姓家"，社会的变化带给正在校园内的孩子们一个极其宽广的外部世界。相比以往，校园中的学生并不封闭，他们既有现实的生活，也有"虚拟世界"的精彩。他们既要在现实生活中处理自己与同学、自己与老师、自己与家人的种种关系，也要学会处理"虚拟世界"中的种种关系、资讯和机会，以保持自己在群体中的共同话题和存在意义。当然，这并不是每一个孩子都能处理好的，尤其是难以有效区分"现实世界"与"虚拟世界"的人。

【学生素材10】

适应难

我来到了一个陌生的环境，我有点不适应这里，不适应高中的生活，身边没有一个熟悉的朋友。高中的生活令我感到烦恼，令我感到忧郁。高中的朋友已经远不如初中那般友好、默契。高中意味着我要长大，做一个成熟的人。初中身边的人看着你一步一步脱去稚气变得成熟，偶尔还可以一起幼稚一把。高中并没有初中相处得那么潇洒，要顾及的太多了，渐渐淡忘、疏远了，慢慢流逝，孤身一人。虽然合群成了一个热词，但对我而言，融入这个圈子并不容易，而且我还担心会失去主见。

（3）知识竞争焦虑。高中的课程开始令人吃力，学习成绩成为孩子迷茫的主要原因之一。性格内向的孩子是不会去主动问老师的，即使他们有问题。问题的堆积往往导致了孩子的迷茫。现代年轻人不爱阅读，爱资讯；不爱免费，爱付费。家长的目标、同龄人的竞争、社会的压力等因素无不刺激着年轻人。当下的现状、未来的不确定性和过早的生活目标往往让年轻人对"知识"产生巨大的渴望感。年轻人总想早点实现"知识改变命运"的家庭目标，总想早些实现"提升社会阶层"的梦。

（4）成长压力难除。父母总教育孩子要成功，要努力学习，却从来没有问过孩子"快不快乐？累不累？"孩子长大意味着要面对更多，要处理更多的事情，但并没有人问孩子"能否承担，是否扛得住"？从某种程度上说，孩子所承受的压力不一定会比成人少。生活不开心、学业没进步、同学有矛盾、目标没达成，还有年纪轻轻就身体不健康等，无不给孩子带来成人般的压力。试问，成人都不一定可以很好地消除压力，何况孩子呢？

（5）管理不足。高中在管理方面相对来说要比小学、初中宽松，不少教师只会管孩子大体上的东西，很多事情的细节都让孩子自己处理。在宿舍，每天中午玩到不想睡觉，晚上等到宿舍管理人员一走，马上就会"嗨起来"，一直"嗨"到凌晨两三点，第二天早上睡到快7点甚至睡到第一节课下课才去课室，由此产生一系列的连锁反应。孩子的自控能力太差了。孩子在高中校园生活没有了初中时的自律，孩子在高中对学习的敬畏，比从前少了许多。

（二）迷茫的表现

【学生素材11】

目标迷茫

我迷茫，不知我的人生目标在何处。在我的高中生活中，我一直处在浑浑噩噩、宛如行尸走肉的生活状态，过着三点一线的生活，像是一台只懂得遵守指令的机器人，呆板而又僵硬。上课则魂游天外又或是梦会周公。有时"流年不利"，便被当众点名批评，在众目睽睽之下成了一个反面教材。

每日看着奋笔疾书的同学们我很焦虑，同时又很烦躁，担心自己与他们的差距越来越远、越来越大，感觉生活的节奏太快了，有点跟不上。这个时候我就很迷茫，不知所措。

不止学习，我在感情上也有迷茫。自从上了高中以后，就时不时会看到一男一女的经过。感情这东西很难说，有人说它是人的一生青春年华的表达，是一朵娇嫩的鲜花；有人说它是人的一生日薄西山的表达，是一朵带刺的玫瑰，充满诱惑与危险。感情方面我不懂，不懂它会如何矛盾，如何象征着好与坏。在校园，我又应该如何与异性交流？这问题直到现在我也不懂也没有人说懂，只有自己去摸索。

自己即将步入成年，被灌输的是"你成年了，你长大了，你不能哭"。社会上有许多人面对生活的压力却无法大哭一场。因为他们都知道，自己是个成年人，哭是小孩子的行为。社会上有个别抑郁症患者自杀，最常见的便是内心的苦痛造成抑郁，一步步迈向死亡。因此，长大变成了自己最害怕发生的事情。

（三）迷茫的解决

（1）人在孤独的时候，要学会从容应对。

【学生素材12】

在迷茫中前行

毫无例外，我的高中也充斥着迷茫的烟尘。从高中开始，那一片天空，开始蒙上黑烟。×中不是我的第一、第二志愿学校，是一所我乱报的"保底"高中，选它还是因为离家近。

带着对前途的迷茫，为了让自己学到更多和为家庭分担一份压力，我与大多数同学一样参加了中考之后的"暑期工大队"。在工作中，我学到了很多，也体会到了少许社会的黑暗。但是我误伤了自己的左手，为此付出了缝18针和两个手指留下伤疤的代价。

迷茫过后，高中生活开始了。我尽力担负起责任，我去努力奋斗，我相信努力过去便无须恐惧。我的特殊经历让我的思想过早成熟，我开始不畏惧迷茫，但是有时候却又十分迷茫。我有轻度抑郁和精神分裂，我十分清楚其中的原因，这与我的生活环境大为相关。我不会因为痛苦倒下，我会向好的方向努力，即使并没有喜出望外，我在悲观与乐观之间随意切换。

（2）人生路上，总会伴随着迷茫，它像是我们的影子一样形影不离，与我们相伴相随。战胜自己，就战胜了迷茫。

【学生素材13】

在迷茫中前行

正所谓：人在做，天在看。你骗得了别人，却骗不了自己。在高中校园里，我曾想着就是放纵，在高中过过日子。在高二下学期即将结束之时，我真想自己能够努力学习，以换取更好的成绩，但事实却不尽如人意。在我想着放弃这念头之时，我又想起了自己在初三开学时的400多分，最后靠着一年的努力考上了这所普通的高中。虽然我知道这样的事在我身上发生一次足矣，但我仍然希望自己能靠接下来的一年时间去好好学习，争取考上好的大学。

一直以来，学习于我而言，就像是在游乐场里面坐旋转木马。我与竞争对手们彼此间不停地追逐着，却始终隔着可悲的距离，像一道无法逾越的鸿沟。学习成绩好的同学，他们的动力像永不停息的长江，促使着他们不断向前，一次又一次地刷新纪录，从而不断地获取成就感与学习的动力。看着同班的同学们每日奔走在"教室—宿舍—饭堂"三点之间，有的同学即使放学仍然主动留下来继续学习，直到宿舍快关门了才肯罢休。日复一日，他们为着各自的梦想不断奋斗着，吃苦而不怕累。

作为旁观者的我看着这一幕幕，也不由得有些心慌。我做事向来没有什么定力，除非有着一股越战越勇的动力，这点我自己十分清楚。有时候，许多奇怪的想法莫名地一股脑冲进我的大脑，似乎有一种将要爆炸的感觉，但在无形中又感觉缺少了一条导火线将其点燃。

有时候看到自己的成绩，就会不由自主地想到为什么现在仍然没有动力去学习。我过去每天都在不断努力着，也许我的人生还没见到真正的光明。生活就像流水，有时平展，有时曲折。我希望这些曲折能使我不断积累经验，终有一日拨开迷雾，看看这个精彩的世界。

这个世界从来不缺奇迹。从篮球的0.2秒绝杀，到足球界中的"伊斯坦布尔奇迹"。这些奇迹似乎都在大家意料之外，但又在你的意料之中。因为他们有实力去完成奇迹，创造奇迹。当迷茫消失，我将走上正确的轨道。

（3）迷茫的对策。

① 带领学生认识迷茫，正确对待迷茫。瑞士近代最有名的儿童心理学家让·皮亚杰（Jean Piaget）认为："当外部刺激作用于图式时，图式总是从已有水平出发来理解新的知识和经验，图式对输入的刺激加以选择和改造，以使刺激能够被纳入现有的图式中去，这个过程称作同化。"[1]新事物、新接触、新未知会打破孩子原来的已知，令其产生心理上的不适，从而出现迷茫。所以，迷茫往往出现在人生的选择两难、阶段跳跃和内外对立之时。迷茫并不可怕，它只是一种暂时性的停顿。

② 舍弃成长"干扰项"，轻松前行。无论你是主动的，还是被推着，人都在社会前行的洪流之中。对孩子而言，社会的新事物、自己没有接触过的事物、自己喜欢的事物有时都会换个身份，以障碍物的角色影响你的进步。人的精力毕竟是有限的，追求但不苟求。既有猛虎吟啸，也任蔷薇花开。子曰："修身齐家治国平天下。"追求"诗和远方"与"活在当下"绝非矛盾，而是一种循序渐进的过程，为何非要拆散而不是正常地坦然接受呢？享受生活之美，乐在历练之痛，猛虎与蔷薇交相融合，希望你们能走好自己的路，该放下什么，该做什么，不要只听家长的建议，要多问自己的内心在渴望什么，在追求什么，自己在行动上就应该去追求什么，这才是我们学习的真正动力。

③ 在感到迷茫的时候，应从自身开始找原因，改变自己的态度、方法，学会寻求突破口，确立阶段性可实现目标，重在行动。上了中学之后，你们无论在学业、人际、情感、人生发展选择等方面确实会遇到许多困难，时而感受

---

① ［瑞士］让·皮亚杰（Jean Piaget）.结构主义［M］.倪连生，王琳，译.北京：商务印书馆，1984.

到迷茫。所以，你必须是你自己生活的主人，重视自己对生活的体会，敢于走出自己生活的"舒适区"，既能严格要求自己、控制自己，又能放开自己、发展自己，解决迷茫真的不难。

④ 平时，中学生要积极建设自己的社会支持系统。在迷茫时，积极寻求自己的社会支持系统的帮助。个体心理学创始人阿尔弗雷德·阿德勒曾提出过一个概念：人的一切烦恼皆源于人际关系。人际关系中的烦恼，恰恰是打开了一扇门，能引领我们更深入地走入内心，看清"真实的自己"。关系中的烦恼有其存在的意义。中学生的成长是独立的，但是也需要以"家庭、学校、社会"三者为主体的社会支持系统的帮助。

【学生素材14】

感恩老师的帮助

首先，我要对您说一句"谢谢"！您肯定记得上学期找您时那个迷茫的我，那会真的糟透了。班上很多人排挤我，学习一直没有什么动力，那天就这样无意间碰到路过的您。您应该没有想到后来谈话结束后，我回到班上内心挣扎一会儿，总结了谈话中的重要部分，或者说是您给我印象最深的部分，内容如下：

一是这个班集体，其实也是社会的一部分。用自己的行动和时间去证明，无疑是最明智的选择，若在之后还是有些嘈杂议论，再分项单独说。

二是很多时候都是这样，一个人经过不停地挣扎和斗争，总结出最适宜的方法。没有谁是一下子就想出最明智的决定。

诚然，这种记忆的深刻，让我现在都能一下想起第二段几乎是您的原话。也许是因为那会儿十分煎熬，一瞬间能听见内心深处的回响，也是十分感动的。这段总结，我当时写在一张纸上，收进了我最宝贝的文件袋中，里面全是最重要的东西，我不知道我会何时拿出来看，但的的确确装满了我当时内心的空洞。无论如何，请再次允许我向您说声"谢谢"！这份感动，永存于心中。

那天晚上，老师您对我的教导，使我深受启发。也许是正处在应该都有冲动的青春阶段，也许又一次清楚地认识了自己，我的格局又一次得到了提升，这是发自内心的自我认识。老师，谢谢您。

以此致我最尊敬的陈老师

2018年12月21日

四、我随偶像

偶像，有时是中学生的成长身影。

偶像，有时是中学生的成人阶梯。

偶像，有时是中学生接触社会的桥梁。

有感于此，我看到了中学生在偶像问题上有着自己清晰的看法和判断。有时，偶像在心；有时，偶像随行；有时，偶像在表；有时，偶像在内。无论是在中学生的里或外，偶像有时就像自己的影子。教师引导中学生在社会各行各业中选择一到两位充满正能量的偶像，就像人生座右铭那样，确实有助于扶正中学生的发展。

大部分人的青春，总有那么几个偶像。一个偶像，可以给一个人带来极大的力量。中学生在偶像的生活信息与痕迹里，总想着得到什么，可以是生活用品，可能是成长经历，可能是掩盖自己的不足及放大自己的荣光。总之，我随偶像吧！

自媒体时代，在互联网信息技术及人工智能大数据的通力合作下，任何的人、物、事都可以瞬间成为中心，其区别的关键是，这个中心能持续多久，"人设"什么时候在公众面前崩塌。

【学生素材15】

我对追星的理解

对于我来说，以前常常不能理解为什么有人追星可以如此疯狂，身边也有过不少同学，省着自己娱乐开销的钱来买专辑，我认为这也太痴迷了吧，偶像真的有如此大的魅力吗？

直到我开始看一些偶像养成类节目，我发现我自己也开始关注心目中的偶像。他不一定很优秀，成为万人迷，但你会被他的努力影响。他不一定做什么都是正确的，但你会被他积极进取的态度感染，我第一次发现我以前对追星行为是一种片面的理解。

正确的追星是利大于弊的。什么是正确的呢？他会是你生活中不可或缺的一部分，并非全部；他可能是你学习路上的动力；也可能是你生活的信仰。但生活是你自己的，就如同广为流传的一句话"要学会爱自己，才能爱别人"。

所以要过好自己的生活，才能让自己有时间去追星，只有把它视为生活中动力的存在，才能有利。

但，疯狂追星行为是百害而无一利的。你不可能将他的生活都了解得一清二楚。有些粉丝虽然不会陷害自己的"爱豆"，但为了能更了解他，不惜重金收集资料，甚至将他的家围了个水泄不通，给自己的"爱豆"和他的家人生活带来一定影响。这种行为其实是侵犯了他人隐私的行为，并不是真的喜欢一个人的表现。如果真正喜欢一个偶像，应该是学会尊重他的生活隐私，粉丝不是为了磨灭偶像形象而存在的。

越是优秀的偶像，粉丝也越优秀。因为他的言行举止会影响到你，让你成为一个更好的自己、更优秀的粉丝。

偶像的故事，不论是娱乐场，还是运动场的，都会成为学生的故事。学生会充分利用现有的有限条件，在相对狭窄的环境中，利用现有的学校规章制度，为自己的生存和发展做出合理的尝试和努力。这是校园里偶像的最大价值所在。

五、"游戏"人生

（一）把游戏当作人生

儿童的七种天性之一："以意义为主导"的活动就是工作，"以快乐为主导"的活动就是游戏。[①]游戏是一种接触的工具，一种休闲的方式，一种内心的追求，一种生存技能，一种生活的组成部分。

《福布斯》曾报道称，越来越多的研究表明，手机上瘾与一些严重的心理健康风险有关系。例如，手机上瘾"重度患者"可能有抑郁、自杀倾向。游戏也是一种虚耗，一种不健康，一种瘾，一种错误的生活方式，一种疾病。

2018年的6月18日，世界卫生组织发布最新版《国际疾病分类》，指出"游戏行为模式必须足够严重，导致在个人、家庭、社会、教育、职场或者

---

① ［苏］苏霍姆林斯基.给教师的建议［M］.周蕖，王义高，刘启娴，等，译.武汉：长江文艺出版社，2014：146.

其他重要领域造成重大的损害，症状通常明显持续至少12个月"，正式把"游戏障碍"即通常所说的游戏成瘾列为疾病，并认为游戏成瘾是一种行为障碍。

【学生素材16】

游戏于心

我喜欢玩游戏，这是从小就有的爱好，游戏也是我想追捧一生的东西，因为里面含有老玩家的青春。

我不敢说游戏的好处，也不敢把此类事情夸大，对游戏就是一种态度，我更不敢帮着推荐。在万千世界中，游戏是个极其不利的"负"产品。在游戏事业日益兴盛的今天，这种声音依然不绝于耳，而且愈见洪亮。

诚然，游戏可能会使人麻木，里面的内容也很吸引人，需要你在抵制与随心所欲之间选择。大部分人选择了随心所欲，这也使得自己渐渐迷失航标。但日渐长大的我们，也随着亲身经历的增多，明白了自身义务的重要性。一些学生由于其父母管控不严，很小年纪可能就有一部手机，放眼曾经这是多么难得的梦想。所以，说是游戏毁了他们，倒不如说是手机毁了他们。

游戏，开发人的大脑，这是不容忽视的。对身体各部分的平衡发展，游戏起到了一个良好的开头作用，锻炼神经、刺激脑细胞是再正常不过了。而贪图刺激、损害自己的例子也不少见，只因为对游戏了解越深，就越可能出现沉迷的现象。在一片茫茫人海之中寻找自己，可不是那么简单的事呢！

和游戏扯上关系的人，分三种：

（1）游戏者，游戏即生活，游戏及游戏的相关工具就是全部。人沉迷其中，或者说，游戏里有他。

（2）游戏出路者，喜欢游戏，希望以游戏作为平台，不懈努力，为自己挣得更多的自由和格局。

（3）游戏转变者，游戏是他的曾经，在家长、亲人、朋友、老师的通力教育下，痛定思痛，再也不沉迷游戏。

深入分析和游戏扯上关系的人，发现几点原因：

（1）时间是一种取之不尽的财富，时间是一种没有成本的东西。孩子觉得时间如空气，没有成本，不需付出。自己每天起床，睁开眼睛，就可以拥有24小时的时间了，这是一种多么自由而且是零成本的天然馈赠！但时间的成本并不是对一个人的一生而言，而是以一个人的付出和获取来计算的，即你在时间上面付出多少，才有资格获取多少。换言之，时间是给你使用的，而不是挥霍一空的。

（2）周围群体中，确实有相当多的人营造了玩游戏的不良风气。根据有关调查数据反映，92.8%的学生已经拥有一部属于自己的手机。其中大部分人认为在学校里很有必要有一部手机，其理由是便于联系，这既包括和自己的亲人联系，也包括和自己的同学、朋友联系。在此基础之上，约有52.3%的学生玩游戏，其中男生占大多数，主要集中在宿舍和校内的某些功能室周边。

（3）游戏自带的吸引力和玩游戏所带来的快感、成就感！在强调个性和独立的今天，每个人都不会是谁的影子！当孩子从现实世界进入游戏这个虚拟世界时，游戏最能吸引孩子的是什么？是一种优越掌控感和精彩程度。

案例8

一台被学生会干部没收的手机

晚修第二节下课，一位理科班的学生到办公室来找我。这个学生我有印象，他是高三（11）班的一位年级学生干部，但是我忘记了他的名字。他走到我的身旁，但是没有说话。我也很好奇，我好像没有事情要和他沟通。所以只好生硬地问了一句："同学，有什么事吗？"他走开了。

未曾想到，过了几分钟之后，他又走进办公室找我。这一次，我观察到他神情有点紧张。他跟我说了一句话："老师，有件事我想跟你说一下。"

我接着他的话说："好啊，既然你都来找我了，那肯定是有什么事情需要我出面协调、帮助或者是解决。"

原来他带着手机到课室，并且刚才手机铃声响了，被刚好经过的学生会干部听到，然后按校规给没收了。

还没等我反应过来，他就接着向我提了建议："老师，我希望星期六回家的时候，能够拿回这个手机，因为我坐车回家要靠这个手机，要靠手机里面的软件，要靠着定位才能回到家。"

我当时很好奇，因为他已经是高三的学生，身高一米八的样子，难道还要靠定位、导航才能回到家？我觉得他的提议里面有着"丰富的故事"。

我按照学校的规章制度，委婉地拒绝了他的建议。之后，他又换了第二个理由，他说："我家庭有特殊情况，回到家之后很需要这台手机和家里人沟通联系。"

我就问他了："你家里的特殊情况能让我了解清楚吗？"

他说："我是湛江人，爸爸这段时间回湛江发展了，并且很有可能会因为发展的原因再也不回东莞了，所以我要通过手机跟他联系通话。"

我感觉这位男生的话并不真实，毕竟根据我的了解，中学生当中，男生会主动联系父亲的并不多。我接着问他："你一周或者一个月跟家里人通话多少次？还有其他的联系方式吗？一般你会和父亲沟通什么？"

此时此刻，这位学生可能感觉到难以取回手机，突然在我面前蹲下双手抱住头，情绪非常激动，眼里也流着泪……他的言语里最让我吃惊的是，手机被收后的第一反应是情绪转不过弯，想跳楼。

待他情绪稍稍平复之后，我直接向他提出："你的表现足以表明你的手机除了用来回家以及和家人沟通以外，还有更深层次的用途。"

这一次他再也没有隐瞒了——手机游戏。我问他按照游戏沉迷的程度，属于哪种类型？他毫不犹豫地说："我是纯粹的游戏者，游戏是我生命中非常重要的部分，所以我非常依赖我的手机。"

（1）父母如果知道你的手机被收，认为这是好事还是坏事？

（2）手机是你的工具还是你的全部？

（3）你有目标吗？你有追求吧，你所追求的美好抵不过一台手机吗？

（4）生命既是沉重的，也是宝贵的。我们得尊重、呵护我们的生命，然后放大它的价值。

（二）当游戏人生是态度

每一个生命体都有可能有两个主人：一是自己，由自己操控那段属于自己的时间；二是时间，由时间控制属于时间的生命。未来，是属于时间，还是属于自己？

未来，于人生而言，永远是下一个阶段。这个永远的下一个阶段从表面上看，好像是只有一个单纯的前行方向。事实上，它的这个向前的方向蕴含着无数个可能，以及由这些可能带你朝向其他方向。其中，是什么因素在串联未来？未来的方向应该如何掌控？未来的时间、发展、未知第三者的关系如何掌控？都急需当下之人反思。

游戏人生，确实是当今校园中一部分学生的态度。你不认真观察，很难发现他们和其他学生间的区别。换言之，这部分游戏人生的学生在表面上，其实跟其他学生并没有两样。认为自己会游戏人生的学生往往认为自己是有目标的，也容易对现状表示不满与不屑，却认为自己的一些小小的不良行为，如迟到、不交作业等是小事。为了不迟到，个别学生把应该在宿舍完成的生活事带到教室，待点名完成后再进行，不好意思早起，怕影响到其他同学，变成集体默认晚睡迟起。

那么，真正的区别在哪里？我们在电影、电视、书上，都能够看到种种身份的主人公能够以非常潇洒的人生态度对待自己人生的经历以及自己的得失。这里有一个前提：要形成游戏人生的态度，首先一点是你必须看穿人世间的万物。换句比较通俗易懂的话说就是能看破红尘。当然，"游戏人生"我们也可以理解为，把人生这回事当作游戏一样玩。

（1）认识有偏差。游戏人生，能坚持多久？游戏人生能解决人生所面对的各种困难和挑战吗？自己的游戏人生是否有很多的先决条件？如果离开了家庭和父母的支持，会怎样？未成年人一旦喜欢上游戏，那么，游戏的主角就一定不是游戏的玩家，而是游戏的本身。特劳特在《定位》中，还提出了"特劳特的成功六部曲"：

第一问：我拥有怎样的定位？

第二问：我想拥有怎样的定位？

第三问：谁是你必须超越的？

第四问：我有足够的钱吗？

第五问：我能坚持到底吗？

第六问：我符合自己的定位吗？

年轻人对正常的欲望追求减少，在社会发展帮助下，在原生家庭的"喂养"下，孩子们的主动性出问题了，积极性被破坏了。叔本华说："人的一切欲望的根源在于需要和缺乏。"我们在物质富裕的年代里，更需要鼓励中学生多上路，多探索，多往更高的层次去追求，主动追求比物欲更高的价值追求和文化追求。

（2）目标设定有偏差。从心理学上说，自我可以被分为"真实自我""理想自我"和"投射自我"三个层面。如果自己设定的目标符合自己的实际情况，就达到了"真实自我"；如果自己设定的目标没有达到他人的眼光，"投射自我"缺失；从"真实自我"到"理想自我"需要不断地、科学地努力，一旦没有达到，对自己的影响、他人的关注会降低甚至没有，这时自己对失败的感觉越麻木，也就越能承受，直到随便。所以，孩子的人生目标应该分阶段、合实际、逐层深入。

年轻人对社会的担当减少。梁启超先生说："故今日之责任，不在他人，而全在我少年。少年智则国智，少年富则国富，少年强则国强。"十九大报告指出，"建设教育强国是中华民族伟大复兴的基础工程"。少年担当，必须由优质的教育赋能。

（3）内心的挫败转化为行动的随意性。挫折感转化为行为随意性。英国作家阿兰·德波顿在《哲学的慰藉》中说道："挫折感是人的一种常见的对不顺心事情的情绪反应，往往伴随着愤怒、懊恼和失望。"这时，挫折感既是对周围环境的妥协，亦是对自我的厌恶和鄙视。游戏人生反而成为续命的良好外衣。

宝贵的一生真的可以想怎么玩就怎么玩？回头看看中学生，他们才刚入世而已，还没有经历过什么，难道已经达到这样的境界？很显然，中学生的"游戏人生"这种态度只是他们想象出来的理由，并为自己的不努力行为套上华丽的衣裳。人都有不顺心的时候，但不一定都会严重到有挫折感的程度。不顺心是一时的感受，而挫折感则可能固化为一种心理定式。选择了"游戏人生"的人生态度，是含义照样丰富和矛盾，是自嘲，是避世，是无奈还是无为？

（4）改变一个学生，先要改变他的自我期望。一切改变的基础是自我改变。人生的每一次用力都是一次进步。古人云："藏器于身，待时而动。"

学生往往有梦想、有目标，但行动小。希望你们重视你的梦想，尊重你的目标，蔑视你的不良行为！自我改变的根本是内驱力，而对未来充满憧憬和期待的学生，理想、抱负、志向的追求是最大的内驱力。唤醒学生对学习、对生活、对人生、对未来的积极追求和热情向往，帮助和引导学生将理想目标转化为成长动力，从容落在日常的学习、生活之中，是教育的使命，亦是教师的职责。

内化于心，外化于行

一、我们内心也有正能量

（1）中学，是艰难的时期，是告别青涩的时期，更是一个少年成人的过渡时期，过程之艰难，道路之曲折，压力无疑是巨大的。不必说每天早起晚睡的学习生活，也不必说堆积如山的试卷，更不必说每周四次的测试，单是数学课的几何图案、函数，就令人头昏眼花、头痛欲裂。

古希腊哲学家柏拉图说过："人是万物的尺度。"可人的尺度又是什么呢？我认为心中的正能量就是人的尺度，人心中有正能量才能做到遇挫折而不放弃。

正能量来自哪里呢？来自仁、义、礼、智、信这五种品德修养。在今天，正能量的来源最好是社会主义核心价值观。一个人自身如果能与身外环境相协调，会相辅相成、相得益彰。

作为一名中学生，你可能做不到远赴灾区参加抗灾救灾，你可能做不到游一千米之后还能救起落水的人，但你能做到礼貌待人、使用文明用语。看到同学摔倒了，上前去扶一把；看到同学发生争吵，上前劝阻；捡起身旁的一点纸屑等都属于正能量。正能量既可以来自助人为乐，帮助他人，还可以来自参加志愿者公益活动，还可以来自主动清洁课室，清洁楼梯间；正能量可以存在操场、饭堂，其实一个个善意的举动，包含着帮助他人、服务他人的思想。

来自自身的正能量，有对人对事的正知，那是其具备正能量的源头，这也就是我们常说的"三观"。只有具有宽容善良、阳光积极的心态及懂得取舍智慧的人才能具备这样的正能量。其展示的气场也必然是睿智灵动与和谐的，一个人的知识、言谈举止、外貌、外形、穿着、姓名、性格、性情等都是组成气场的一部分，也就是你在这个世界中的反映。

中学生正处于人生情感最为敏感的一个阶段，心灵脆弱的人会被"负能量"侵扰。因此中学生急需这种正能量来为自己的成长保驾护航。正能量不同于其他能量，它是产生于对世界中的某人、某事、某物的尊敬和喜爱。因此，读好书是学生获取正能量的较好途径之一。读好书能给学生带来不少的正能量。古人云："天不生仲尼，万古如长夜。"如果没有书籍，人类的精神生活不亦"万古如长夜"乎。积极、健康、持续的阅读可以给中学生带来很多好处。读着书，你能感受千年历史的变化；读着书，你能与作者超越时空进行精神对话；读着书，你能体验领略异地生活风情；读着书，你能选好正确的价值观、道德观、人生观；在书中，你可以休息；在书中，你可以工作；在书中，你可以获取知识；在书中，你可以感知人类社会的一些共同的基本准则，如正直、勇敢、忠诚、互助等，还可以感知人类最美好的感情，如母爱、爱情、友情、手足之情等，以及对美和理想的永恒追求。

【学生素材17】

在阅读中找寻正能量

A学生：《活着》这本书讲述的故事让我深深地体会到了活着的艰辛。人生总是大起大落的，没有一帆风顺。人必须经历各种磨难才叫人生。《活着》这本书里让我印象最深刻的一句话是："若是没有勇气面对死亡，就坚强踏实地活下去。"这句话让我懂得"即使面对死亡，也不能放弃"的坚强生活态度。

B学生：《假如给我三天光明》这本书是作者海伦·凯勒的心声与内心的无限希望。三天的光明，或许对于一个普通人来说是极其容易、简单的。但这对一位双耳失聪、双目失明的人来说，是非常渴望的。她不仅克服了困难，而且还活出了精彩的人生，她是我们心目中的女神。假如给你三天光明，你会做些什么呢？请珍惜那来之不易的生活吧！让我们共同努力，为一年后的高考做准备吧！海伦的精神，还需要我们去继承、去加油！

C学生：《狼王梦》其实是以悲剧结尾的，也就是说小说背景是悲观的。现实是残酷的，生存竞争，物竞天择，适者生存，不仅适用于自然界，也适用于人类社会。《狼王梦》讲述的是一个残酷的现实，有些时候，你努力争取都不一定成功，更何况你不努力。

D学生：每个人都应该是自己人生的领导者。那些能够带领千军万马的人，未必能带领好自己。要么成为最好的自己，要么一无所有。《自由在高处》是新浪网"中国好书榜"十大好书之一，也被评为"南国书香节最具现实与精神获奖图书"。这本书从个体角度探讨深处转型期的人们如何跨越逆境，享受自由，拓展生存，积极生活。自由与自救，就是这本书的方向与重点。本书的第一页就写了"You the Freedom"，意为"你即你自由"。

E学生：《无声告白》告诉我们，我们终此一生，就是为了摆脱他人的期待，成为真正的自己。风筝如果没有了束缚，它只会一头扎在地上。有些拉得太紧，风筝飞不高，甚至飞不起来。我们感受到的压力来自父母对我们的高期待和要求。我推荐《无声告白》是因为在人的成长中会受到来自不同领域的影响，有积极的、有消极的。成长的过程中会迷茫，你不知道别人给的答案是否正确，不知道自己有没有进错一道大门。在路上，你如果意志不坚定，就容易迷失自己。不断上路，不断完善成为那个想要成为的自己。

F学生：《追风筝的人》读后感——在我所读过的书籍中，可能《追风筝的人》是令我感触最深的。它好不是因为有华丽的言辞，而是因为那有趣而又丰富的心理描写、情节表达、人物刻画。它表达了当时人们的无奈，展示了人类心理最黑暗、最美好的一面。我从中所读到的不仅仅是它的内容，更是对人类清晰的认识。"我会在你身边，永远永远"，这句话是哈桑曾对主人公说过的话，主人公同时也对哈桑的孩子说过，并且作为本书的结尾。

（2）每个人都需要正能量。正能量，能使人积极乐观，拥有向上的动力，中学生理应成为具备正能量的代表。那么中学生的正能量来自哪里呢？我们可以从学生们的自述中得知正能量的来源。

【学生素材18】

正能量的来源

学生甲：对未来怀抱梦想和希望，心中有希望就不会被挫折困难打倒，要相信付出会有回报。曾经的我很迷茫学习的意义是什么？为什么要背书？为什么要学习以后可能根本用不上的知识？老师的一番话让我茅塞顿开。还记得小时候吃过的奶粉吗？它都已经化成了我们身体里的血肉。世界上有很多的事情是只有付出没有回报的。中学校园这段时间是人最单纯、最有拼劲的时光了，没有哪段时光会为了一个目标拼尽全力忘我乃至与世界隔绝地奋斗。因为对未来心存希望，我们拼命学习、刷题，相信我在可塑期内所拥有的正能量，最终能使我受益匪浅。

坚持，这就需要锲而不舍的精神与毅力，一旦我们拥有良好的生活习惯与学习规划，生活不会差到哪里。俗话说"贵在坚持，难在坚持，成在坚持"，成功是留给有准备的人的。

我可以的！在做事之前鼓励自己。不就区区一道化学题吗？为什么别人都会而我不会呢？平时去办公室，老师身边经常被围得水泄不通，最终还是得靠自己，靠着坚定的信念，去面对一道道烦琐、无味的理科题，累了就看看心灵鸡汤书，不要让自己将来有机会后悔。任何优秀的品质都可以成为一种正能量。做一名拥有正能量的高中生去感恩生活带动他人，让正能量充盈每一个角落。

学生乙：即将成年步入社会的我们有必要让自己充满正能量。而这些正能量，可以来自方方面面。首先，正能量源于榜样的力量。每到端午节，最先想到的不是美食和龙舟，而是那令人由衷敬佩的爱国诗人屈原，是他那"亦余心之所善兮，虽九死其犹未悔"的爱国情怀，更使人多了几分忠贞爱国的精神。而当看到电视里那一个又一个的劳动模范，便又想起"工匠精神"这一亘古不变、为人推崇的品质，越发提醒自己"学习要认真"这个道理，不能心猿意马。如此这般才能百炼成钢，铸就强大的精神，将来投身于建设祖国的伟大事业中。

其次，正能量源于责任与担当。那些一天到晚都将笑容挂在脸上的人，也许并非真的开心，也有可能是为了让周围的人不那么卑微，并使人重拾希望，对未来也不再彷徨、悲伤。那些笑容对一些处于低谷的人来说，又怎么不算是那种穿越阴霾消散不快的光呢？那些遭遇变故的人尽管悲伤，还是得将自己变得乐观起来，若不这样会有许多人为其担心。出于这个原因，正能量可以充满其心，而作为高中生，我们也理应对周围的同学、老师及自己的父母负责，为了不让他们担心，这是我们的责任与担当，这就是正能量的来源与表现。

最后，正能量源于更好的自己。你一身戾气，周围的人自然对你敬而远之，你为人和气，朋友自然纷至沓来，良好的人际关系将来会成为一个人重要的人脉资源，对自己尤为有利。

学生丙：高中生的正能量来自同学、老师、书本、自己。同学是个积极乐观的人，自己会被积极带动；同学消极乐观，自己也会受影响。但我认为，假如给自己积极的心理暗示，坚定自己的内心，那这些也算不了什么。我们周围既有正能量也有负能量，所以更要坚定自己的内心。

高中生的正能量来源于希望。心中有希望，便可走过充满诱惑的世界。心中对未来充满憧憬，不停地努力，便可更进一步。

高中生的正能量来源于对自我现实的满足。不要总想着自己没得到的，一定要知道自己如果只停留在"想"而不行动，那也只是幻想。想要的东西少一点，想做的事多一点，想象的少一点，努力多一点，满足感多了，负能量少了，正能量就多了。

高中生的正能量源于老师。老师上课总会讲一些富含哲理的话，虽然有时会很尖锐，但却引导人向前。即使不会记得太深，但也会记得老师的解释，对于人生的解释——先苦后甜是常态，这个世界是不公平的，想要公平，就要比别人努力。

高中生的正能量还来自对现有事情的竭力完成。不用预测将来会发生什么，也无法预测。人的负能量，就我来说，我总喜欢想一些不切实际的东西，我想拥有一些我喜欢的东西，越不能实现就越想，越是沉浸在幻想中，忘了所有的东西都离不开自己的努力。曾经的自己不努力，现在也是，我要改，我不敢说我不再胡思乱想，但我一定要在关键时刻努力做事。

高中生的正能量，其实源于自己的行动。我一直相信没有什么东西能够困住我，从现在开始，我可以更加努力地控制我自己的行为、思想，我也相信我可以补救，我从现在起充实、现实地过一年！

（3）年轻人性格比较豪爽、气盛。中学时期正是年轻好时光，人既青春、活力，又充满热情。在我看来中学生的正能量无非从两个方面获得——心理意识上和行为选择上。

中学生从心理意识上获取正能量是因为中学生自认为很酷很帅，难免喜欢幻想和模仿一些电视电影中的英雄人物。中学生的正能量往往来自一种心理上的自我暗示和行为上的自我扩张。例如，军人、警察的家庭，容易使孩子自小内心就隐藏着强大的责任感，有突发事情发生的时候，其内心的责任感会被放大无数倍，占据意识的主导地位，内心驱使其通过行为把正能量释放出来。学校环境也十分重要，学校对学生的思想教育能让中学生变成一个富有正义感的人。

中学生除了从心理意识上获取正能量之外，也愿意从行为选择上获取正能量。大家知道中学生处于青春期，性格直爽、正义、敢于表达，愿意接触积极向上的公众人物以助自身积极成长；积极运用"物以类聚，人以群分"的群体交友理念，积极模仿身边人；善于利用自身成长过程中的积极因素，使之成为辅助自身持续发展的鼓励因素。

所以，正能量首先来自家庭。家庭是中学生最为依赖的地方。一个温馨、温暖的家庭对中学生的感情成长及获取正能量有重要作用。与家人积极沟通，互不封闭，那么正能量就会自然而然产生。家庭可以培育中学生的健全人格，增强中学生的心理抗压能力，为成长道路夯实基础。

中学生的正能量也可以来自学校。中学生在学校所待的时间远比同时期在家中待的时间长，学校的同龄人多，学校对其的成长健康有重要作用。因此，在学校，老师要积极与学生沟通交流，了解学生的内心情感，鼓励学生，让学生得到情感的认同，促进学生对学校环境感到喜爱。组织校内校外各种活动更有利于学生情感的释放，使学生抛开负能量，拥抱正能量，积极面对生活的困境，得到健康的成长。

此外，中学生的正能量也可以来自体育运动，也可以来自社会的温暖。社会全体成员都应该重视对年轻人社会担当的培养。少年担当，来自教育赋能。所以，尊重孩子的主动，培养孩子的主动，是培养孩子担当的前提。

 案例9

意外，却让教育收获永恒

对我而言，班主任的工作应该是积极主动的。但这一次，却是一位女学生主动和我进行了一次意外的对话，向我讲述了意外的内容。瞬间的停驻，令我不断探知教育人生未来的路，也令我的教育人生有了意外的收获！

我国著名的教育专家李镇西说道："做走近学生心灵的朋友，善于倾听，是一种教育智慧。"我还要说，这更是一种教育艺术。从某种意义上说，让学生倾诉，教师耐心聆听包括听学生对自己的抱怨，这本身就是有效的心灵引导。"此时无声胜有声""一切尽在不言中"。

一次意外的对话！

2014年9月，班会课结束了。

学生李：老师，等我一下。

老师：好的，你有事找我？

学生李：老师，你看过我的个人档案吗？

老师：刚开学比较忙，还没有及时看！

学生李：那我直接跟你讲讲我的家庭情况吧，希望你帮我保守秘密！

学生李：其实我是被收养的，这事我在小学时就知道了。在我出生一周时，父母就把我扔到了马路边，一位医院的保安把我带回医院，然后我养父把我带回了家。我奶奶生了四个儿子，其中二儿子，也就是我养父，和他老婆离婚了，养父在我读小学三年级时因为车祸去世。奶奶把我当成亲孙子一样看待。

老师：也就是说，是奶奶抚养你的？

……

老师：你为什么要告诉我这些？

学生李：因为信任。

老师：但我们才认识几天而已。

学生李：老师，别忘了，军训噢！老师，虽然我们认识并没有太长时间，但正如你所说的那样，你利用军训观察学生，其实，学生也在观察老师，全班52位同学，有52双眼睛在看着你！我们在你的眼里看到了真诚和信任，我愿意和你分享我的人生！

一个短暂的驻足！

周国平先生说："我相信，人生问题和教育问题是相通的，做人和教人在根本上是一致的，人生中最值得追求的东西，也就是教育上最应该让学生得到的东西。我的这个信念，构成了我思考教育问题的基本立足点。"班主任工作首要的是做好人的工作教育，假如做到了，教育问题也就水到渠成。

（1）平等令对话成为可能。"对话"是教育的一个重要理念，"对话"的前提是双方平等。毋庸置疑，教师的学科知识、专业能力、认识水平等远在学

75

生之上。平等的师生关系促使教育教学成就最大的可能。换言之，今天的教师如何对待学生，明天的学生就会如何去对待他人。人与人之间的交往，应该从真心开始，用真诚沟通，传达真爱。在案例中，我并没有因我的地位而拒绝学生的主动诉说，学生反因班主任的平等相待而主动诉说，我觉得这样的交往方式，在师生间筑起一条心路，一条心与心的交流之路，从而促进班级的管理。

（2）尊重令学生主动开口。现在的家长和老师都有这样的"幸福烦恼"。一方面，学生会利用课堂、自习课不断地讲话；另一方面，学生在师长面前却又常常保持着沉默。难道他们没有开心之事要分享或者难过之事要诉说？难道他们没有成功之事要分享或者困难之事要帮助？其实他们往往是在老师高高在上地训话或者家长不分青红皂白地责骂时悄悄地关上了交流的大门。教育家爱默森说过一句话："教育成功的秘密在于尊重学生，谁掌握了这把钥匙，谁将获得教育上巨大的成功。"以爱动其心，以言导其行，尊重、对位的平等令学生愿意开口，主动交流，乐意分享。

（3）肯定使人受用终身。《中学教师专业标准》中有这样一条基本理念："以人格魅力和学业魅力教育感染学生。"一切持久成功的德育工作都离不开刚性的德育管理和柔性教化。正所谓"施爱有道，润物无声"。这就是教育追求的基础价值。正如一位哲人说过，"人类本质中最殷切的要求是：渴望被肯定"。案例中的主人公在短短不到五天的军训期间，被我简单地肯定了三次，同时也换来了学生对班主任的信任和工作上的支持。我相信，这位学生甚至我的班级学生都会在肯定中获得长足的进步。

二、青春，处在"方"与"圆"之中

青春，得坚守自己的底线，有自己的原则，死守自己的尊严，要像外圆内方的硬币一样，圆的外表才能越滚越远。

（一）"方""圆"是一种社会天性

1. 青春期心理、言语、行为及行动的来源

"方"为社会道德、社会法律、社会公义，是一种理性、知性的选择。"圆"是一种融通，是一种感性、亲向性，是伴有感情因素的选择。"方"与"圆"的区别在于起源及方式，而又产生相应的原则和价值构成。英国哲学家大卫·休谟认为："这个问题主要不在于确断在人类本性中占支配地位的是

仁爱（性善）还是自爱（性恶），在道德规定中起支配作用的是理性还是情感，人们的品质、性格和行动何以受到敬重、好感、称赞和颂扬或憎恨、轻蔑、谴责和讽刺。""方"源于"自爱（性恶）"，"圆"源于"仁爱（性善）"。①

2. 青春期心理、言语、行为及行动的表现

中学生根据这种起源（快乐和不快的感受），其心理、言语、行为和行动往往"符合法律"而又遵从"内心感受"。他们会观察社会发生的重大事件，他们特别注意"身边人"的生活琐事，通过语言分析、归纳推理和比较，对日常道德进行分析，并对这些事进行分类，有可能是坚持自己待人接物的"方"，即内心不认同，甚至鄙视，从而做出区分异类的选择；也有可能运用自己的理解和曾经的经历，做出"圆"的选择，即"认同这些行为，并由此亲向事件的主体"。

【学生素材19】

年轻人的"方"与"圆"

如果讲一个人的表现形式外方内圆，可能是说这个人外表很坚硬、刚正不阿，实际上却内心圆滑，有城府。一个年轻人能做到外方内圆，实在少见，我难以理解。

年轻人或许有与众不同的经历，我不敢随便评判，因为我没有见过如此有心计的人。我不想随便谈论这个不平凡的青年人，因为他可能是出于某种目的或者是为了自我保护才变得如此。他的外方内圆是难以察觉的，但外方和内圆都是他的生活。他既然有能力将外方表现出来，内圆隐藏起来，说明他的心理素质强大，他这样的处事风格，不想让人看透，不想表现出真正的自己。

人要外方内圆，不能不圆，不能太圆，懂得审时度势，在什么时间该做什么事，看得清自己的定位，讨好必要的人总好过得罪人，但切忌太圆滑而让自己失去了本心，也就没有了原来的适度的圆所带来的好处。

3. 青春期心理、言语、行为及行动的交互及判断标准

———————————
① 休谟.人性论［M］.北京：商务印书馆，1980.

世界很大，随着青少年慢慢长大，逐渐进入社会，会遇到一些不真诚的人和事。尽管世界有太多的不真诚，也总会有人温暖到你。不必说孟瑞鹏看到小孩儿落水后，跳入水中施救，最终孩子获救了，自己却再也起不来；也不必说以帮助他人为己任，靠捡垃圾资助山区儿童的老人刘盛兰的无私奉献；也不必说抗震救灾时，一方有难、八方支援的暖心义举。也许这些不见得有多义薄云天，却能从小细节看出大温暖。真诚与善良多一点，会使世界变得更具魅力。

青春，无非是区别"导源于理性"还是"导源于情感"的问题。由此我们看待青春中的"方"还是"圆"，关键是看青春人在心理、言语、行为和行动中被包含的"理性和情感各自在道德决定中起多大作用"的问题。很多人将现在的青年人定义为"外方内圆"。在我看来，这不是在贴标签，而是在发出最后痛心疾首的呼号。

（二）"方""圆"是一种尺度

孩子，你有话直说，从不在乎别人的面子，不会处理与他人的人际关系，那你就会遭到别人的冷落，甚至还会遭受其他人的欺负，自己也会过得不开心。个别不合格的教师也会对你的棱角感到厌恶，他们不允许你有自己的兴趣以及独特的思维方式，逼迫你变得圆滑，逼迫你抚平自己的棱角。所以你只好在内心把自己的棱角藏起来，努力变成老师们、同学们喜欢的那般模样，去做那个外圆内方的自己。

孩子，在家中，如若每次遇到自己不满意或者不同意的事，就去和爸爸妈妈对峙。我想，这个家庭也少不了争吵吧！从小，父母对你们说得最多的不就是"我们这样做，是为了你好"吗？甚至有些偏激的父母还会说出"我生了你，你就要听我的话"等理论。所以为了减少争吵，你们收起了个性，成为一个他们眼里的乖乖仔。话说回来，去改变自己，违背自己去做那个不是原来的自己，也是不会快乐的。在家庭中，你们和父母的关系，就像是加了一层膜，它隔断了你们和父母的争执，但也隔断了你们之间的感情。我也相信外方内圆的人是不会有真正的朋友的。所以，我不反对，不会看不起，不会厌恶外方内圆的人，但我更希望你们活出真正的自己，因为这样世界才会多一份真实，世界才会因你们而美丽。

（三）"外方内圆"，是部分年轻人的典型代表

【学生素材20】

班级里的"方"与"圆"

外表正直，内心圆滑，似乎每个人都表现过这样。但从中把它分开讨论，是两种人或者说是我目前所接触过的两种人。

开个玩笑，有些班干部每天都在喊"安静"，但仔细观察，会发现这个人喊完以后紧接着做的事情就是与周围的人聊天，处理事情的方式也让人一眼就能够明白，还是本着自己的利益最大化去的。一件事情处理不好，会给自己带来不好的影响，以及后续一系列烂尾问题。那么这件事情宁可做不完美，改成并不理想的方案，在决策人耳边只说一方的负面影响，最后促成自己主导的方案，之后再在同学面前讲一些自己长辈涉及的东西，并引以为专业术语，博得认同，从而达到自己的目的。他以无限的可能性与"创新精神"为代价。

所以，很容易看出他就是想表现自己，从中再得到些什么有利的东西，如表扬与赞赏等。这样的人，平常私下说不在意什么，就越在意什么。从而得知，与之相处时，尽量做好自己的事情，低调一点做人，可以有效地避免一些不必要的磕磕碰碰，维持一段暂时的友谊（这里说到暂时只是因为自己不太喜欢天天和这样琢磨这种事情的人在一起），不过如果这种人是前辈的，倒也能够学到一定的处事之道。

后者呢，当然也有些相似，不过却十分单纯。所有表现的"方"都是通过负责为准则，内心的"圆"是通过沟通得以体现。这种人或许没有前者办事能力出众，但却容易让人接近。换句话说，谁也不会和一个单纯的人较真吧！

相对前者，与后者相处起来就会舒服一点、真实一点，可以互相了解，不用整天去动脑猜测。这两种人都有好的地方。真正交朋友，还是要取决于自己的三观、性格和真正花心思去了解。

青春，往往是外方内圆！生活中的辩证法：外圆内方，方得圆满。最近读过这么一个说法：

做人做事，可方可圆。

方是以不变应万变，圆是以万变应不变；

方是做人的脊梁，圆是处世的锦囊；

方是原则，圆是机变；

对己要方，待人要圆；

对内要方，对外要圆；

随方就圆，在方中做人；

圆中有方，在圆中归真！

就像摇滚，它是一种高亢的精神，是青年人应该有的一种精神。起初，很多人以为摇滚是对时代、社会的反叛和逆行，现在才得知，它是一种对生活、对社会的审视。我深以为然，人的最高境界亦当如此，外圆内方，内心方正，处世圆融，才能价值无限。如果一个人只圆不方，趋炎附势，圆滑世故，一辈子只能滚来滚去，找不到归宿；如果一个人只方不圆，棱角分明，锋芒毕露，也难免撞得头破血流，寸步难行。

因此，一个人只有方外有圆，圆内有方，方圆并用，才能活得从容而坚定，自信而洒脱。愿你们都能学会与他人圆融相处，方正地与自己对话，顺顺利利做事，堂堂正正做人。只有在具有奋斗、团结、爱国精神下的"有方有圆"，才能更好地促进社会的发展。

三、年轻需要更好的理性

年轻人需要具备很多因素，要有梦想、有目标、有计划、有信心、有热情、有理性、有行动力、有坚韧意志等。理性是一种美好品质，用理性光芒，认识自己，提升自己。

案例 10

各退一步，海阔天空！

晚修，办公室，体育生黄××和班主任吵起来了。班主任说一句，学生就顶撞一句，班主任加重语气，学生顶撞的语气也加重。

班主任说："你为什么早上迟到，晚上也迟到？"体育生黄××随后就接着说："这是我的现状，我没办法改正。"

班主任接着说："你还有高考目标吗？你这样的行为能考上本科吗？"学生接着说；"我要考本科，我觉得我可以考上本科。"

吵到最凶的时候，学生在办公室直接叫嚣，"我不服，我不服你这位班主任。"老师跟学生的关系一下子就陷入僵局。

为了更有效地解决问题，首先我还是让班主任冷静下来，因为我相信成人的自我管控能力比学生更好。真的，当班主任把自己的言语和情绪平静下来，办公室瞬间就安静了。

接下来，就是跟学生好好交流、好好了解了。我问学生几个问题：第一，你以前是这样的吗？第二，家长平时是怎么对你的？第三，你平时是怎样对待家长的？以前的老师呢？第四，在今天的问题上，你觉得你存在哪些问题？它们有着怎样的主次关系？

……

当今社会，有关中学生的负面报道时不时见诸报端——打架斗殴、顶撞老师、违规犯法，更有甚者，因不堪沉重的学习压力而选择自杀……青春年华，正当人生最美好的年华，他们却是如此的冲动、鲁莽、不爱惜自己的生命。为何？其中一个重要原因是孩子们缺乏自律，缺乏理性。他们不敬畏法律，不敬畏生命，不敬畏自然，不敬畏生存法则，他们缺乏理性分析与思考。

（一）"废青"出现

学生的世界有多小？其实很小，就是那最熟悉不过的"三点一线"，从宿舍、到教室、到饭堂；再到宿舍、到教室、再到饭堂，一个"三点一线"循环往复却又能孕育无限可能的世界。学生的世界有多大？其实也可以很大，互联网的普及和电子科技信息的发展，使他们通过微博、微信、朋友圈也会有自己非常活跃的网络世界。学生的世界可以瞬间放大，甚至难以想象。

生活中你会发现，学生可以在"现实世界"与"虚拟世界"之间很自由地切换。要认真学习了，要上课了，要安心听讲了，他们的世界其实就很小，小得容不下一丁点的杂音，小得容不下一丁点的课外活动，小得只剩下学习了。学生的世界有时也会很大，当他们有一颗不安分的心、不安分的念头时，他们会把时间、精力放在学习以外的东西，借助网络与电子科技移动终端肆无忌惮地涉猎他们内心想要的东西，不管是健康的还是不健康的，一切都是如此。他们认为那些所谓资讯能让自己的自信无限放大，变得好像很有知识、很有见地、很厉害的样子。

慢慢地，现实世界让步于网络世界，学生更喜欢深入接触网络世界，做网络世界里的"自由人"。当他们发现，自己的选择已经在大世界和小世界无法切换，沉迷在网络世界，无法自拔时，他们面对现实世界就开始颓废。网络世界给年轻人更多的非理性冲击，慢慢地"废青"就产生了。

"废青"指一些没理想、不奋斗、不努力却感觉自己具备成熟独立思想（其实是偏见），对社会毫无奉献，并且可能会由于对自身经历不满，盲目归咎社会责任，报复社会的青年人。"废青"们随波逐流，没有目标，也没有追求和信仰，缺乏理性，不能自律，无法正确认识自己，提升自己。

2018年11月，著名歌手谭咏麟在他68岁这年，推出了一首鼓励年轻人的同名歌曲《废青》。歌里写道："为何甘当废青，要努力用青春追梦争拼；全情投入作战，收入无定；难捱但却不放弃，因尽过全力博得尊敬；为何日夜怨命，要发掘怎么于规限中制胜；谁成为杰青不太重要；各有擅长多应该珍惜与高兴；谁愿格斗，若自爱，不必去秤。"振聋发聩，令人深省。谭校长真心希望现在的年轻人，能够得到警醒，知道自己真的想要什么，别再当废青。

鲁迅先生曾在《新青年》的一篇文章中这样写道："愿中国青年都摆脱冷气，只是向上走，不必听自暴自弃者之流的话。能做事的做事，能发声的发声。有一分热，发一分光。就如萤火一般，也可以在黑暗里发一点光，不必等候炬火。此后如没有炬火，我便是唯一的光。"我想起百年前的那群有为青年，走上街头，摇旗呐喊，义愤填膺。他们真正高举着科学和民主的旗帜，开创了中国历史变革的新纪元，"像春雷初动一般，惊醒了整个时代的青年"。

附：

要有爱国之心，要做慧美之人（节选）
——杨志坚校长在东莞市第五高级中学2019—2020学年开学典礼上的讲话

尊敬的各位老师、亲爱的同学们：

学校有责任使每个人都应有爱国之心，这是必需的，是教育人的良知和底线。在这个暑假，我读了法国社会学家托克维尔的《论美国的民主》一书，其中有一节专论爱国的话题，写得比较系统权威，我就结合自己的理解把书中的观点推介给大家。托克维尔说在爱国这件事上，有两种爱国心：一种是本能的爱国心，一种则是理智的爱国心。

本能的爱国心，主要来自那种把人心同其出生地联系起来的直觉的、无私的和难以界说的情感。这种本能的爱国心混杂着很多成分。有对古老习惯的爱好，对祖先的尊敬，对过去的留恋。这种爱国心的特点是，珍爱自己的国土像珍爱祖传的房产。喜欢在祖国享有的安宁，遵守在祖国养成的温和习惯，依恋浮现在脑中的回忆，甚至觉得生活于服从之中有一种欣慰感。然而它有个缺点，即能暂时激起强大的干劲，但不能使干劲持久。

理智的爱国心则富有理智。它虽然可能不够豪爽和热情，但非常坚定和持久。它来自真正的理解，并在法律的帮助下成长。它随着权力的运用而发展，但在掺进私人利益之后便会消减。一个人应当理解国家的福利对他个人福利具有的影响，应当知道法律要求他对国家的福利做出贡献。他之所以关心本国的繁荣，首先是因为这是一件对自己有利的事情，其次是因为其中也有他的一份功劳。

爱国这种情感，也有一个发展与成熟的过程。一般来说，本能是一种与生俱来的能力，是只要是人就会有的爱国心。对于这样的爱国情感，我们又怎能说它是不该有的，或者说它是错误的呢？只是，在承认这种爱国心是人人都有的同时，我们要冷静而又清楚地看到这种爱国心中缺陷的一面，应当看到这种爱国心一旦发作起来，容易滑向暴烈，失去理智与控制的一面。因为，文明进步的进程，从某种意义上讲，便是一种规范与控制本能的过程。所以，我们只能说，我们需要将本能的爱国心，引导向理智的爱国心。理智的爱国心是一种后天养成的对于祖国的情感，它来自个人对于国家的理解，来自法律的要求，更来自个人在福利上与国家的一体，或者说一致性，其根本则在于托克维尔所说的那个"唯一的手段"——"使人人都参加政府的管理工作，则是我们可以使人人都能关心自己祖国命运的最强有力的手段，甚至可以说是唯一的手段"。如果说，我们认同这个理智的爱国心的来源，那么我们就容易看清，我们该怎样"理智地爱国"了，也许还明白了我们的理智的爱国心，为什么来得有点慢！

其实爱家乡、爱家庭、爱父母、爱学校、爱老师都是一样的道理。每个人对他们都有本能的爱，以此为基础慢慢发展到理智的爱。"什么是母校，母校就是自己骂了千百遍，不容许别人骂一句的地方"，这可能就是本能的爱。

爱国之心、爱乡之心、爱父母之心、爱校之心、爱师之心，人皆有之；爱美之心，也是人皆有之。爱国、爱乡、爱父母、爱校、爱师化为具体的行动，就是要努力使自己成为国家有用之才，具体到我们学校，就是想大家成为适应时代发展的慧美之人。

（二）理性光芒，超越自我

理性是一种美好的品质，正确认识自我，生活不是表演给别人看的。人总是在一定观念指导下做出某种行为举止，"三观"正，其行为必正。树立正确的"三观"，认识自己，提升自己，超越自己，用理性的光芒召唤自己，让自己觉醒！理性建立在正确的动力之上，理性需要真实、合理、有效的原则。理性使我们的生活有梦想、有计划、有未来。理性能保证人更有韧性和活力，理性可以带来长久的希望。正所谓"心由境转，境由心生"。你是什么样，你所站立的土地就是什么样，只有向上生长，才能成为强者，越过脚底下的阴沟。

年轻人喜欢自诩"佛系青年"，怎么都行，看淡一切。但佛系，并不等于你可以心安理得地颓废。作为青年人，你可以佛系，但不能懒惰；作为青年人，你可以佛系，但不能消极；作为青年人，你可以佛系，但不能等待。若是想要自己所处的大环境越来越好，那就要起身奋斗，不能一味地抱怨社会，抱怨环境，抱怨人心。殊不知，境遇之殊，全是因为自己的不作为。获得福布斯终身成就奖的企业家马云，创造了一个辉煌的时代。但几十年前，年轻的他几度创业失败，被无数人嘲笑，还曾被人质疑是骗子，如今却创造了中国互联网神话，拥有铺天盖地的产业链。靠的是什么？靠的就是不抱怨、去改变。他曾说："社会有机会的时候我们为社会创造价值，社会没有机会的时候我们要为自己创造价值。"追求幸福，首先要自己做出改变！我们要做的，不是和别人竞争，而是不断地超越自我。

鲁迅先生在《一件小事》中这样刻画过"中国的脊梁"：我们从古以来，就有埋头苦干的人，有拼命硬干的人，有为民请命的人，有舍身求法的人……虽是等于为帝王将相做家谱的所谓"正史"，也往往掩不住他们的光耀，这就是中国的脊梁。青年，是中国的脊梁。青年，是一个国家最具活力的分子。青年强则国强，青年兴则国兴。同学们，与其抱怨黑暗，不如提灯前行。

四、自由和约束

自由，究竟是从外而内，还是由内而外的，见仁见智吧！学生追求自由的事实如此。关于"校园最敬畏什么？"的一项调查显示，学生在校园中最敬畏的几个因素分别：

（1）学校的规章制度。

（2）家校合作教育。

（3）班主任的管理。

（4）宿舍管理员的管理。

（5）保安的管理。

（6）负责任的班干部管理。

上述几项因素基本形成了学校的教育教学管理框架。学生在中学人生历程都会接触和面对这些外在因素。这些因素会陪伴着渴望自由的青春孩子。作为社会人，中学生尽管是在校园里，但他们自小就被社会规则驯化，内心都承受着种种被管理、被约束的不自由，就此而言，他们的内心是非常渴望自由的。

心理学家埃利奥特·杰奎斯说："很多中年人对过往的决定及生命意义不满足，会用飙车和不当穿着来表达质疑。摩托车和吉他一样，都能让人产生下意识的肾上腺素，重新找回失去的自我。"[1]摩托车带给成年人的快乐在于飞速骑行过程中的写意和瞬间摆脱，成年人在这一过程中，充分享受到了解脱、放飞自我的满足。美国作家、自传体小说《在路上》作者凯鲁亚克所言："因为出发的感觉太好了，世界突然充满可能性。"

在宿舍里，可能没有等级，除学校统一制定的宿舍规章制度外，应该还有一些"宿舍礼仪"和"游戏规则"，当然少不了些许的"群体取向"和"群体效应"。例如，临近高三了，宿舍会制定一个大家能共同做到的奋斗目标，当然会制定一些可以做到甚至极力做到的习惯要求和时间安排。面对学生的调查数据，我也很困惑，随之产生的问题也是很明显的。

一是"很多中年人才会这样，年轻如学生也会这样"？这里没有意识造

---

[1] 左盛丹.摩托车迷的快乐及满足：跨上摩托，找回自我［J］.中国新闻周刊，2019（19）.

成误会，我并不反对"人人都向往自由"的观点，我只是很好奇，"学生是否在用自由作幌子来反对我们的管理？"学生为什么会这么强烈地渴望他们内心认为的自由？我们不难发现，学生从小就出现了严重的"自由缺失症"。玩一下，不行，你得参加培训班；看一下电视，不行，会影响你的视力；那玩一下手机吧，不行，你会上瘾的……

二是"用一定的工具，那学生会用什么来代替？"你细致观察后会发现，学生在渴望、追求自由的过程中，也是会有相关代替品的。成人选择了与他身份、地位、财富相当的代替品。学生往往会选择"公众关注、兴趣追求、群体效应"的代替品。所以，学生会喜欢篮球，因为篮球非常符合"公众关注、兴趣追求、群体效应"的条件。除此之外，学生还会选择手机或者手机游戏，因为在这里，还有另外一个世界——虚拟世界。

把两个相对的词放在一起，并不是为了针锋相对，而是为了无论从内容还是形式上达到一致，一种真实的、高度的内在一致。学生看问题容易出现极端，或者说，喜欢放大某一个方面。学校的管理、班主任的管理、班干部的约束、校园里的一切规章制度都是出于"自由"的获取和维护，而学生只看到了"约束"。所以我们在教育、管理、引导学生的时候要注意做到以下三个原则：

（1）换位原则。简单来说，站在对方的立场上思考问题，就是换位思考的全部含义。它是建立良好人际关系的一个重要原则。假如我们不了解对方的立场、感受和想法，我们就无法正确地思考问题和回应对方。不懂得换位思考，我们在与人交往的过程当中，就无法表现出应该有的"情商行为"，从而让彼此的人际关系变得越来越糟糕。这里的换位原则，其实质就是人本主义创始人罗杰斯所阐述的"共情"（empathy），也称同理心，追求在与他人交流时，能进入对方的精神境界，感受对方的内心世界，能将心比心地体验对方的感受，并对对方的感情做出恰当反应的效果。

（2）目的与过程原则。目的与过程的关系，恰恰如同自由与约束的关系。目的与过程是做成一件事情的两个基本要素，目的是过程的结果，过程是目的的保证。换言之，带着目的做过程，坚持过程才能接近目的。岸见一郎和古贺史健的著作《被讨厌的勇气》中写道："人最重要的不是被给予了什么，而是如何去利用被给予的东西；人生就像是在每一个瞬间不停旋转起舞的连续的刹那，并且，蓦然四顾时常常会惊觉："已经来到这里了吗？'"①

（3）将来原则。丹尼尔·伯勒斯（Daniel Burrus），是一位未来学家，也是科技发展领域的咨询大师，他指出理解未来就是理解趋势。须知，趋势有硬趋势和软趋势之分，硬趋势是未来的定数，软趋势是未来的变数。也许，我们应该给学生最大的财富："学会如何看到未来，你就更知道现在怎么做！"

五、校园欺凌

（一）校园欺凌综述

校园打群架事件

某高中学校发生了一起学生打群架事件。事情的经过很简单，但结局却令人唏嘘。原来，在一场篮球友谊比赛中，比赛双方激烈对抗，其中一方的防守队员具备比较专业的防守能力，令进攻一方很吃力、很不爽。于是进攻一方李姓同学叫了同班刘同学、赵同学等几个人到班上找张同学滋事，并在要求道歉未果的情况下，发生了打群架的一幕……

这几名同学的行为，严重违反了学校的规定，造成恶劣的影响。为教育其本人，严肃校纪，根据学校《违纪学生处分规定》，经校行政会讨论决定：

（1）李同学在本次事件中组织他人打架，并事后还约架，造成严重不良影响，给予留校察看的处分。

（2）刘同学除了协助组织他人打架，还先动手用肩膀撞击张同学，事后还用微信发信息给李同学继续约架，情节恶劣，给予留校察看的处分。

（3）赵同学因有前科，累计处分已经达到开除学籍的地步。因此，活生生断送了自己的学习生涯。

校园欺凌是指在校园内外学生中一方（个体或群体）单次或多次蓄意或

---

① ［日］岸见一郎，古贺史健.被讨厌的勇气［M］.渠海霞，译.北京：机械工业出版社出版，2017.

恶意通过肢体、语言及网络等手段实施欺负、侮辱，造成另一方（个体或群体）身体伤害、财产损失或精神损害等的事件。校园欺凌多发生在中小学，分为单人实施的暴力、少数人实施的暴力和多人实施的暴力，实施环境地区多为校园周边或人少僻静处，甚至是明目张胆地在校园公共区域进行欺凌。无论是老师、学生，还是家长与社会，都应当深切认识校园欺凌问题的危害。

肢体欺凌：推撞、拳打脚踢以及抢夺财物等，是容易察觉的欺凌形式。

言语欺凌：当众嘲笑、辱骂以及给别人取侮辱性绰号等，是不容易察觉的欺凌形式。

社交欺凌：孤立、杯葛以及令其身边没有朋友等，是不容易察觉的欺凌形式。

网络欺凌：在网络发表对受害者不利的网络言论、曝光隐私以及对受害者的照片进行恶搞等，是容易察觉的欺凌形式。

为有效防治中小学生欺凌，保障中小学生的身心健康、生命安全，促进学生全面发展，依据相关法律法规，结合我省实际，省教育厅等十三部门联合发文，制定了广东省教育厅等十三部门《关于加强中小学生欺凌综合治理方案的实施办法（试行）》，现节录部分如下：

第四条　学生欺凌综合治理工作遵循以下原则：

（一）坚持教育为先的原则。

（二）坚持预防为主的原则。

（三）坚持保护为目的的原则。

（四）坚持法治为基础的原则。

第十六条　学生欺凌苗头是指介于打闹嬉戏与欺凌行为之间的一方言语或动作造成另一方精神痛苦等行为。

欺凌者恃强凌弱给被欺凌者身体和心理造成轻微痛苦，其行为没有违法，具有下列情形之一的，属于情节轻微的一般欺凌事件：

（一）给他人起侮辱性绰号的。

（二）侮辱其人格，程度较轻的。

（三）损坏他人财物，价值较低的。

（四）在社交媒体上发表贬低或者侮辱他人人格言论的。

第二十二条　欺凌者恃强凌弱的行为尚未违法、对被欺凌者身体和心理造成明显伤害，具有下列情形之一的，属于情节比较恶劣的严重欺凌事件：

（一）对被欺凌者拳打脚踢、掌掴拍打、推撞绊倒、拉扯头发等物理攻击的。

（二）捏造事实诽谤被欺凌者的。

（三）在社交媒体用图像贬低或者侮辱被欺凌者人格的。

（四）强脱被欺凌者衣物的。

（五）强索被欺凌者财物的。

（六）其他情节比较恶劣的严重欺凌事件。

案例 12

宿舍里的言语欺凌

有一天下午回到宿舍，就听到小琴和雅珊说："最近很多波折。"我想应该说的是最近矛盾的事情吧！小清便说了一声："没事，过了这段时间，刷掉那些狗，留下的都是人。"这句话说得特别大声。

因为关系很僵，我只能多次去203宿舍睡觉。每天早上六点多左右从203宿舍回到207宿舍洗漱。但她们晚上都把门窗锁上，我只有强硬地把窗打开，但是动静比较大，就会经常听到柳同学在那里大骂，说我"神经病"。

就昨天，我真的受不了了。早上我第一个起床，在阳台洗漱完后，进到宿舍。由于我有一点感冒，用纸巾擦下鼻涕发出点声音。我想，那是每个人都会做的事。但小珍破口大骂，让我滚出去。这种冷嘲热讽、冷眼相待经常发生，而且她们经常在朋友圈说我坏话，说什么"洗澡打尖我忍你，你说话不经大脑我忍你，但吵我睡觉就不能忍你"。

昨天是高三年级的成人礼，每个人都照相，宿舍也照相，但只有六个人在照相。帮忙照相那个人问了一句："还有一个呢？"那时我正坐在床上看着她们，而她们却没有一个人说让我一起拍照之类的话。那时的我觉得特别心酸。

内心才是外在的根源。

案例 13

学校里的肢体欺凌

张同学1月18日晚修9点50分左右拿出手机玩，被巡查的学校领导发现，他开始拒不交出手机，然后在课室门口哭了起来，直到课室熄灯后仍不肯离开。期间学校领导一直在旁边沟通陪伴，打电话给班主任并安排4个学生劝说。班主任接到电话后打电话通知家长，并赶回学校。家长11点左右到校，将张同学劝下教学楼。班主任在教学楼下与张同学进行交谈。直至12点，张同学才愿意回宿舍睡觉。据舍友反映，回宿舍后直到第二天早自习张同学并没有异常行为。

张同学反映对小学校园生活有阴影，曾被一群人殴打嘲笑。他心理比较脆弱，比较悲观，经常往负面方面想，当晚表示不愿意跟家长回家，因为家长解决问题比较暴力。例如，某次曾因玩电脑太多，家长将鼠标等砸坏。

（二）校园欺凌分析

（1）骨子里是人类对控制力的渴望。控制理论认为，控制是人类发展的中心主题。人之所以是高级动物，区别其他动物的一个重要因素就是控制力——对自然的控制，对人之外所有的控制，如人对火的控制利用。但随着人类社会的发展和深入，单单是对物的控制远没有对人的控制来得有挑战、有效率，于是产生强大的人类之间的相互影响和控制，校园欺凌就是这种的。

（2）来自外界的影响和模仿，来自原生家庭处事方式的再现和地位置换。长期以来，决定一个国家、一个社会进步的是文化，是文化表现出来的国民性，即这个民族应有的精神状态和素质。长期的原生家庭的处事方式也会"偷偷地"塑造孩子。有时你能发现，经常一起玩耍的孩子之间就能产生很多相似的习惯和动作。这就是文化领域里经常提到的概念"潜移默化"。孩子的性格和行为中往往藏着原生家庭的样子！外界的各种因素都会影响到学生，不管是好的外在因素还是不良的外在因素。家庭的文化取向，家庭的价值方式，家长的处事方式、言语、经历和故事，社会的风气，多元文化的传播……凡此种种，无一不潜移默化地影响着信息化时代下成长的学生。

（3）来自内心的行动扩张，以获得另一种"成就感"，寻求某种人际关系处理，以获得圈子内的人对自己的敬畏。人生难免会有倦怠，这是常态。于青年而言，却又不应该。沉没成本，是一个人对一个事物投入越多无法回收的成本，就越无法轻易撒手。从心理学或者行为学角度来说，用某些个人重复的系统化行为，进行自我暗示，以克服对不确定性的焦虑。希望可以通过系统的重复行为与选择，掩盖自己对未来不确定的因素的紧张和失控，得到"异样"的愉悦。

（4）内心与外行的双重性。电影《过春天》中描述："青春总有多种经历，过去之后便是春天，带着失意和惆怅。"年轻人的怀疑和焦虑也是有特色的，它更多的不是来自他人，而是自我。年轻人的安分背后都存有一颗不羁之心，一颗颠覆和突破的心。漫画《夏目友人帐》中多毛怪曾说："你帮助了迷路的我，如果能实现，我想带你去看绚丽的山岚，去看秀丽的溪谷，这份心情人类是如何称呼的呢？"①

（三）校园欺凌的处理

校园欺凌的处理可以考虑采取三个阶段进行，要了解清楚学生在进校之前的情况，要收集学生在校时的一些因素诱导，要依法及早介入处理。

（1）面向全体，做好班级团队建设，致力于打造一间没有欺凌的课室，打造一所没有欺凌的学校。其中，关键是要建立良好的人际关系。良好的关系让班级更美好！

（2）建立良好的师生关系。尊重公平，鼓励欣赏；规则清晰，一视同仁；刚柔并济，说到做到，建立良好的生生关系；主动交往，参与活动；关心付出，善于倾听；尊重包容，友善诚实；学会自己解决问题。

（3）针对重点特殊学生，做好安全教育。针对校园欺凌事件的主角，我们要做好"心理换位+解析根源+化解心结+角色赋予"的完整过程教育。针对校园欺凌事件的被欺凌者，我们要做好"理解安抚+协助反思+笑泯恩仇+共同成长"的完整过程教育。

（4）处理学生事件四步法。

拼图——还原事件经过。

同理心——让双方把感受说出来。

---

① 绿川幸.夏目友人帐［M］.北京：百花洲文艺出版社，2016.

反思——到底哪里做得不对。

行动——如何才能不发生类似的事情。

六、乐观是何物

目前，我把乐观理解为两种情形：一是积极的乐观，另一种则是在某种情况下的自我欺骗。乐观是一种心态，是一个人正常生活里不可或缺的元素，一旦缺乏它，生活会陷入一种混乱，让人变得极端，叫人弄不清楚到底是什么。当然乐观不是与生俱来的，它是你遇到的人、做过的事、走过的路、吹过的风，看过的风景，而给予你的一种无形力量。它会慢慢沉淀，在你需要的时候，保护你。

我们迷茫的时候，最需要乐观把我们的恐惧迷茫等负面情绪、思想转化为积极向上的精神动力，从而推动我们走向成功。人生在世，能让人感到世界大多数的美丽与温暖，莫过于人自身乐观。乐观给人带来活力，带来美好，褪去诸多烦恼，让人能够轻松自在地活着，轻松地面对一切事物。但是过度乐观也会造成人的消极心理，对人不利，因此乐观是要分情况的。

孩子们，在校园你们要面对很多的挑战与困难，一次次的面对，一次次的难受，一次次的重拾信心和斗志。你们要明白一个道理，乐观是生活必需品，像构成人体的蛋白质一样，是生命活动的主要承担者，乐观是你们所必备的精神。

在校园生活中，你们必须直面的压力便是学习压力，学习压力来自很多方面，如父母的期待、老师的重视、同学间的互相攀比、升学的压力。也许你此时的成绩并不算好，可是同学之间的对比无形中也会给你很大的压力，每次考试都要想办法面对不理想的成绩。如果企图打破这个局面的话，你就需要付出与之成正比的努力、与之成正比的天赋、与之成正比的自觉性，所以我希望你们在未来的一年里争取创造更大的成功，为以后的人生打下基础。

孔子曰："知之者，不如好之者，好之者，不如乐之者！"乐观面对战场，保持良好的心态，是高考成功的必需品，在未来高三的战场上需要乐观。

在校园生活中，你们必不可少要面对各种各样的人，社团成员、班级同学、宿舍友人、学弟学妹、老师等。面对这些形形色色的人，你们可能会遇到与你关联不多的人。你也许很难改变他们对你的看法。谁人能不说人，谁又不能不被说呢？说人坏话、被人说坏话，其实都很正常。所以我们不如乐观面对，乐观对待他们对你的批评，有则改之，无则加勉，自己相信自己就好了，所以在面对这种情况时，你们需要乐观。

在校外生活中，难免与父母吵架。为了避免这种情况发生，你们则需要明白一个基本点，父母都是为了孩子好，也许你们还不理解他们的所作所为，但你可以感受到他们对你们的爱。现实生活中，人们的步伐越来越快、越走越远，乐观是你们人生所需要的品质。

【学生素材21】

乐观例子1：

我的答案是everytime。每当人们问起这个问题的时候，我总是笑而不语，因为这个问题的答案是显而易见的。如果没有乐观，我已经不可能坐在这里了。

当然，我所谓的乐观并不是盲目乐观，而是从中找到存在的希望以达到乐观的态度。这很简单的，毕竟凡事都有两面性，任何坏事中一定能找到好的开始。

我的答案也可以是never。因为我知道，很多情况下带来的情感影响深远，这些影响往往会让人达到盲目乐观的境界，也就是欺骗自己来逃避现实。"告诉自己一定会好起来的""这次失败还有下次，一定会成功的"这类的话，都是典型的例子，这些人会难以认清客观事实，到最后忍受到了临界点，会做出一些恐怖举动。当然，以上纯属个人的想法，毕竟我的目光也是很短浅的。

所以我也可以不需要任何乐观，确保不会达到盲目的境界，以此来认清事实。

乐观例子2：

古人云："人非圣贤，孰能无过；人无完人，金无足赤。"一个人在任何情况下都需要乐观。对于我来说，我觉得失意时需要乐观，犯错时需要乐观，迷茫时也需要乐观。一个人的心态决定他的行动力、学习力、认知运用力。唯有乐观，方有未来的期望以及犯错后的悬崖勒马。

乐观在我看来无非就是对未来抱有期望和对明天计划美好完成的愿望，但乐观并不是所有。在乐观的同时你也需要坚持努力拼搏，唯有如此你才能在乐观的基础上，走上更高的台阶。没错，乐观是一种基础，犹如高楼之基石。就是这样一种心态，在绝境中，笑到最后的成功者，不就是真实、乐观的最好体现吗？

乐观可以让我们在绝境中找到方向。绝境令我们迷茫，看不到明天。但乐观的人总会在绝境中找到自己的方向，虽然不是一件事、一个物品的特定方向，但是总是给人走下去的动力与希望。我不知道一事无成的我应如何提高，但我不必垂头丧气，只需要挺起胸膛走向明天，笑着对自己说明天从一个英语单词开始；我不知道人生漫长旅程中应如何选择职业，但我不必整日幻想，只需把握当下走向成功，笑着对自己说高考后会有选择；我不知道身体的伤病令我告别多久的绿茵场，但我不必生无可恋，只需积极向上走向操场，笑着对自己说多恢复会更早走上绿茵场。人生就像一个个未知的山洞，需要人们去探索，并不是每个山洞都有宝藏，只需乐观，一个不行下一个呗！

乐观，需要一个人去主动找寻。没有人可以在伤心的时候哈哈大笑，但总有人可以在绝望中找到希望，乐观的心态需要自己去找乐观，也需要借口，但借口需要自己去寻找，如此一来，乐观便有了"安身之所"，自然就可以让乐观的自己走下去，让乐观的自己笑到最后。人生本来就是不断死亡，又不断重生的一场游戏。乐观就是这么一把钥匙，打开新世界的大门。每次痛苦后的乐观向上都会使你或多或少地进步，唯有如此人生才更加丰富。

所以我只能告诉你，乐观就是生活！

悲观例子：

我是一个不乐观的人。生日的时候我常常很不高兴，因为开派对后终会冷清下来，每当想到我最后一定会作为一个劳动力并痛苦地死去，我总会无比的惊恐。乐观对我而言是天生的无缘，我这辈子不免活在恐惧当中。我需要乐观，我知道我每时每刻都需要乐观，但我又讨厌乐观。

我们这个时代！是消费主义、是小资、是腐朽的。我们的小说是"小说"，根本进入不了现代。我们的电影，要么太浅，要么太烂，《流浪地球》算好吗？如果相对历史条件下的其他电影的影响力和票房而言当然算好电影，但放到世界电影史上，也算不了什么。这样的电影竟然是全中国最好的电影，你不觉得好的标准有点低吗？而其他的网络文学畅销书、动漫书等大部分都是垃圾快餐而已，有极少部分好的，但也顶多算二流作品。

在这种条件下，还想保持乐观，太难了。我们这个时代没有大师，这更令我悲观。

同学们，要想变成乐观主义者，需要建立三种认识：

（1）对自我的建设性认识。伟大心理学家阿尔伯特·庞杜拉告诉我们，"最好的学习方式是模仿榜样"。人总是在找不到方向的时候感到迷茫，我认为要"立鸿鹄志，做奋斗者"。"鸿鹄高飞，不集污池，何泽其远也"。自古以来，鸿鹄志就是来形容志向远大的，然而终究何谓大，却各有各的理解。陈胜自诩有鸿鹄志，一心想当"王侯将相"；项羽看见秦始皇出行时的威风，心中想取而代之。这样的志向大则大，然而终究不过是为了一己私欲，境界算不上有多高。作为中国特色社会主义事业的接班人，你们的鸿鹄之志应是超然于个人利益之上的崇高追求，是全心全意为人民服务。

时代交替，始终不变的是追梦者的身影，没有人会否认中国人民解放军为祖国做出的贡献。是他们矢志不渝的忠诚保卫着国家安全，是他们以卓绝的毅力保卫边疆，是他们以无畏的勇气奋战在抗震救灾第一线，还是他们以沉默的担当在最危难时刻挺身而出。国家的强大与发展、人民的幸福与平安都离不开这群最可爱的人的默默守望与奉献。

源浚者流长，根深者叶茂，浇花浇根，育人育心。"最美退役军人"名单背后，是一个个可歌可泣的故事，更是一个个崇高圣洁的灵魂。他们之中，有为了保守军事秘密与国家机密，将立功证书藏在箱底37年，从不与世人称道的吴洪甫；也有从入伍便立志要做10万件好事，终其一生不忘初心，最终做下超过11万件好事的沈汝波；有退役之后，为牺牲战友践诺守陵，用半生实现自己对战友立下的誓言的王启荣；也有退役后毅然投身脱贫攻坚战线，带动872户3288人致富的王明理。他们就是这个时代人们迷茫时前进的旗帜，引导人们奔向远方。

（2）对世界的现实性认识。达尔文在1859年出版的《物种起源》一书中就系统地阐述了他的进化理论。进化是人类社会的基本特征。竞争是社会的一种本质，社会总是在良性的竞争中发展。竞争首先给社会提供前行的动力，竞争善于提供社会与普通人发展所需的众多不确定性。无论是著名的剑桥大学、哈佛大学，还是国内的清华大学、北京大学，既是高等学府，也是高端人才竞争的场所。人没有竞争意识，那其意志必然薄弱，缺乏行动的目的性和一致性，做事容易半途而废，不能经受学校和生活带来的正常竞争，不能正确地面对挫折，行动放任自流。

（3）对自身未来的客观认识。青年人的不同与老年人的不同可以用梁任公的"少年人如白兰地，老年人如字典"一语尽之。青年人好奇，爱冒险，对未知有兴趣，他们听到的口令是"向前看，年轻时多多吞咽，年老时多多反刍；年轻时多多作为，年老时多多回顾"。青年人面对的未来太过宏大，未来又太遥远，不知道自己的位置在哪里。如果，用一条射线表示年轻人的一生，年轻人可以很容易地找到自己所在的位置，那就是射线的原点，但在以后的人生发展里，他们就很难发现自己处于何方，就像那条从原点射出去的线。

（4）悲观的思维方式，导致行动上的"无能"。一位中学生，如果他（她）悲观思考问题，投入在学习、生活、竞技中的行动也没办法专注：①害怕谈及目标；②与同学、老师间的良性互动减少；③难以善待自己；④喜欢抱怨自己、亲朋及环境；⑤很少产生正面的能量或创意。人若能专注于自己的优势领域，乐观思考，基于自身优势做事情，可以增强自信，目标明确，满怀期望，对人友善。

过去的事，交给岁月去处理；将来的事，留给时间去证明。我们真正要做的，就是牢牢地抓住今天，让今天的自己胜过昨天的自己。自身有价值了，才会像吸铁石，朋友及更多的人都愿意与你为伴。不要怪罪世界现实，让自己强大才是给自己最好的安全感。

盖洛普的研究表明：每个人在某个特定领域都有成功的潜质，人类发展的密钥就是踩着自己的肩膀往上走。学生的人生，一开始就都是鲜、香，给点时间，和点人生的酸甜苦辣辛五味，静待着时间的作用，也能拥有发酵的人生精华，不需急，急不得！

中

中 篇

原生之音，集体共鸣，理性施为，亲子同行

青少年是一群让许多成年人觉得惶恐与困惑的孩子，想放手却放不下心，想参与却不得其门而入。

——（法国）伏尔泰

原生之家

家，是只言片语垒成的塔，
实际上，当我们的年龄越大，
越容易因为一些不值一提的事由，
甚至仅仅是因为比较神经质的压力感，
而凭空地令爱我们的人和我们爱的人伤心，
在他们的心灵上留下永远的痛。

——马塞尔·普鲁斯特[1]

著名的蒙台梭利幼儿教育的中国引进者、实践者和研究者孙瑞雪在其著作《完整的成长》中强调以"爱和自由"来支撑教育，重视关注儿童的内在心灵成长，然后寻求儿童外在的自然性发展和社会化行为的"成人"。

"成人"在现代有两种意思：其一是一个小孩长大成人，就是年龄上的成人；其二是在父母心中孩子有能力独自生活甚至可以养父母了，这是生理上的成人。"成人"既是一种成长，也是一种标准。研究孩子的"成人"，需要教育工作者鼓足勇气，回到原生家庭探其根源。其实，孩子成长过程中出现的种种问题表面上看是属于孩子的，但其导火线很多都来自原生家庭。

📖 案例 14

原生家庭之过

有个学生，有一段日子不去上学，但原因却极其简单，他在学校、在班级

---

[1] 引自20世纪初法国文学家马塞尔·普鲁斯特的作品《象牙塔》。

接连被批评了几次。据孩子父母描述："孩子自小都很'优秀'，很少被人批评。"

父母喜欢"美化孩子的缺点"，这也合情合理，谁愿意承认自己的孩子"不好"呢？另外，父母在教育孩子时喜欢用一些"非正常手段"，如欺骗、威胁、表演、暴力、商量、妥协……一堆问题！于是，孩子跟着学会了父母那样，暴力、要挟、欺骗、出尔反尔、表演……

尽管父母和自己的孩子有着最浓的血缘关系，从法律责任上来说，父母也必须承担起孩子的成长教育和监管义务。但我们的家长，却使这些天然追求真善美的孩子们出现了各种各样的问题，因为我们以各种无知粗暴地阻碍了孩子们自由、自然的内在生命成长。我们成人为什么会这样？自称最"爱"孩子的父母为什么无意中成为扼杀孩子自我成长的罪魁祸首？因为我们成人本来就没有成长过，或者我们的成长在我们处于儿童时期的某个阶段就早已夭折，我们没有自我！很多人会说，有小孩的家庭是幸福的，因为他们收到了上天眷恋的最大礼物；也有人会说，小孩是上天给家长的惩罚，因为，这些家长还没有学会如何长大。

孩子，是父母的幸运，因为孩子是促进成人陪伴他一起成长的至高无上的礼物。我们开启笨拙的觉察功能，并因此才能有机会此生真正看清这个世界的本来面目。

孩子，是架起两家人、三代人沟通与分享爱的桥梁。我们成人因此可以和孩子一起重新投入成长的过程中。这个世界，不仅是外在的物质的世界，还有我们内在的生命的世界。在这两个世界的互相关照中，我们也才能真正看清我们自己的本质。

孩子，也是社会的宝贵财富，是推动社会不断向前发展、延续人类生命的"救世主"。社会在一代又一代的儿童成长过程中得以延续，并最终让人类、我们的社会、我们的文明得以延续。成功的教育，就是要能成功地连接学生、家长、家庭、学校与社会。

一、构建一种和谐的教育关系

什么是和谐的教育关系，心理学家马里奥·亚考毕曾借用哲学家马丁·布伯在其著作《我与你》中的概念——"我与你"和"我与它"来解读这一命题。从教育的角度来说，需要明确区分"我和你"及"我与它"的关系。① "我与你"是人与人之间，是家庭双方各自要面对的一个"完整的人"，"我"与"你"是互相平等、独立的家庭成员。"我与它"则是家庭当中，总是会发生的"人与物""人与事"的关系，这种关系是从属于家庭成员发展需要的。在"我与你"和"我与它"的地位上衡量，"我与它"处于次要位置，应该从属于"我与你"。所以，教育的本质是为了追求"人与人"之间的平等沟通，一旦你面对学生，教育的首先角度是"我与它"时，就无法看到真实的对方，从而阻碍和谐的教育关系的正常推进。

二、形成一条有效的沟通渠道

罗杰斯有一句经典名言："容许自己去理解他人，具有极大的价值。"感同身受的理解，能消除人与人之间的心灵屏障，给对方以舒适安全的体验，从而避免对方因为"不被回应的感觉"而可能引发的"暴怒"，让关系顺利推进。在家里，我们很想像一只温顺的绵羊，享受种种家庭成员提供的非常简单的时刻，享受家庭成员带来的种种善意和仅仅属于家庭才有的血缘亲情的温暖。沟通可以感化他人，促进关系的发展，因此，值得我们每个人去学习和运用。

三、建设一个完全的社会支持系统

在人际交往中，到底如何做才能建立长久的关系？聆听和积极回应是一对很好的矛盾，聆听和积极回应有时需要分开，有时需要结合，它们俩都是完整的社会支持系统的基础。

首先，我们要认识自己的"家庭原型"，更加客观、理性地解读家庭种种关系。

其次，我们要学会区分"我与你"还是"我与它"，建设平等、沟通、成长的家庭成员沟通新机制。

最后，我们还要怀着一颗同理心，运用共情的力量感化对方，确保关系的顺利推进。所以，我们的孩子，不论年龄大小，都应该有一个属于自己的家庭支持系统。

---

① ［德］布伯.我与你［M］.陈维纲，译.郑州：生活·读书·新知三联书店，2002.

教育情商，科学对待

一、言语

早晨，早餐店，我旁听了一对父女有趣的对话。

女儿："爸爸，我想喝那种优酸乳。"

爸爸："那是垃圾食品。"

女儿："你以前不是给我喝过吗？"

爸爸："那是我们以前不懂。"

女儿："我只是想喝一下绿色的那款，以前没有试过。"

爸爸："那也不行，你尝过就可以了。"

孩子无语了……

不久，爸爸说："你帮我叫爷爷来这家早餐店。"

女儿："你为什么不说？"

爸爸："我在给你机会锻炼，孝敬老人啊！"

孩子又乖乖地打电话了。

这就是我旁听到的父女对话。父女的对话情形很深刻地印在我的脑海里。短短的对话让我思考许多，两个关键的问题出现了：优酸乳是垃圾食品吗？父亲为什么不亲自打电话给老人，真的只是为了锻炼孩子吗？

（一）常识误导

普通知识，即一个生活在社会中的心智健全的成年人所应该具备的基本知识，包括生存技能（生活自理能力）、基本劳作技能、基础的自然科学以及人文社会科学知识等。

垃圾食品（Junk Food），是指仅仅提供一些热量，别无其他营养素的食物，或是提供超过人体需要，变成多余成分的食品。垃圾食品包括：油炸类食品、腌制类食品、加工类肉食品、饼干类食品、汽水可乐类饮料、方便食品、罐头类食品、话梅蜜饯果脯类食品、冷冻甜品类食品、烧烤类食品。

优酸乳并非发酵型酸奶，是一种奶质饮料，其中牛奶含量很少，蛋白质含量只有不到1%，其营养价值和酸奶不可同日而语，根本不能用来代替牛奶或酸奶。所以，优酸乳并不是垃圾食品，只是一种营养不高的饮品。

（二）隔代示范

我们做父母的首先需要自己尽量成为孩子的亲密养育者之一。父母需要首先做到在孩子养育上和善和坚定并行。在日常生活、工作中会常常见到隔代养育的情形。在工作周期内，小孩一般由爷爷奶奶或者外公外婆带养，休息休假才由父母亲自带。我观察到，在家庭子女的教育问题上，一些非理性、不健康的替代行为逐渐增加。例如，在这次父女对话中可以见到，父亲最好的示范教育行为就是自己与父母的交流和对父母的尊敬，这种行为我们可以称之为直接示范。但是这位父亲却将机会留给女儿，让自己的女儿有机会孝敬老人，这是一种间接的示范。心理学家海因茨·科胡特曾说过这样一句话，是子女教育时的黄金准则："如何爱你？用不含诱惑的深情；如何拒绝你？用没有敌意的坚决。"所以，我认为直接的示范教育效果远胜间接示范。

（三）语言诛心

几米在《我的错都是大人的错》里写道："为什么风可以那么温柔地对树说话，而你却永远学不会对我温柔地说话呢？"正如网络上说的那样，"我们的大人不曾杀人，却会常常诛心"。家长的言语，特别是那些习惯性、口语化的辱骂言语不仅会瞬间影响人，还会日积月累地影响孩子，甚至是彻底地扼杀孩子活下去的希望。十九大报告指出，"加强社会心理服务体系建设，培育自尊自信、理性平和、积极向上的社会心态"。良好的社会心态需要良好的教育语言，良好的言语是教育情商高的表现。良好的言语可以让孩子认同教育及教育者，让教育者成为孩子的重要他人，能让每个孩子感受到如沐春风的待遇，能让每个孩子感受到自由呼吸的成长空间，让孩子们在家庭、校园的每个日子都充满幸福和阳光。下面我们来看一个对话：

老师：陈梅，从音乐班到传媒班，是你的一次美妙转变吗？

学生：因为我原来学音乐，后来改成学传媒。

老师：是谁给你这样的建议？我想是你自己吧！

学生：是专业老师。

老师：专业老师应该是及时发现你在传媒领域的发展可能才提议的。

学生：其实我在音乐班的时候已经在学传媒了，然后老师说为了方便管理专业安排，所以让我从音乐班转到传媒班。

老师：那你转过来的目的是什么？一定是为了更大的理想吧？

学生：做成功的播音者。

老师：那么你为了这个目标，有持续付出更大努力吗？

学生：……

老师：人生境况有随波逐流和奋发图强两种，聪明的你会？

学生：这个时候的我，确实是有点随波逐流。

老师：你这种随波逐流是不是在阻碍着你的发展？

学生：……

老师：所以问题的关键是你的表现，"三分天注定，七分靠打拼"，你要加强自我管理，才能获得他人更多的欣赏。

学生：老师，我懂了，谢谢您！

成人对孩子说的话首先就是成人在孩子心目中的印象，特别入心，特别影响孩子的身心、言行，言语不但会使父母与孩子的关系背离，还会进一步影响孩子内心的健康成长。例如："你能不能消停一刻，真烦人！""你连杯子都拿不好，怎么就那么笨？""你能像你同桌那样听话好学吗？""我做的一切都是为了你，但你却从不替大人想想！"等等。

案例 15

孩子的后天表现源于原生家庭

家庭从小的言语环境既能塑造我，也会禁锢人。有位母亲经常当着孩子的面对别人说："这孩子只爱听故事，不爱讲故事；爱乱画，不爱写字；胆子大得谁都不怕……"结果，孩子上学后，不愿回答老师的提问，爱自己乱画不愿写字，并常常不顾老师的劝阻和批评破坏纪律，老师和家长都以为他是个弱智儿童，可是智力测验的结果却是"智力正常"。最后经专家鉴定，才知道孩子患了"语言性智愚症"，其病因就来自他母亲那经常性的口头强化。

富有教育性、鼓励性的语言很重要。郑渊洁说："我认为母亲的含义是影响。"比尔·盖茨的母亲也说过一句话："两个民族的竞争说穿了是两位母亲的竞争。"父母如果长期用不良的话语伤害孩子，那后果是不堪设想的：带给孩子羞愧感，令到孩子惧怕受到惩罚；迫使孩子为自己的存在而感到负罪；提高了孩子的低级、多余和无价值感；孩子感到自己无法把事情做好而失去信心；孩子感到不如别人时就会觉得没有希望而放弃一切，还会使别的孩子成为他愤恨的目标。

李季教授在其著作《中学德育问题与对策》中说道："我们留给孩子怎样的世界，取决于我们留给世界怎样的孩子。"丢弃冠冕堂皇的大话、空话，却不能忽视脚踏实地的真话实话。你要给他们空间，要让他们埋单，要倾听他们，在他们的意见面前你必须保持言语谦逊，就这么简单。孩子肯定是有犯错的机会与资格；同样，别忘了，孩子肯定也需改错的机会与资格。家长要学会评估而不是打击孩子的过错，试一下按照商量的方式来改正自己的言语，用言语保障孩子成长的空间。

二、情绪

（一）优秀的人从来不会输给情绪

维持教育与被教育双方的良好情绪，营造和谐的教育环境才能培养人。无论在学校的教育里，还是在家庭教育中，我们都要注意一个基本问题：急着解决问题还是首先营造解决问题的环境？急着解决问题很多时候会适得其反。但在解决问题前先营造解决问题的环境会更有利于最终解决问题。所以，我建议教育者在面对犯了错的学生时，平息一下情绪，学会走近孩子的心，通过匹配学生的性格特征、身体语言、语调语速，采取柔和的言语表达方式，如"我很好奇、我特别想知道、我可以了解一下"，做好事情的回放工作，如"对方的语言、关键词、积极正向"，鼓励学生做出自己的请求，双方基本上都能在良好的情绪中高效解决问题。

【学生素材22】

我作为学生也提不出什么班级建设的意见。我觉得这次处理挺好的，并希望以后在教育犯错的学生时，比起先和他的家长沟通，也许可以先和他本人沟通，也不用那么刻意，在晚修或课间空闲时和他说几句就行了，不会太麻烦。

也许这样能比惩罚更快让学生意识到严重性，教育的目的是让学生意识到自己所犯的错误，而不是将联系家长当作一块巨石强迫他不犯错。

（二）成人的情绪状态如何影响孩子情绪的发展

 案例 16

情绪重叠

一个女孩，无比兴奋地穿上了一条妈妈刚给她买的新裙子，兴高采烈的。但过不了多久，在吃中午饭的时候，她把裙子弄脏了，女孩看着自己刚刚穿上的非常喜欢的裙子，情绪一下子从兴奋变成了懊恼，不知所措和难过，都快要哭了。妈妈发现后又指责了她一通：怎么这么不小心……这使孩子焦虑到了顶点，她流眼泪了。妈妈继续指责：还哭，还有理哭了？……一切都变得混乱并交织了起来。

孩子自己发生的故事，令她还处于情绪不佳的状态，又夹杂着妈妈的情绪，以及被妈妈指责之后再次产生的情绪，这对一个孩子来说太过复杂了，最后导致孩子内在一片混乱。孩子还无法厘清，结果她内在的情绪只能像一团乱麻一样阻塞在身体里。一系列的变故突然发生，令孩子不知所措，新的痛苦又突然累加了上来。

这位妈妈的意识里有一个不能被破坏的既定模式或者路线图：新衣服—不弄脏—不磕碰—不摔倒—不哭，像蝴蝶一样飞舞完之后就完美回家。要是这条路线没走好，她的情绪就会不可遏制地涌出来，这反映了一种意识上的强制状态。

这样的情景时常发生，致使孩子被反复叠加的复杂情绪纠葛在一起，孩子就被锁定和桎梏了。那种生命中自然启动的调节情绪的功能，在这样的局面中失效了。在焦虑的情绪之后，认知开始产生一个不真实的结论，甚至不经过认知而在潜意识中自然形成"我不好"的想法。自我价值感的低下就这样形成了。实际上，这样的情景即使成年后可能也无法走出来。破坏了情绪流动的特质，也是对生命功能的破坏，它人为地把情绪变成了一个不流动的泥潭和沼泽。这样的湿地在早年时就成为人的一部分，阻塞并留存在人的生命中，成年后也时不时出来作怪。

　　如果妈妈不叠加孩子的情绪，孩子就只需要面对裙子脏了的沮丧，她自己就会调整，或许哭一哭，或许坐在那儿待一会，也能把情绪释放出去。趁着孩子生命中的自我调节功能在爱和自由中会自行启动，父母应该趁早解决自己的情绪问题，以避免阻碍孩子的自我调整。情绪会来，但孩子可以让情绪和身体一样成长，最终达到成熟，伴随着自我逐渐形成和成熟，我们就可以真正管理我们的情绪了，情绪也会来去自如了。

　　多重情绪叠加，首先会导致孩子情绪的混乱，情绪的混乱又会导致心理的混乱，继而导致认知的混乱和行为出错。有的时候，我们就会永远停留在情绪层面，或是停留在心理层面的纠葛中，或是停留在认知层面的桎梏中。不流动就是没有自由，内心无自由应该从这样一个意义上来理解：当我们走不到作为人的显著标志——精神时，我们就是被禁锢在了某种不发展的状态，不会获得真正意义上的自由。

　　即使是成年人，面对过于复杂的情绪也会迷乱，难以厘清自己。情绪流动的最后结果就一定会对生命有帮助吗？是的，无论是外在世界，还是内在世界，自然流动总能促使人最接近一个近乎真实的答案，这在我看来是生命法则的预定。但也有一个条件，那就是它必须流动到最后一个结点——精神，当然情绪会直达真善美。

　　如果我们认为有些情绪是不好的、无用的，当孩子出现这些情绪的时候，我们就会阻止它，不让它流动，不给孩子空间和时间。我们说："就知道哭，哭有什么用？"我们阻止孩子的情绪，用我们的情绪再度造成孩子新的情绪，混乱和停滞便开始了。一旦情绪被阻塞，不流动，它就真的成为问题了，不仅会让孩子时下有了错误的看法，还会使他以后的心理和认知出问题，而错误的认知又会导致一系列错误的做法。

　　更为重要的是，阻塞的那部分可能会永远留在童年。成年之后再度回首，你会发现，有多少个童年情绪流浪在我们的生命之河中，它们多少年来一直存在我们的生命里。成年后我们千百次地受挫，我们的头脑是知道的，但解决不了，我们需要再度回到童年那些被阻塞的情绪中，让它流动起来，改变才成为可能。家长在面对孩子的几种情形、情绪和要求时应该是不同的（表1）。

表1　家长与孩子的几种情形及表现

情形	孩子情绪表现	家长科学对待
当孩子犯错后	紧张不安，想自己处理	提供空间
当孩子有困难时	焦虑、情绪低落	分清主次，社会支持系统
平时相处时	宽松、自主和合理安排	陪伴和适度参与
当孩子情绪失控时	情绪激动、行为失当	共情，疏而不堵
孩子长时间不在身边时	孩子向外的言语、行为和喜好	鼓励分享，平常心关注
家长长时间不在身边时	孩子放松，缺乏亲情互动	关注成长远胜关注分数

三、观念

观念会变。时代不同、社会追求改变，观念更要改变。社会生产力不发达，物质匮乏，无论是国家、社会、家庭还是个人，都重视自然的科学，致力提升生产力的效率。而当下，中国进入新时代，中国社会已经向真正和谐迈进，人民追求创造美好生活，国家朝着富强、民主、文明、和谐、美丽的社会主义现代化强国前进。良好的社会大环境和经济发展条件正在鼓励教育和文化要发展好安慰人、鼓舞人的宗教哲学美学、锤炼意志完善人格的体育、鼓励鞭策反省自己的社会学。观念，有时是很多现代社会风气的根，从管控到引放，看似复杂，其实就是观念的转变！

曾国藩教育孩子："盖世人读书，第一要有志，第二要有识，第三要有恒。有志则断不甘为下流；有识则知学问无尽，不敢以一得自足，如河伯之观海，如井蛙之窥天，皆无识者也；有恒则断无不成之事。此三者缺一不可。"

梁启超强调，"与孩子们的交流中不存在无法沟通和代沟问题"。他在给孩子们的家书中几乎都是以朋友般的口吻为孩子们提供关怀与建议，并没有以父亲身份进行说教、指责。

《傅雷家书》收集了从1954年到1966年间，傅雷写给儿子傅聪及儿媳弥拉的书信内容，是一部映射傅雷思想的著作，字里行间体现了作为父亲的他对儿子的苦心孤诣和浓浓的父爱。我们可以看到平时教育子女极其严厉的傅雷直抒胸臆："儿子变了朋友，世界上有什么事可以和这种幸福相比！尽管将来你我之间聚少别多，但我精神上至少是温暖的、不孤独的。""生活中困难重重，我们必须不断自我改造，向一切传统、资本主义的、非马克思主义的思想、感情与习俗做斗争，我们必须抛弃所有的人生观和旧的社会准则。"

优秀的观念具有强大的生命力，可以穿越古今。优秀观念的形成和传承，是教育的重要活动，是教师与学生之间、父母与孩子之间形成传承交流的重要内容。无论是家庭、学校还是社会，对下一代的孩子要做好三种观念的教育、传承：

（1）基于恢宏宽大的生命与自然和谐相处之观。

（2）基于发展前进的个人与社会和美共生之观。

（3）基于血缘亲疏的家庭延续发展之观。

优秀的中国传统文化与观念给我们教育孩子满满的启示。

（一）身份清晰，观念自然

每个人都是社会身份的统一体。家长其实同时可能是子女、父母、同事、朋友、亲戚、邻居、公民……每个身份都要做不同的事。那么，在家里，作为家长，你在做什么？如果你是家长的角色，确实应该尽职尽责做好家庭事务；如果你是想当孩子的朋友，就应该放下身份、家庭地位，以朋友的姿态走进孩子的内心和日常。在困难面前，作为家长，你应该扮演什么角色？给孩子怎样的支持？有值得放下的事务吗？有应该抛弃的情绪吗？有应该抛弃的烦恼吗？有开心的事分享吗？有成功的经历交流吗？

（二）关系厘清，放手尽宜

人是自然发展的产物，也是社会发展的产物，这两点是人的本性基础。人必然带着一定的血缘关系去构建众多的社会关系。这些关系有时错综复杂，有时分外清晰。但在孩子的教育问题上，这些社会关系或单一使用，或综合运用。古人说："朋友是另一个自我。"我也认为"孩子往往就是另一个父母"。美国作家梅雷迪斯·梅在《甜蜜巴士》中描述道："人不能只在宰割动物中显示自己的权威，更要在和万物的相处中体现自己的智慧。在其他一切都莫名其妙的时候，蜜蜂给了我意义。"孩子很多时候就是家长成长的最好意义。孩子做错事了，你会着急吗？你会错误运用你的社会关系和资源，来催促孩子，轻易而着急地结束那种单一的亲子关系吗？下面我们看一则案例（表2）。

表2　问题孩子来自问题家长

分项	孩子的表现	家长的应对
1	周六玩手机时被值班老师发现	没收并当着她的面摔了
2	专业跟不上	从音乐班转到理科班
3	跟家长、哥哥沟通都比较少，且沟通有困难	家长为避免刺激，建议家人减少沟通
4	检查结果表明有中度抑郁	家长认为作业不会做、作业完成不了、周六的学习班等对她产生了压力

案例中，只有一个学生主体，却有多种行为主体。学生的手机问题、专业问题、家长沟通问题和学生本身的心理健康问题是一个既相关，又不同的复杂关系，这其中还加入了家校合作关系，却也被家长非常简单、粗暴地"解决"了。

善用良好家庭关系也是有效转移和解决孩子教育问题的途径。例如，家长在批评孩子"一心只读圣贤书"的时候，却发现孩子无动于衷，并且还振振有词地说，"我在学校很认真搞卫生"。这时的孩子只是错误地记住她只有一个身份——学生，她只记得一种关系——师生关系。家长应该提醒她，"你除了是学校的学生，你还是我们家的成员；你除了要履行师生关系，你还要履行家庭关系，承担作为家庭成员的义务"。

（三）社会变了，观念肯定会变

谁是谁的中心？在近代中国以前，我觉得家长才是孩子生活的中心，一切都在家长的安排之中。改革开放以来，孩子逐渐成为家庭的中心，一家三代都会围着"小太阳"转。正如我的学生说的那样："我生活在世界里，有时我觉得世界是我的全部，有时我觉得我就是世界的全部！高兴的时候，世界和我融为一体；悲伤的时候，我和世界处于平行状态，世界不理我，我更想把它置之门外！有时，我觉得自己是世界的中心，世界围绕着我在转；有时，我觉得世界才是我的中心，我再怎么努力，却也不着边！"

观念转变，"逐渐放手"以获取更多"成长空间"的教育思想是当代家庭教育的一种共识追求。普鲁斯特（Marcel Proust）曾这样写道："真正的旅程……不是造访异地，而是通过别人的眼睛来看这个世界。"①真正的教育并不是一成不变的思路，真正的教育需要给双方合理的空间，真正的教育从管控到引放，看似复杂，其实就是观念的转变！

四、标准

（一）生活需要一丝标准

很多人喜欢在相对悠闲的周六日早上，从一杯清茶开始，宣示美好时光的陪伴。

"清茶"成为初春、仲夏、金秋和寒冬的人为契机。

"清茶"其实不清了，它把初春的绿色展现为一丝丝生机，它把仲夏的热度降成一杯杯温暖，它把金秋的喜悦聚成一家家的幸福，它把寒冬的皑皑连成一片片纯洁！

有人说，"清茶"的中心是"茶"。茶叶种类多样，有绿茶、红茶、黄茶、乌龙茶、黑茶、白茶这六类。刚从睡梦中醒来的你，如何选择？依随意、依喜好、依心情还是依习惯？早晨瞬间有感，该依的是从容，这才谓之"清"。

有人说，"清茶"的中心是"清"。清晨、清新、清心、清欲，才能配好清茶。清茶，宜选清淡，可以加点花，颜色可绿、可黄、可红。以颜色搭配万物，以气味回应人生！这可谓，"淡定从容是人生"！

清晨、清茶如此。学生如茶，种类也繁多。教育也需要每个清晨！合适就是最好的标准。

（二）教育标准需要连贯

绝大多数人可能会平凡地度过一生，可偏偏有很多家长在教育孩子的时候，忽略了这99%的部分，而是将精力集中在剩下的1%的渺茫希望中。这意味着从一开始就是一场注定会失败的豪赌，也是教育悲剧的开始。

很多一线的班主任发现，自己面对问题学生需要进一步进行家校合作教

---

① ［美］乔纳森·海特（Jonathan Haidt）.象与骑象人——幸福的假设［M］.李静瑶，译.杭州：浙江人民出版社，2012：47.

育时，家长都有积极地参与。或者说，当我们通过电话和家长进行沟通时发现，家长对自己的孩子有各种各样的安排与要求，可是学生的问题依然存在。例如，孩子回家从来没有做过作业，从来都不分担家务……凡此种种，很需要家长注意在家里、家外教育孩子时坚持一种相同尺度的标准，具体是：

（1）要求和标准是否公平落实，这是公平性的表现。例如，对孩子手机的要求是否合理，能否和家长一样？希望孩子有所追求，能否也希望自己充满追求？

（2）要求和标准是否能做到，这是操作性的表现。无论是在家庭还是回到学校，家长对孩子提出的要求与建议能否细化、能否执行？

（3）要求和标准是否保证了学习的延续性。学习不是一个个简单的任务，也不是一件件的机械事件。学习的任务需要延续，学习的时间需要延续，学习的习惯需要延续，学习的力量需要保持。很多家长都会问孩子："本周的作业做完了吗？"其实，有部分孩子可能连学习用书都没有带回家，如何保证学习的延续性？孩子周末在家都会睡懒觉，就会把家庭作业重新变成校内作业，如此种种就表明家庭教育和学校教育在孩子学习的问题上完全脱节，要求和标准是双重的，良好的学习行为习惯难以养成。

（三）标准应该坚持科学性

青少年在探知、求索世界的过程中，其方向发生明显的改变：①活动范围从家庭内—家庭外；②家庭关系倾向于从上下关系—平等关系；③社会发展系统从亲情扶持—友情认同；④学习能力从模仿—建构；⑤思维模式从固定—求新。青少年的种种变化，表明在标准要求上要因人而异，重在突出发展可能性的培养和维护。例如，"抖音""快播"这些软件，孩子都喜欢玩的原因有：

（1）周围确实有着培育的环境，同龄人都在玩，有共同话题。

（2）它不需要动任何脑筋，容易让人去做，属于毫不费力的活动，所以，心智不成熟的孩子容易迷上。

（3）视频传播快，不间断播放，人想停下来都难。永远不知道下一个视频是什么，容易引发好奇心，所以难以自拔。

（4）这些软件以视频文件为主，具有直观性、娱乐性，受众群体大，人也不会太抗拒，门槛低，什么人都可以参与，只需要一部手机，录播一体化，操作难度小。

一些软件正借着手机普及化，网络全时、全天、全域化的便利，快速进入中学生的生活，既给中学生带来生活娱乐，又不分正负、优劣、高尚低俗地引导、影响着中学生。很多教育工作者提醒父母，让孩子少接触它们，担心它们是精神鸦片，让人堕落。因此，家长在面对这些软件的时候要注意标准，孩子不能过多地接触，家长也应如此。毕竟，家长行动和言语的不统一，会加大教育孩子的难度。

埃里克森（E.H.Erikson，1902）是美国著名的精神病医师，新精神分析派的代表人物。他认为，人的自我意识发展持续一生，他把自我意识的形成和发展过程划分为八个阶段，这八个阶段的顺序是由遗传决定的，但是每一阶段能否顺利度过却是由环境决定的，所以这个理论被称为人格发展八阶段理论（表3）。

表3　人格发展八阶段理论

序号	阶段	岁数	心理
1	婴儿前期	0—1.5岁	信任—怀疑
2	婴儿后期	1.5—3岁	自主—羞耻
3	幼儿期	3—6岁	主动—内疚
4	童年期	6—12岁	勤奋—自卑
5	青少年期	2—18岁	角色同———混乱
6	成年早期	18—25岁	亲密—孤独
7	成年中期	25—50岁	繁衍—停滞
8	成年后期	50岁后	完善—失望、厌恶

青春期，也称为青春发育期，其年龄大体是11—18岁，其重要性相当于0—3岁时期，是人一生中第二次身体发育和产生巨大变化的时期，这一时期精神发展非常迅速，并且呈现着时间早、成熟快的趋势。这一趋势的到来对于教育产生巨大的冲击。按现代营养学的支撑和定义，中学生其实已经处于青春期

后期，中学生已经适应和熟悉了自己身体的变化和发展，其注意力开始转移到身体的外在交流甚至使用上，对比同龄人的标准，对身体发展的不平衡会产生紧张和焦虑。

案例 17

家庭标准"多"难受

有一位来访者找到心理老师，说她在家遭受了很大的压力。这种压力不是学习方面的，仅仅是回到家之后，家人对她和妹妹看法的不同。

例如，在吃饭的时候，她和妹妹都有做得不好的地方，但是，大人们往往都会迁就妹妹的行为，而对她的行为大加指责。又如，在玩耍的时候，如果她在陪伴妹妹玩时令妹妹哭鼻子，不同的家人，如妈妈、爸爸、奶奶都会指责她，都把责任和原因归结在她身上，令她承受来自不同方向、不同层次、不同人的各种各样的责备。久而久之，她渐渐产生对妹妹的厌恶之情。

对孩子的标准可以很刚性，它是规范，是要求，是尺度，如要求孩子学会独立自主，要求孩子做好自己分内的事情，要求孩子对自己的学业、言行负责，要求孩子孝敬父母，要求孩子承担家务。标准一致，效果才佳。

对孩子的标准也可以很柔性，它是机会，是引导，是方向，如引导孩子学会独立自主，引导孩子做好自己分内的事情，引导孩子对自己的学业、言行负责，引导孩子孝敬父母，引导孩子承担家务。真正的教育高手，都有本事在匆匆而过的三年校园光阴里，给学生的心田种下点点涟漪，令那一个个小小涟漪荡开很远，又不着痕迹！但是标准的制定，必须要注意三个原则：①同一个问题需要持续的教育；②只针对同一个问题，别掺杂其他问题；③给到的建议和要求必须是可以落实的。

五、时机

人的完整一生，从起点到终点之间，似乎是一条直线。人的成长一生，从最初到最终，从未知到已知，从幼稚到成熟，却是一条弯弯曲曲、令人难以想象的曲线。甚至，你在这条曲线的转弯处没有办法看到你的后面轨迹，但最终你确实走了过来。

你为什么能挺过来？是像铅笔那样吗？为了自己能更好地书写，得适时地用刀削掉身上的木屑。金兰都引用保罗·柯而贺的作品《像奔腾的江水》中的观点写道："铅笔有时也要停下书写的脚步，削尖自己的身体，尽管当时会感到疼痛，过后却能用更尖锐的铅芯书写文字。"[①]你也应该学着忍受那种苦痛和悲伤，只有那样你才能够成长为更优秀的人。人生的每一个弯处都是中学生青春成长的关键时期。这样的转弯特别需要无论是家长还是老师的智慧引领。我们把中学生人生轨道中的各个具体的弯，看作是教育"时机"。这种"时机"既会出现在家庭教育之中，也会出现在学校教育中。我们需要做好从家庭教育到学校教育的延伸。

案例 18

迟到众生相

（1）放假回来的第一节课，年级有13位学生迟到了。在这13位迟到的学生中，其"迟到相"可谓五花八门：①有些学生大汗淋漓，有些不会；②有些学生背着包，有些空着手；③有些学生手里拿着各款饮品，有些没有；④有些学生手里有书，有些没有；⑤有些学生眼神、表情紧张，有些没有。为了解情况，我问了他们一个问题：迟到各有各的理由吧？

出门晚了。

车迟到了。

路上堵了。

父母工作忙，临时改变上学方式。

……

我再问："在上述的众多因素中，你能控制和改变哪些？"

趁父母不在，要不要怪父母安排不当？

父母知道你上学的要求吗？

---

① ［韩］金兰都.千万次摇摆，才能长大成人［M］.南宁：广西科学技术出版社，2013.

你有和父母好好地沟通吗？

平时的上学有备用方案吗？

我再问他们："你做错事时愿意主动承担责任吗？"

（2）导致你迟到的因素中，有哪些是你控制不了的？又有哪些是你可以控制的？

（3）手上的饮品说明什么？在快迟到之际，你选择回宿舍或者教室？手上的冰冻饮品不是从家里千里迢迢带的吧？即将要迟到了，还是先回宿舍或者买饮品？什么是你觉得最紧要的？

（4）散漫惯的人能把握好时机吗？散漫如果是你的常态，你有分析过是怎么形成的吗？

（5）做些约定如何？

（6）所有的约定如何主动落实和主动地被监督？我认为每个人的做事标准有二：内心的尺度和外在的制度道德约束。

在时机的问题上我们总在关注什么？不少人都会认为，首要的是解决问题，是不是当下一定要解决问题？有些问题能在当下解决，有些问题可能在当下解决不了。我们如果都着急解决问题，能得到的首先是学生那种配合式的甚至是那种"被配合式"的教育结果。而教育者靠着严词、制度、管理收获看似成功地解决问题。那要关注什么？

（1）学生的尊严。学生的尊严在学生犯错时尤其要保护，因为这样更有利于解决问题。学生的阅历有深有浅，随着时间的推移，学生会越来越重视教育者对其进行教育的内在感情，这才是希望所在、未来所在。

（2）教育者与被教育者之间应该是一种和谐的关系，即要表现出人与人、师与生的那种解决当下，却要着眼未来的教育对话！

（3）一种重要的形式也是美好的教育手段！歌德曾说："形式对于多数人来说是一个秘密。"哪些形式会是教育学生的美好手段？我认为是合适的场合、合适的话题、合适的情感。因为种种的形式无一例外地表现着教育者的哲思、激情和心血。

（4）所说与所做的，怎样才能最接近真实？学生的行为—学生的问题—学生的本质。如果教育者只是管理学生的行为，无法解决学生的问题，不触及学生的本质，又如何朝着更好的方向塑造学生？

【学生素材23】

孩子戴着耳塞

早上散步，遇见一对母子在快速走。他们具体的聊天内容我不太清楚，但是我很清楚地听到了这样一句话，母亲对儿子说："……什么东西都不能影响到学习。"

在听到这句话的时候，我回过头来看了一下，这对母子正在散步。妈妈一边散步一边教育孩子，儿子虽然在陪妈妈散步，也还戴着耳机玩着手机。妈妈在旁边不停地跟他说话。注意这不是交流，只是母亲对这个孩子单方面的说教。在这里，有几个地方我们要特别注意：

第一：妈妈对孩子说的话，孩子有听进去吗？

第二：妈妈说的，什么东西都不能影响学习，那么儿子现在正在做的一边散步一边快速走，能专心吗？

第三：在孩子的学习过程中，玩手机占多大的比例？

真正的教育应该建立在有效的沟通上。所谓有效的沟通，是通过听、说、读、写等载体，通过演讲、会见、对话、讨论、信件等方式将思维准确、恰当地表达出来，以促使对方更好地接受。教师，如果单单靠责任，已经不能更好地教育学生，培养出具有幸福感的学生。

【学生素材24】

时 机

某日，老师值班，见到一位男生有玩手机的嫌疑。这位男生侧着身，不敢正面坐着，他的手遮遮掩掩地在动，并且用自己的学习资料遮掩。见到这种情况，值班老师大步向前，亲自动手翻开学生的资料，检查是否有手机，果真发现学生是在玩手机。学生见此情况，立刻就把手机放到了旁边的背包里。当老师要求他把手机上交的时候，他拒绝了。

按照学校的规定，学生禁止带手机回校，如果当场被发现玩手机，学生必须把手机上交给老师。但是，这位学生很理直气壮地说："老师，你今天这样的态度，我不是很佩服。你的姿态、你所说的话，是咄咄逼人的，其他的老师并不会这样。"

老师就问："那其他老师是怎样的？"学生回答说："其他老师都不会亲自动手，会说明学校的规章制度，建议学生自动自觉地把手机上交，你这么主动地翻我的书，侵犯了我的个人隐私。"

老师说："我是出于责任才去提醒你、检查你。如果你不配合，我也不跟你计较，也不跟你纠缠下去，反正这个学期以来，我都不是很愿意管你。上个学期你的表现很好。这个学期你的表现非常令我失望，如果你再这样下去，我就会再也不管你，放弃你。"

教育，其实是需要时机的。那么，教育的时机是什么？我们不难发现，在这个案例中，教育的时机已经被错过了。值班老师的焦点完全在手机上面，把手机上交的问题当成是解决问题的中心任务。案例的中心任务是学生违反了学校纪律，需要承担因此错误行为而需要承担的责任——接受老师的批评教育和上交手机。当然，因为老师处理时的不当行为，学生又抓住了老师"动手"的把柄，令老师难堪！

六、面子

（一）中学生的面子问题

面子有大小吗？面子值钱吗？

挣面子容易还是花面子容易？

面子分大人、小孩吗？小孩也需要面子吗？

中学生的面子问题按形成的原因分析，有以下四种情形：

（1）虚荣面子，一些中学生很善于维护自己的"面子"，手机不新潮觉得拿不出手；穿的不是名牌觉得自己寒酸；请朋友吃喝玩乐不大大方方怕被同学嘲笑请不起；有的甚至还嫌弃自己的父母，觉得他们"低档""拿不出手""露不出脸"。

（2）乱扔面子，不顾面子的重要性，出现了一些违纪违法的行为。

（3）扭曲面子，不看重人生努力与拼搏的面子，只重视物质方面的面子。

（4）放大面子，害怕自己的面子受到伤害，不敢参与学校、年级、班级的各种精彩活动。

（二）中学生面子问题心理分析

中学生的面子问题追根溯源都是因为自重感过度。"自重感效应"源于弗洛伊德，他曾说："人一生最大的需求只有两个，一个是性需求，一个是被当成重要人物看待的自重感需求。"美国实用主义哲学家杜威教授曾经这样说过："自重的欲望是人们天性中最急切的要求。"卡耐基说："人们天性的至深本质，是为人所重视。"[①]中学生的生活首先从满足合理需求开始。合理需求的满足，再到具体行为的实施，产生发展性的效果。反之，如果中学生的合理需求没有得到正常的尊重和满足，那么，中学生的面子往往会向扭曲的方向发展。我们且听听学生是如何理解的。

【学生素材25】

青春的面子当自重

如何看待面子？"虚荣心是年轻人佩戴的一朵优雅的花"，王尔德如是说。虚荣心很难说是一种恶行，只是烦恼都围绕虚荣心而生。但年轻时候的虚荣何尝不是一种企图心？积极进取与好高骛远，有时仅仅是一线之隔。

有人说，女孩子学不好理工科。而她投身科学研究几十年，提取出青蒿素从而获得诺贝尔奖，拯救了千万人的生命。她就是著名的科学家屠呦呦。

有人说，女司机是马路杀手。她却开着18米的大卡车，安全行驶120万千米，她就是女卡车司机——云歌。

有人说，女人搞不懂机械和制造。她却全程参与了长征七号运载火箭的总装总测，她就是天津航天长征火箭制造公司总装测试车间副主任赵鸿飞。

是什么成就了她们？是撕去"标签"的勇气，是掌控自己生活的独立，是面对困难挫折的自信，是为国家社会奉献的情怀。成功的道路上，一定会经历许多人的冷嘲热讽。但是，我们无须理会这些"不看好"。流言蜚语又怎么样？面子对我们来说很重要吗？只要你坚持着自己的内心，不去理会外面的声音就好了，去努力去奋斗，成功正向你招手。《尚书》中有一句话这样说道："靡不有初，鲜克有终，不忘初心，方得始终。"

年少时，他便显露出坚韧的品格。他曾经因为左撇子被学校劝退。但他并

---

① ［美］戴尔·卡内基.人性的弱点［M］.胡晓姣，乔迪，朱奕芸，译.上海：立信会计出版社，2012：107.

不想放弃学习的机会，于是他仅仅用了一年时间，就学会了熟练使用右手。21岁时他应召入伍，随后获得了去苏联学习飞机制造的机会。求学七年，他认真刻苦，荣获"斯大林金质奖章"，听说祖国正处在极度缺乏创新科技人才的危难时期，他二话不说，登上了归国的列车。37岁的他成为中国第一颗人造地球卫星"东方红一号"的技术总负责人，从此开始了他的科技探索之旅。他就是两弹一星的国家元勋孙家栋，他是我们中华民族的骄傲。

其实，我们大部分人都不是出自豪门，都是要靠自己的。现在正值青春的你，不需要畏惧什么，你唯一需要担心的是你配不上自己的野心，也辜负了曾经的苦难。

（三）中学生面子问题的科学解决

（1）放下面子，走自己该走的路。马云创立阿里巴巴时被嘲笑为"如果成功，万吨巨轮可以抬上喜马拉雅山"。其自尊心受到极大伤害，面子上很是过不去，可是马云却没有为了面子，因为别人的否定而放弃自己的理想，最终缔造了电子商业帝国传奇。马云凭借的是什么？正是一种执着、一种勇气、一种敢于开拓的魄力。没有面子的束缚，你将会更轻松，更坚定地走向自己选择的路，走向成功。

（2）放下面子，拥抱可贵的真情。北大校长在母亲面前轻轻一跪，不知让多少人为之落泪。为了那份在众人面前光辉的面子，有多少人没有勇气表达自己对家人最朴实的爱。但周其凤做到了，"男儿膝下有黄金"这样的面子在他看来抵不过母亲的温暖怀抱。"教育家""北大校长"这样的面子在他看来比不上母亲欣慰的泪水。下跪或许有损他的面子，但这也让他变得和普通人一样有真情。同时，也让他收获母亲的感动和人们的赞誉。我想，放下面子的他内心将从此充实。

（3）放下面子，遵守应有的规则。社会规则约束着人们的思想和行动，虽有时候不近情理，但确实维持着社会秩序。如果乔布斯想凭借苹果教父、IT精英的身份，在接受治疗时不排队等肝源也许能活下来，继续续写苹果的传奇。但如果规则被打破，一切岂不乱了套，乔布斯坚守了道德底线，用生命践行社会的规则——人人平等。再看看有些人，非苹果三件套不要，就是为了人前那点光鲜靓丽的面子，终将遭唾弃。

（4）人人都爱面子。但倘若过了头，为了面子活，或许也会像项羽那样，就想着无颜见江东父老而丧失奋斗的勇气，失败了。放下面子，带着纯粹的执着，相信未来，期待真情，遵守规则，而不是被面子束缚住手脚，不敢前行，丧失自我。年轻人轻轻放下面子，目视前方，我们不做玻璃缸里的小鱼，而要置身汪洋，诗意成长。

尊严、面子、情分都糅合在一起时，我们很难区分。但它们都需要我们警醒，因为一个个学生都是鲜活的人。一个普通人无论在工作、学习还是生活中，都是要面子的，面子的本质是人作为社会的主体生存和发展下去的内心支撑，不可以轻视，更不可以践踏。

理性施为，亲子同行

一、爱弥儿

　　法国18世纪启蒙思想家、哲学家、教育家、文学家、民主政论家和浪漫主义文学流派的开创者、启蒙运动代表人物之一的卢梭在1757年写成了小说体教育名著《爱弥儿》，他在书中假设了一个教育对象——爱弥儿，提出了"自然教育"的主张，即他认为教育是为了培养自然人，以让孩子得到自由发展。教育要服从自然的永恒法则，让孩子自由发展。教育的途径只有两种——生活和实践，主张让儿童接受劳动、自由、平等、博爱的教育，让孩子能够进行自我支配，并且可以利用自己的力量得到幸福。

　　被称为"艺术天才""黎巴嫩文坛骄子"阿拉伯文学的主要奠基人，20世纪阿拉伯新文学道路的开拓者之一的纪·哈·纪伯伦在其诗作《你的儿女其实不是你的》中，将父母与子女的微妙关系表达了出来，很美!

　　你的儿女，其实不是你的儿女。

　　他们是生命对于自身渴望而诞生的孩子。

　　他们借助你来到这世界，却非因你而来，

　　他们在你身旁，却并不属于你。

　　你可以给予他们的是你的爱，却不是你的想法，

　　因为他们有自己的思想。

　　你可以庇护的是他们的身体，却不是他们的灵魂，

　　因为他们的灵魂属于明天，属于你做梦也无法到达的明天，

　　你可以拼尽全力，变得像他们一样，

　　却不要让他们变得和你一样，

　　因为生命不会后退，也不在过去停留。

你是弓，儿女是从你那里射出的箭。

弓箭手望着未来之路上的箭靶，

他用尽力气将你拉开，使他的箭射得又快又远。

怀着快乐的心情，在弓箭手的手中弯曲吧，

因为他爱一路飞翔的箭，也爱无比稳定的弓。

"爱弥儿"就是在教育上顺其天性的意思。成功执导《理智与情感》《卧虎藏龙》《断背山》《少年派的奇幻漂流》和《成功的执念》等影片的国际著名中国导演李安在学生时代的数学不好，挨打、跪算盘是家常便饭，高考两次失利，第二次数学考了零分，第三次才上了"第108志愿"的艺专，让身为中学校长的父亲觉得是世界末日。李白在《将进酒》中说"天生我材必有用"。人生而高贵，人天生就与众不同。读书不成、学业不就的李安在电影世界里光芒万丈。

万千家庭、万千父母都有一个共同的渴望——希望能按照家庭的成功模式和父母自己的成功轨迹"复制"一个理想孩子。可现实是，很多孩子除了血缘，其脾性、成长社会环境、经历、文化冲击、生活方式、价值观念都与父母截然不同，显然会出现家庭内部生命和生命之间的多样性。顺其天性、合理引导才能听到孩子内心的声音，才能鼓励孩子自己去探求生命的意义。

（一）自然天性是孩子成长的基础

孩子身上携带着神奇的生命密码，有自己的爱好、追求和使命。孩子的基因决定了孩子的成长，尽管受环境及后天努力的影响，但孩子的成长依然有其自身规律和自然性。孩子的发展应该是从最自然的胚胎开始，然后积极地接受人首先是自然的一部分的汲取，再到人作为社会的一部分的熏陶，积极地使自己成长，一步步地强壮自己的身体，完善自己的情绪、感觉、心理、认知，形成自我。这在任何意义上都是天经地义的，是他们的神圣权利，这也是教育尊重天性的要求。

（二）后天教育是孩子成长的重要过程

青少年期是人生的一个重要阶段，这一阶段能否顺利度过，关系到青少年成年后的个人发展状况，如事业、婚姻、人格等，及其生命质量的高低，如满意度、幸福感等。重视和加强对青少年的教育，必须充分考虑青少年的心理发展特征。

（1）认知独立性——叛逆。青少年是个理想主义者，对社会问题往往"书生论证"；是个批判主义者，对成人世界从失望产生批判；为显示自己的独立性，常有标新立异的表现。

（2）情感波动性——冲动。青少年情感丰富，易动感情，也重感情；情绪极端，摇摆易变，两极分化；具有一定的内隐性。

（3）自我专注性——自我中心。①假想观众，即错认自己是别人眼中的焦点：青少年一直想象自己是演员，而有一群"观众"在注意着他们的仪表与行为，他们是观众注意的焦点，成为大家欣赏的对象；②个人神话，即错认自己经验的独特性：青少年过度强调自己的情感与独特性，或是过度区分自己的思想与情感和相信自己的与众不同。

（4）自我专注性。①自尊敏感，即对别人对自己的评价敏感，羞耻感增强；②自评片面，即自我评价不稳定，男女归因有差异。

（5）交往差异性。①对成人世界闭锁，即因独立性的增长而产生出新型亲子关系的需要，和父母产生"情感距离"；②对同伴友谊渴求。

中国的社会发展中从来不缺乏一些特别的"社会群体"，如富二代、官二代、拆二代……如今，因为教育产业化发展，又迎来了一个新的"社会群体"——"考二代"。据相关统计，1982年以后，来自全国各地的学霸每年以数万计的规模汇聚到北京，至今累计已有百万人了。而这些学霸精英的孩子，现在每年又以数万计的规模陆续走进了北京高考考场，被称为"考二代"。

学霸的孩子当然不一定都是学霸，但在基因、家庭环境等先天优势的加持下，学霸的孩子成为新学霸的概率要比一般家庭的孩子大得多。这很容易让人想起，2017年北京高考文科状元熊轩昂引爆网络的一段话："高考是阶层性的考试，农村地区越来越难考出来，我是中产家庭孩子，生在北京，在北京这种大城市能享受到的教育资源，决定了我在学习时能走很多捷径，我们能看到现在很多状元都是家里厉害，又有能力的人。"

这里可以引用《2007—2016年中国高考状元调查》数据来进行佐证：①父母职业。从高考状元父母的职业上看，教师占35.09%，公务员占18.62%，工程师占12.62%，工人占11.39%，农民占10.16%，其他占12.12%；②父母学历。父母是本科、硕士学历的越来越多；③分布地域。从地域上考量，城镇状元要远多于农村；④学校类别。从就读学校上看，从幼儿园到高中，未来的状元们越来越向各省市重点高中集中。

（三）自然天性和后天教育是相得益彰的关系（表1）

表1　自然天性和后天教育对应

序号	孩子的自然天性	分析	正确的后天教育
1	自然	相对于自己以外的一切	适度自然教育
2	好奇	触碰未知领域	可能性发展教育
3	玩耍	探索未知世界	寓教于乐教育
4	模仿	优秀群体引导	示范教育
5	合群	成长共同体建设	团队合作教育
6	成功	多元评价标准	认同教育
7	赞赏	外部激励和内部认同	正面教育

人的自然天性最原始、最本质，但并不是完善的。

自然的因素不能完全取代后天的因素。

人的成长规律不能处于无控状态。

知识的积累和思维的形成是需要培养的。

孩子的需求和欲望需要区分。

孩子的观念需要区分和明示。人的自然天性的长足发展与良好的后天教育是一种相得益彰的关系。

高考之前，《极限挑战》节目组走进上海崇明中学，开展了一次特殊的高考誓师大会。高三的孩子们走进操场，所有人排成一条直线，准备参加跑步大赛。在起跑之前，主持人问高三的孩子们6个问题（都是跟父母有关的），如果题目里的情况你符合，就可以前进6步。

6个问题分别是：

（1）父母是否都接受过大学以上教育？

（2）父母是否为你请过一对一家教？

（3）父母是否让你持续学习功课以外的一门特长且目前还保持一定水准？

（4）是否有过一次出国旅行的经历？

（5）父母是否承诺过送你出国留学？

（6）父母是否一直视你为骄傲，并在亲友面前夸耀你？

6道题目已过，原本整齐划一的起跑线已经大不相同。

有人遥遥领先，有人依旧站在原点。

接着节目组宣布：现在，你们的位置就是你们的起跑线。然后，从你所在的位置开始，一起跑向终点，但只有前20名的人才能获得奖品。一声令下，孩子们集体跑向终点——体育馆。在后面的孩子，唯有拼尽全力才能挤进前面的队伍。

起点就已不同，终点大不一样。原来，有的人根本什么都不用做，就与别人拉开了巨大的差距。我们都知道原生家庭很重要。但我们不知道的是，原生家庭对一个人的影响竟然这么大，先是决定了起点，又在无形中影响了终点。

这很残酷，但这就是每个人必须要面对的真实人生。每个孩子的家庭都会为其提供生活、经济、教育环境等，这些都是人生赛道上的助力。助力寥寥的孩子，注定要通过艰辛的努力去改变这一现状。"没有伞的孩子，更要努力奔跑！"一个"更"字，道出了多少起跑线靠后的孩子内心的挣扎。

而那句"我花了30年的时间才获得和你喝杯咖啡的机会"，背后又有多少无奈和无助。比起一味强调孩子自己的努力和刻苦，我觉得更该关注的是，父母有没有意识到自己的不努力、不作为，正在给孩子拉后腿呢？当别人的孩子需要努力，而你的孩子需要更努力；当别人的孩子有主动选择的机会，而你的孩子只能被迫选择时，你是否又会有一丝丝心疼呢？这后腿又绝非单指父母为孩子提供的物质条件。是的，经济上比不上豪门，但在教育上、认知上、情商上，你比得上吗？如果我们不能给孩子很多的钱和很好的学区房，没关系，孩子自有他的际遇和福祉，但起码你要给孩子足够的爱和鼓励。

（四）自然天性与后天教育科学对接

（1）创造以良好家风为中心的家庭精神财富。在一个著名的心理学实验里，心理学家找来100多名大学生，把他们分成四类：富裕家庭高自尊的大学生，富裕家庭低自尊的大学生，贫困家庭高自尊的大学生，贫困家庭低自尊的大学生。然后扫描他们的大脑结构，尤其是海马体。最后发现，来自贫困家庭大学生的海马体体积平均值显著小于那些富裕家庭的大学生。但是，贫困家庭但高自尊的大学生和富裕家庭高自尊大学生的海马体体积平均值没有显著差异。也就是说，如果物质匮乏，但是父母给予的精神资源非常丰富，孩子一样可以像高智商富二代一样，赢在人生的起跑线上。

（2）家庭文化是重要的成长资本。经典著作《不平等的童年》的作者安妮特·拉鲁，是美国著名的社会学家，她与她的团队，花费近10年时间，跟踪观察了12个不同阶层的美国家庭后发现：决定孩子阶层的不是父母有多少钱（当然也相关），也不是单亲还是离异，而是一个家庭的"文化资本"。

2019年广西理科状元杨晨煜的妈妈在谈及"如何养成学霸"时，就反复强调一点："作为家长要自律，不能把孩子丢一边自己玩手机。"无独有偶，2014年安徽理科状元董吉洋也曾在接受采访时表示："偶尔我也会厌学，不想看书，爸妈注意到了，也不说什么，就把电视关掉，坐下来看书，看到他们在看书，我也就不好意思不看书了。"可见，父母的言传身教是多么重要。一个稳定积极的家庭环境，与父母做什么工作、有多少钱、受过什么教育无关，却可以为孩子提供强大的精神力量，让孩子在面对挫折、艰难时有足够的勇气和自信去面对。

（3）既要借鉴成功家庭的相似性，也要考虑差异性。《蒙田随笔》中写道："经验在事物形象中没有什么普遍共同的性质。他们都具有分散性和多样性。所有事物都靠某种相似性，而互相依存。所有范例都不是完善的，而从经验中得出的东西，则永远存在缺陷。"[①]不是鼓励人人都要当状元，也不是鼓励所有父母都要铆足劲把孩子往状元之路上培养，毕竟每个孩子都有自己的天赋和际遇。但我们也要尽自己所能给孩子提供好的成长空间，安全护送他的成长。顺其自然，静待花开，不是两手一摊的不作为，而是竭尽所能之后的不强求。

---

① ［法］蒙田（Montaignes Essays）.蒙田随笔［M］.唐译，编译.吉林：吉林美术出版社，2013.

二、行为是重要的教育契机之一

（1）孩子各种有目的的行为与其可能达到的结果之间是有着密切联系的，可能是由感性牵引，可能是由理性牵引。但无论由何种因素牵引，都代表着行为主体的需求。

如果从孩子行为发生的次数（频率）来说，可以分为偶发性行为、继发性行为、习惯性行为。自小，孩子的偶发行为很容易发展为继发性行为，随着行为的日常化，还会发展成为习惯性行为，习惯性行为是难以改变的。

行为一：

小孩时，在餐厅大吵大闹、在墙面上乱涂乱画、待人刁钻没礼貌，还往往在公共场合影响他人；小学时，常常影响课堂秩序；中学时，随意破坏公共秩序。

行为二：

小孩时，喜欢把自己的玩具随便放；小学时，学习用品随处放；中学时，孩子住宿舍经常被检查扣分。

行为三：

小学时，孩子做作业依赖父母；初中时，孩子做作业依赖教辅书；高中时，孩子做作业依赖参考答案。

（2）对待中学生行为，我们得注意方法，掌握技巧。①性质比较严重的，带有立场性的行为，教育介入宜早不宜迟。②偶发性行为演变成习惯性行为，是难以改变的，教育措施需要持续坚持。③教育行为应该努力的方向——积极心理学的理论：强调走心，自我教育；着重隐性，示范模仿；重视连续，持续努力；重视受教育者需要，降低施教者追求。④学生的合理需求放在第一位。叔本华在《人生的智慧》中回答"人是什么"这个问题时说："可以用广义的'个性'一词来概括，也就是说，人是他本身的健康、力量、外貌、气质、道德品格、智力和教养的总和。"换言之，学生自身行为由需求产生，我们要区分学生的需求是否合理，同时也要帮助学生努力实现自身的合理需求。因此，对待学生的行为时，必须尊重和考虑学生的合理需求。

案例 19

原生家庭之殇

（一）再合理不过的求助

周一升旗仪式结束，年级的班主任钱老师向我反映该班女学生小丽（化名）的情况：失眠，压力巨大，不敢回家，怕面对父母。同一天，这位女学生也找到我，反映的情况大体相同。我观察发现，学生在反映情况的过程中，还时而流泪。按照学校的要求和工作流程，我们及时联系学校心理老师对其进行心理辅导……

（二）意想不到的沉重

心理老师反馈这位女生得了重度抑郁症和中度焦虑症，并且开始对身边的人有了敌对的倾向。心理老师还反馈，这位女生从初中就开始谈恋爱，学会了抽烟……

（三）深入发现的根源

根据上述情况，我们争取了学校的同意和支持，把这位女生的家长请到学校，进行家校合作，并把孩子接回家再送到医院进行心理治疗。没曾想到，到校的两位"家长"分别是妈妈和舅舅。双方相互交流之后，才明白了这位女生真正的问题根源所在。原来，这是一个父母离异的家庭。妈妈在酒楼洗碗收入低，却也尽力满足女儿的一切需求；该生常年住在舅舅家中；妈妈希望自己的女儿能够成才，考上本科……

（四）思考需共勉的启示

在这个案例中，面对着这位女生，我做了以下工作：①解决家长的认知问题，希望家长明白孩子心理问题的严重性，及时配合老师，带孩子到正规的医院检查、治疗。②建议家长放下自己的身份、经历、经验，多听孩子内心的呼声。③接受学习现状，重视对孩子成长可能性的培养，突出发展她感兴趣的技能。④鼓励她多和老师打招呼、微笑，从跑步开始。三个月后，她的纯真笑容回来了。

家长在面对就读中学的孩子时，基于时间紧张，从小而行的教育方式，相信孩子已养成好习惯，初、高中的孩子可以自己独自承担相关行为等原因，往往出现"自由型家长"的极端表现。这类型家长往往像一位优秀的"后勤部长"，无条件地给自己的孩子提供"优质"的所需服务，希望自己的全身心供给，能让孩子在遇到困难、挫折时，减少成长压力，以便更好地"健康成长"。

（3）如何解决中学生不良行为。在家庭教育问题上，网络上流行着这样一段对话：

观众：请问法师，我的小孩不听话、不爱学习怎么办？

法师：您影印过文件吗？

观众：影印过。

法师：如果影印件上面有错字，您是改影印件还是改原稿？

法师：应该原稿和影印件同时改，才是最好。父母是原稿，家庭是影印机，孩子是影印件。孩子是父母的未来，父母更是孩子的未来。

第一，处在公众场合施教者要教育、解决孩子的不当行为时，首先要注意事件（行为）的公开面，这样能让孩子躲避更大的恐惧。其次，我们要关注认错的人此时的情绪是否稳定，认错的人是否产生了内疚和自责感。善用认错的人和施教者的良好关系，而且不要轻易地加大认错之后的"追加惩罚"，让认错后续代价持续升高。

第二，施教者要积极真实"还原事件全过程"。孩子做错事，但都不太轻易认错。施教者首先应该"还原事件细节"，然后区分事件的是非，并直接告知孩子，在告知孩子的过程中，还不能对人格进行批评，仅仅是对于事件的过程和结果进行事实性描述。例如，"这件事就是说明你太调皮""你把小明的鞋带弄断了，现在需要你赔他一根新的"。然后可以根据受教者的接受程度，引导其反思行为的不当和产生的危害，最后才提出改正的做法和建议。

第三，科学沟通在纠正孩子不当行为方面有关键作用。人类之所以做出某个行为，有多种原因：这个行为关乎生存，这个行为满足某个需求，这个行为是迫于压力，这个行为出于自己的观点。而在解决的过程中，科学沟通是关键。科学沟通需要教育者从"被迫动机—义务动机—需要动机"做出转变。父母们嘴上承认自己教育出了问题，却不知道具体哪里出了问题，压根就没有正面仔细思考过。看不到真正的问题，永远在糊里糊涂中浪费时间，干脆就想尽快解决问题，从而喜欢提高嗓门、下指令、威胁，彻底改变沟通的味道，把解决问题带上了不归路。

第四，纠正孩子的不当行为，根源在于改正家长的行为。孩子的生活往往建立在已有的物质生活基础上。孩子的成长往往建立在父母已有的成长经历上。学生问题往往是家庭问题的集中爆发。所以，要解决问题学生的问题，首先，家庭要做出改变。改变原来的教育方式、对话方式、关注点，重构家庭的平等结构，重构家庭的人员关系，切断学生与家庭各种旧的关系，致力于学生和家庭的新关系的建立，即正确认识过去与当下之间的关系，通过新的家庭关系的建立，让学生进一步地平等对话家庭成员，重新认识家庭成员，在"家庭和谐观念增强；家庭活动趋向类似；家庭沟通方式倾向于解决问题，而不是制造问题"三个方面做出积极的改变。

第五，提升父母确实有利于提升孩子。在网络上，我见到一位署名为"球球妈妈"的作者写的一篇文章《中年少女的一地鸡毛》："对家长而言，每天很多的时间都可能在安排孩子生活的一切小细节，他的吃喝拉撒让你上蹿下跳，你的脾气会变得暴躁，生活会变得鸡飞狗跳，你这个人就是这样，生活顺遂不懂得居安思危，遇到挫折又患得患失，一开始，你感觉丢了生活，后来发现丢了自我。有时候你又觉得自己被全世界遗忘，因为这些孩子的成长中，你的心理健康和身体状况，都已被忽略，然而就在被需要与被遗忘之间，在身体和心理的双重重压下，你还是接受不了'完美贤妻'的人设被打破而'良母'的人设立不起来的尴尬，时而莫名自信，时而莫名自卑。"父母是孩子最好的老师。如果父母不优秀，如何给孩子优秀的教育？如何要求孩子优秀？父母不如提升自己，同时也让孩子更优秀。

三、习惯

（一）不良习惯的形成一定有对应的温床

📖 **案例 20**

硬要"第一"

某天在一个诊所，排队等候看医生的母子在玩赛车。只见到妈妈的小车顺利飞达终点，而儿子的小车却因为他太大力没有把握好平衡，翻车了。这时，有趣的对话出现了：

妈妈说："宝宝，妈妈赢了。"

儿子说："妈妈，我赢了。"

妈妈问："儿子，谁第一？"

儿子大声说："妈妈，我第一。"

妈妈说："儿子，你的车明明翻车了。"

儿子说："就是我是第一。"

妈妈服软了，说了一句："好吧。"

首先，纵容、放任、不加拘束、无所谓。孩子的不良习惯来自家长的不良行为。案例中，妈妈教育孩子的最大问题在哪里？——纵容。言语上的纵容很容易导致行为上的纵容。一旦纵容成了习惯，那家庭就会出现"小霸王"。奥地利精神病学家、个体心理学创始人阿尔弗雷德·阿德勒在《自卑与超越》一书中指出："人人都有对优越性的追求，这种追求像一首自创的美妙曲子贯穿人的一生。"但无理地追求优越性会助长孩子的无理性。

其次，没有底线地退让。生活中，有些问题可以由大人做出让步，但必须做出问题的判断："这个问题真的可以让步吗？"在解决问题之前，家长和孩子一起面对问题，要明确家长的立场，做孩子的教育者、协助者。真正的教育者不是简单地向孩子提"你必须怎么样"的要求，而是和孩子一起探寻"我们可以怎么样"的方法。家长得让孩子明确，家长和孩子在目标问题上的方向是一致的，这样才有可能实现更高层次的生命交织和相互推动、相互成就。

最后，家庭生活语言太随意。随着人们工作和生活节奏的不断加快，家庭生活开始出现了一些变化，主要表现在生活细节有走向随意的趋势。有些家长在社会交往中缺少文明礼貌，在家庭中当着孩子的面，习惯讲粗话、脏话无所顾忌，如"你真让人烦死了！""别忘了我所做的一切都是为了你！""我对你说过多少次不要乱跑！""为什么你不像聪聪那样听话？""你从不听我讲话！"等等。要知道，随意语言是要付出代价、承受后果的。这怎能使孩子在健康优雅的环境中健康成长呢？特别是有些家长对孩子的某些小毛病也会随口而出怨言，这对孩子的自尊心会产生很大的伤害，从而减少父母子女间的感情交流，使孩子心理健康发育受阻。

（二）良好习惯形成有妙法

（1）养成良好的积极心理暗示。第二次世界大战期间，美国军方招募了一批纪律散漫、不听指挥的人到前线打仗，当局请来了心理学家帮助管理这些人。心理学家要求这些人每个月都给家人写一封信，信的内容由心理学家拟好，告诉亲人他们在前线如何勇敢，如何听指挥和取得战功等。半年之后，这些人竟都变了样，变得像信中所说的那样勇敢和守纪律了。

是什么力量使他们变"好"了呢？就是那些良好愿望的暗示作用。大人如此，又何况小孩子呢？所以父母在教育孩子时首先要看到孩子的好行为，看到他的长处和进步，哪怕是微小的进步都要给予鼓励，发现了孩子的闪光点就要将其发扬光大，使孩子充满信心，从而更加积极。至于孩子的不良行为，则要明确告诉他，这是不对的。否则，孩子的判断力差，你唠唠叨叨他还以为你是在表扬他呢，他将会更加"我行我素"。再则，要让孩子学习自我竞赛、自我比较，认识到自己的进步。

（2）心理学中有一种人际交往规则，被称为黄金规则，它是指你希望别人如何对待你，就要以那种方式去对待别人。在教育孩子的问题上，无论是家长还是老师，其实都有自己熟悉的一些习惯方法。其中，我们今天特别探讨的一个教育习惯是互惠。

在施教者与受教者之间是否能够形成双向关系？在人类历史发展进程中，人与人之间、国家与国家之间、民族与民族之间的相处，遵循的第一条规则就是黄金法则——互惠。人类之间、国家之间、民族之间可以通过互惠来解决自己的人生问题、国家的发展问题、民族的生存和发展问题。

就习惯而言，我们都习惯于成人施教小孩，成人帮助小孩。换个角度，我们是否也可以探讨学生的成长、学生的进步以及在学生成长过程当中出现的种种问题带给我们的种种反思和好处。换言之，孩子也是家长进步的动力源。这应该也是习惯的一种改变，改变我们的教育思路，改变我们那种自上而下的传输路径，改变我们高高在上的地位，放下我们高高在上的尊严，只有这样才能形成真正的良性互动。

四、定位

新生活是从方向开始的，新发展是从定位实现的。

（一）孩子的身份定位

单看"成人—孩子"这样的关系结构，就不难发现，"成人—孩子"关系天生不平等。不管这里所说的成人是家长，还是老师，他们的社会地位、经济能力、人生经历、智慧技能都远远高于孩子，孩子都应该是处于被支配的地位。那么，良好的"成人—孩子"关系还能建立吗？实际上是可以的，只需成人放弃一些东西。成人首先要放弃支配欲；然后放弃自己高高在上的地位；其次是面对孩子的问题，放弃长辈的身份，换成朋友的角色；最后，必须放弃孩子这个中心。孩子？伙伴？朋友？帮手？我有一个习惯，我在面对不同的家长时，都会问他们同一个问题："当孩子从学校回到家时，你把他想象为什么？"

仍是学校的学生。

我的孩子。

我的负担。

我的麻烦源。

同样，我也会经常问学生："你以什么样的身份回到家中？"

依然是学校里的学生。

温馨的一家人。

如同旅店的过客。

急需解决钱财的乞讨者。

（二）家长的身份定位

许多家庭都有一个核心主题：孩子，一切为了孩子，孩子就是我的一切。孩子是家庭的中心，孩子的成长是家庭的希望。家长过早地定位"望子成龙，望女成凤"，希望自己的孩子尽快地"领跑"人生，早日成功。所以，家长都习惯以武断安排、武断分析对待孩子的真实情况，都习惯于把自己当成所有事情的"裁判员"。下面我们一起来看个案例。

 案例 21

错误定位惹的祸

有一位男生刚踏入高一，学习非常努力，在高一第一学期期中考试中考取全班第一的好成绩。家长、孩子都很高兴，这是从没有过的好成绩。家长鼓励孩子，希望孩子以此为基础，再接再厉，争取更大的进步。但期末考试的结果是，他只是班级的第15名。父母还发现了孩子爱玩"手游"。父母的焦虑开始上升，并影响孩子的情绪，于是孩子的成绩更加不稳定，父母开始显示出失望……责备孩子"沉迷"手机，责备孩子学习骄傲自大，责备……孩子也极力反驳……于是矛盾和争吵就常出现了。

我们合理分析一下：

（1）孩子的成绩出现"波动"是事实，是常态。家长应该允许孩子的成绩有波动。

（2）家长站在孩子成绩的最高点要求孩子再接再厉，是一种错误，因为它并不是孩子真正的成绩水平。

（3）不合理的目标要求只会增加孩子的压力。当与目标距离较大时，孩子难有动力。孩子开始感觉"好累"，老师反馈孩子动力减弱，退步了。

我给出建议：

（1）找出学习成绩平均值，重新定位，重新给出学习目标。

（2）家长需要树立健康的孩子成长观，允许孩子学习有进退，允许孩子有自己的兴趣爱好。最起码，手机不一定是罪魁祸首。

（3）家庭中应该建立起完善、有效的寻求帮助系统。

（4）父母不要批评孩子骄傲，这和骄傲一点关系都没有。

（三）教育的功能定位

家庭教育行为与措施在追求目标上可以多元进行，有时是为了解决教育问题，有时是为了教育效果，有时是为了教育实施，有时是为了教育的幸福感。我们通过教育，要解决的是什么问题，是唯一的还是系统的教育问题？围绕着教育的功能定位，应该也有很多的教育因素需要关注，需要综合教育学生。无论是教育定位本身，还是教育定位的相关因素，都是教育学生的极好机会和因子。家庭教育的定位必须解决"教育入心，真正起到教育效果"的问题。

【学生素材26】

定位偏差风波

事件经过：今天学校进行逃生演练。学校指定我们班走班级旁边的楼道。逃生开始大约15秒后，我们班的逃生专用楼梯口堵塞。一部分学生改从教师办公室旁的楼道逃生，等跑到集合点的时候，被学校领导抓住了，理由是抄近道。

简单分析下为什么楼道会堵。高一、高二的学生在较低的楼层没有以最快的速度逃生导致了高三学生逃生时候的堵塞。达尔文说过："存活下来的物种不是最强壮的物种，也不是智力最高的种群，而是那些对变化做出最积极反应的种群。"楼道堵塞了，选择第二条快速到达地面的通道，实现了逃生的目的，何错之有？

定位准确。定位说白了就是我们要解决的问题，我们究竟要解决什么问题？或者说我们针对什么现象？采取什么措施？达到什么目的？在这个事件中，学校举行逃生演练的目的就是希望通过训练让学生在灾难应急情况之下懂得如何快速地逃生。部分学生能够在楼梯堵塞的情况之下，做出快速的反应，通过其他安全路径（近道）顺利实现逃生，这应该是科学的，也是本着对生命负责的自然选择。

定位牵连。在这个过程当中也发生了教育管理上面的定位牵连问题。所谓的定位牵连，实际上就是在实施定位的过程当中出现的一系列其他偏差或者是影响定位实现的衍生问题。例如，为了实现逃生，我们就要考虑到逃生过程当中的秩序问题。安全逃生本身是目的，但逃生的过程依然存在着风险，就衍生出逃生秩序问题。教育者与被教育者之间的问题、矛盾就在这里。教育管理者在逃生演练实施过程当中思考既要达到逃生的目的，又必须要兼顾逃生秩序和逃生安全的问题。而学生考虑比较多的可能是定位本身的问题，也就是能否顺利实现逃生的问题。

定位转移。定位对于教育者来讲是很重要的。定位本身具有非常明确的目的性，也具有非常清晰的计划性，但是从定位本身的角度来讲，千万别忽视了它的本质问题，那就是实施过程当中有可能方法和途径出现多元化、人性化、科学化的问题。如案例，其实学生在没有其他危险、没有其他威胁，甚至给他人造成伤害的情况之下选择了一条近道，确实不会影响到逃生演练的定位问题。所以我们在教育过程当中，在面对各种各样的受教育者，在面对他们多种多样的问题行为的时候，我们都要考虑我们对着他们要解决的定位究竟是什么，怎样的定位是最重要的，什么样的定位衍生问题是次要的，我们必须要有主次的思想。

【老师素材1】

<h2 style="text-align:center">班主任的直白</h2>

我校早上进行了消防演练。我非常重视这次演练，虽然周日晚上几乎全程忙着审核高三报名资料，但还是用最后10分钟给学生投影了消防逃生路线图。按照消防路线，我们311班在五楼左侧，需要通过教学楼最靠近我班后门的楼梯逃生。给学生看了路线图后，我主要强调了两点：

（1）要把这次逃生演练当成是真正的生命赛跑，在面对天灾时，人的生命是脆弱的，做这样的准备和演练是非常有必要的。

（2）我还强调了防止踩踏的情况发生，告诉大家很多灾难造成的后果与人遇事惊慌有关。事后踩踏造成的死伤远比灾难本身更多。

最后我还强调了批评教育，最慢下去被点名批评的同学要接受批评教育，这可能是我班两位同学从办公楼梯跑下去的主要原因。我要对事情负全责，这是我的第一个错误。

我的第二个错误是把班主任任务看成是在下面等，我还在下面摩拳擦掌地等着批评教育最慢的学生。

可能是我引导的方向和重点出错，学生思维都集中在快速安全地逃生问题上了。这件事已经发生，我很开心班级的每一位同学都乐意接受批评并完成了学校的要求，虽然他们都会埋怨教室太高、下面太堵，但我让他们把这当成一场修炼，很高兴老师能和学生一起成长。生活有时就会这样，也许有委屈，但小小的委屈也能让人成长。

五、空间

面对犯错的学生，给予未来可能，远胜当下的确定。每个孩子都有属于自己的世界。在他们的世界里，有自己的思想、自己的主张。他们会按照自己的想法和意愿去描绘属于自己的世界，这是孩子内发性和自主性的表现。这时，孩子的世界和成人的世界分开了。所以在这种情况下，家长和老师不应该过多地干预和指责他们。我们不妨梳理一下，在日常生活中，哪些情形不应该干预。

（一）睡觉前

中学生很大程度上比较重视独处时间。睡觉前的时间可以说是绝大部分学生真正属于自己的时间段，尤其是一些睡眠质量不好的学生，特别需要平静的心情与安静的环境。家长如果此时针对其学习、生活上的细节进行指责，极其容易影响孩子的情绪和休息。

（二）家庭聚会时

相信不少家长都有这样一种感觉，中学生家庭聚会的时间太少了。所以这种家庭聚会时光是极其难得和宝贵的。如果家庭有此传统的话，绝大部分孩子都愿意向家里人分享在学校的点点滴滴。也许孩子会不经意地提及自己的不良表现，如违反纪律、成绩退步等。家长们都会不经意地添油加醋，连同往事一起指责。

（三）当孩子处于"公众"空间中

皮亚杰提出"客体永久性"（object permanence）这个术语，它是指儿童理解了物体是作为独立实体而存在的，即使个体不能知觉到物体的存在，它们仍然是存在的。换言之，孩子在一定的空间之中，他们能感受到自己在公众中所处的位置，以及公众空间对孩子的影响。孩子在一定的空间之中，需要一些作为独立个体存在所需要的稳定情绪、活跃于公众的颜面以及参与到公众的信心。无论是家长还是老师，都要学会尊重孩子的"公众"空间，这更有利于保护学生的无限可能性。

（四）当孩子情绪低落时

情绪低落指的是一段时间以内，持续存在的压抑、郁闷、沮丧的情绪状态，和情绪高涨是相对应的，属于负性情绪的增强。孩子感觉到心情不愉快、悲观郁闷、忧心忡忡、悲痛欲绝，表现为愁眉苦脸、唉声叹气、语音比较低沉缓慢、动作迟缓、行为减少、不愿意和人进行交往，对自己的评价比较低，自卑，往往缺乏信心，对什么事都失去兴趣，感觉度日如年，有一种生不如死的感觉。严重时，孩子心情极度不愉快，自罪自责、不食、不语、不动，悲观厌世甚至出现自伤、自杀的想法和行为。

在教育孩子时，同一种方法，在不同的时间，发生的效果是不同的，有时候甚至会截然相反。其实，只要家长留心观察，准确地把握教育的最佳时机，就会使教育达到事半功倍的效果。教育的最佳良机包括以下八种：

时机1：当孩子困惑时。

时机2：当孩子付出努力取得成绩时。

时机3：到亲朋好友在家做客时。

时机4：接待客人时。

时机5：孩子感兴趣时。

时机6：温馨就餐时。

时机7：老师家访时。

时机8：孩子主动承担事务时。

任何事情都在随着时间的流逝而改变，当你还用固定的思维去看待问题时，事情的发展已经超出了你的想象。究其原因，我们一起说道说道。

自己的动机——希望孩子自己发展还是刻着另一个优秀孩子的模板发展。对比不是平面镜子。

对方的动机——孩子这时能听进去吗？

家庭的动机——家庭文化氛围。家庭的良好文化氛围有助于家庭教育动机的提出和落实。

社会的动机——个性的发展，对比可好？

教育孩子要讲究时机，但是这个时机需要家长用心去发现，用耐心去等待，用宽容的心去创造时机。只要时机得当、方法得当，每个孩子都不会让家长失望的。给孩子最好的关爱来自真切的尊重以及科学的教养，当父母既是要尊重科学的技术活，也是要带上情怀的艺术活。

案例 22

微信：朋友圈

有朋友在微信朋友圈晒出自己女儿旅游总结的文章，妈妈为她点赞了。

同时，妈妈也想起了自己小妞旅游时每天写的总结。于是，在女儿踏进家门时，很自然地向小妞提起朋友女儿写的文章。不曾想到的是，自家小妞竟然很生气说："烦死了，不要在我面前老是提这个名字。"

怎么理解对比？孩子之间的对比也是存在着两种情形。情形之一，不同的家庭里，孩子的成长能比吗？情形之二，同一个家庭里，不同的孩子就真的能对比吗？对比，好吗？对比其实也是有分类的，有横向和纵向的对比，也有对内和对外的对比。对于孩子而言，我们倾向纵向的对比和对内的对比。

纵向对比，其实就是同一个对象在自己人生成长的不同阶段的进退对比。

对内对比，其实就是同一个对象以自己的要求和标准对自己不同时期的发展任务做出的自我认知。"不识庐山真面目，只缘身在此山中。"这两句出自北宋诗人苏东坡笔下的诗句，既包含了对人生的探讨，也是对自我认识的一个美丽的注释。自我认知（self-cognition）指的是对自己的洞察和理解，包括自我观察和自我评价。自我观察是指对自己的感知、思维和意向等方面的觉察；自我评价是指对自己的想法、期望、行为及人格特征的判断与评估，这是自我调节的重要条件。自我认知对这种行为有重要调节作用，正确的自我认知会使一个人在群体中的行为得体。相反，一个缺乏自知之明的人，常常会在人际交往中遇到各种不应有的挫折。

六、沟通

父母和孩子沟通时，两种主动权情形并不相同。

情形之一：父母占主动。

父母通常是在孩子出现异常时，如孩子在生活中出现了行为、言语方面的不妥当，或者孩子的人生发展阶段需要重新认识和确立新的目标主动和孩子进行沟通，当然也需要牢牢把握主动权。因为孩子并没有完全成熟和适应社会，孩子对社会的认知和适应能力并不足够，其部分决定权有时需要父母支配。但是在这个过程中，父母除了要清楚自己的想法和希望孩子达成的目标之外，更重要的是尊重孩子的意见和知悉孩子的想法。

有一次，爱默生和他的儿子要拉一头小牛进入牛棚。他们犯了一般人常犯的错误，只想到自己所需要的，没有想到那头小牛想要的……爱默生只会推，他儿子只会拉。而那头小牛正跟他们一样，也只想它自己所想的，所以迈开它的腿，坚持拒绝离开那块草地。

旁边的爱尔兰女佣人看到了这情形。她虽然不会写书、做文章，可是至少在这一次，她懂得牛马牲口的感受和习性，想到这头小牛需要的是什么。女佣人一面把她的拇指放在小牛的嘴里，让小牛吸吮着她的拇指，一面温柔地引它进入牛棚。①

哈雷·阿弗斯特教授在他的《影响人类行为》中说："行动是由我们的基本欲望所产生的，对于未来想要说服人家的人最好的建议，是无论在商业中、家庭中、学校中、政治中，都要先激起对方某种迫切的需要，若能做到这点就可以左右逢源，否则就会到处碰壁。"

我们在和孩子沟通时，可以很容易地获得主动地位，也可以很容易地掌控决定权。换个角度说，我们其实有尽到关注孩子、完成沟通的责任和义务，但我们忽视了沟通是否有效的问题。为什么会这样？因为我们忽视甚至忽略了孩子真正的想法和需求。

情形之二：孩子占主动。

许多父母都有这样一种感触，孩子越大越不愿和父母沟通。父母能感觉到孩子越长大就离他们越远。孩子更喜欢封闭自己，或者说孩子更想和"第三世界"联系。能主动和父母联系、沟通的孩子并不多见。那么孩子主动和父母联系、沟通时基于什么缘由。第一，孩子在成长过程中收获很重要的肯定和赞许，需要分享给至亲好友。第二，孩子在成长过程中碰到自己独自难以面对和解决的难题，需要寻求帮助。第三，孩子在人生成长的十字路口遇到一些无法理解的迷茫事，需要和家长探讨，以便更好决策或者共同决策。

（1）知晓动机是沟通的本质。有人认为，人类将迎来4C时代。即Change（变化）、Challenge（挑战）、Chance（机会）还有Communication（沟通）。美国著名语言哲学家保罗·格莱斯发现人们在日常的社交活动中，都会遵守一些沟通交流方面的准则，针对沟通的双向配合特性，他提出了一套沟通的合作准则，分别是量的准则、关系准则、方法准则和质的选择。以上两种情形，有着共同的沟通基点——知晓孩子的动机和真正想法！大人们一定要记住，孩子跟你主动沟通时，他的需要、他的问题比你的问题和经验重要许多。

（2）沟通中注意强弱人际关系的转化。美国社会学家马克·格兰诺维将人际关系划分成两类：强关系和弱关系。强关系是指在同一个生活圈和工作圈中

①［美］戴尔·卡耐基.人性的弱点［M］.北京：中国发展出版社，2008.

的人际关系。例如，家人、同事、朋友或者有过一起生活经历的同学。这类人往往生活在同一社交圈内，彼此比较熟悉各自的思维模式和行为模式，在沟通的过程当中表现得比较自然。

弱关系通常指生活圈和工作圈以外的人，彼此之间不认识、不熟悉。一般来说，朋友的同事或者朋友的朋友，或者彼此之间根本没有什么交集的陌生人都属于弱关系。由于缺乏交集，处在弱关系之中的人，容易产生各种沟通障碍。但真正的有效沟通，往往来源于弱关系当中。

（3）听清楚事件的真相。英国作家拉迪亚德·吉普林在描述与倾听相关的内容时这样写道："我有六个忠实的仆人，她们可以告诉我所有想知道的事情。他们的名字是什么？为什么？何时？何地？怎么样？谁？"其实这几个要素就是倾听内容的基本要素。孩子不开心时，家长要第一时间以"同理心"认同和感受孩子的不开心，然后慢慢了解清楚事情的全部，最后才给出自己的建议。

（4）要有足够的耐心。一些经常出差在外的父母会抱怨孩子不和自己亲近，抱怨孩子不听自己的话，彼此之间总是说不上两句话。因为孩子不好教，父母可能会失去耐心。其实父母自身欠缺的是时间和耐心。只要沉下心来，经常和孩子交流，多和孩子说说话，观察孩子喜欢什么，不喜欢什么，听听孩子的真实想法，那么彼此之间的关系会越来越亲密，孩子也愿意对父母敞开心扉。

（5）沟通的目标应该适量。著名的美国德州仪器公司有一句非常有名的口号，即"写出两个以上的目标，就等于没有目标"。从沟通的本质和效果来看，沟通应该是具有独立性和针对性的。所谓独立性，指的是沟通话题是独立的，每次沟通的话题都应该是唯一的，不要和其他事情、其他的话题掺杂在一起。

管理学上有一个著名的"沟通漏斗理论"。个人如果想要表达百分之一百的信息，那么在进行团队内部沟通的时候只能传递80%的信息。由于受到了沟通所处的环境、心理状态、沟通方式的影响，最终被接收到的信息只有60%。由于其他一些原因，等到最终落实的时候，往往已经降到了20%的水准。

（6）让孩子学会反驳。塞利格曼教授的一句话令人眼睛湿润："不要盲目地接受对自己的侮辱。"塞利格曼教授告诉我们，教孩子反驳的最主要原则就是"正确"：反驳必须根据事实，必须是可证实的。有效的反驳建立在四大基石之上：第一是搜集证据，第二是做出选择，第三是化解灾难，第四是发展反攻策略。[①]为此，教育者和受教育者的沟通应做到：

① 共情，即追求立场相同。教育者和学生双方在沟通时的立场是否一致直接影响着沟通的效果。教育者如果只是想批评，而学生如果只是想解决问题，两者之间的沟通难以达到目标。这时，你也许会发现，学生只会唯唯诺诺。

② 共进，即追求目标一致。父母与孩子可以互助成长。阿德勒认为："如果那些朝向常在目标的活动没有经过决定、持续、修正及引导，就不会有人去思考、盼望、梦想。"父母要对自己及家庭所经历的事情保持清醒，按照现实的本来面目去接受和应对它，而不去妄图控制或改变它。也就是说，我们在教养孩子的时候，要接纳他们的本真。父母的觉醒与改变是教育的真正开始。父母只有安顿好自己的身心，才能帮助孩子成长为一个健全的人。

③ 幽默，即营造和谐氛围。"幽默"是英文"Humor"的音译，最早由国学大师林语堂先生于1924年引入中国。一个人的幽默能力和其情商成正比关系。幽默，在积极家庭当中，是一种幸福和谐、促进家庭关系的添加剂。无论是在哪一种家庭当中，幽默对于家庭的建设作用明显，幽默表现出这个家庭有很科学的处事方式和良好的家庭关系。最上乘的幽默，自然是表示"心灵的光辉与智慧的丰富……"[②]各种风调之中，幽默最富于感情，是一种能激发人类某种情感的智慧，有利于积极融洽的家庭关系的建设，能积极协助家庭成员应对家庭所遇到的各种困难。幽默也在渲染和潜移默化地影响着家庭成员的观念。所以，幽默是积极家庭建设当中非常重要的一个因子，积极家庭的长辈尤其需要。特别是孩子在迷茫、困惑、失落、消极等情绪的笼罩之下时，幽默犹如一盏明灯。

---

① 马丁·塞利格曼，卡伦·莱维奇，莉萨.教出乐观的孩子（让孩子受用一生的幸福经典珍藏版）/塞利格曼幸福五部曲［M］.洪莉，译.北京：北京联合出版公司，2017.

② 林语堂.论读书，论幽默［M］.北京：当代世界出版社，2001.

④ 渐进，即注重进程有序。教育太着急似乎是家长和广大教育工作者的一个通病。孩子或者学生犯错了，家长和教育工作者都希望尽快地、很完满地把学生的问题给处理好。其实这样是不对的，因为孩子暴露出来的问题，有些可能是急性的，有一些可能是隐性的、长期的。对于这些隐性的、长期的问题，我们很难一下子把他教育好。而且，一线教师甚至是广大家长都应该很清楚，我们越着急，越想快速处理问题的时候，收到的效果不一定越好，或者说，朝着我们目标发展的期望值越来越低。另外，教育是一个过程，是一种循序渐进的过程。渐进是一种科学，也是一种艺术，这是对家长或者教育者包容性以及工作持续性的有效观察和思考。

⑤ 事例，即重视榜样示范。当你知道身边孩子的梦想和目标时，我们确实应该关注孩子的有关行动和意义，并且还要了解孩子所做的努力和准备。这其中，最好的方法就是，父母在同样追逐自己生活和事业时，尽自己所能采取的阶段方法及经验，即父母把自己的经历以故事的形式，成功地呈现在孩子的面前，用自己的经历和奋斗与孩子一起修正，影响和转变孩子的成长。

⑥ 效应，即重视相关效应。效应（Effect）是在有限的环境下，由一些因素和一些结果构成的一种因果现象，多用于对一种自然现象和社会现象的描述。效应一词的使用范围较广，并不一定指严格的科学定理、定律中的因果关系。例如，温室效应、蝴蝶效应、毛毛虫效应、音叉效应、木桶效应、完形崩溃效应等。教育者和学生沟通时不一定只是片面地追求单一事件的结果，而是追求沟通有可能产生的相关效应、从权威效应，期望效应，再到成果效应。

（7）离开手机，建立没有媒介的家庭关系。记得以前看过一部电影，讲述的是地球断电168个小时，故事的主人公一家人第一天的生活还好，第二天开始就体会到了没有电的难受。他们首先关心的不是生活问题，而是手机是否有电。故事中的儿子、女儿觉得没有了电，自己活不下去了，故事中的父亲也是如此。因为他们几乎是每天机不离手，极少沟通，冷漠到连儿子的生日都会忘记。没有了电力的一家人在逃亡路上逐渐学会了苦中作乐，重新寻回了家庭的温暖。一家人决定放下手机，与家人多点沟通。

换一个更可能出现的问题，那就是你的手机有一天突然不见了，怎么办？

手机的出现毕竟是有时代性的。对于老一辈的人而言，手机是新潮事物，对于年轻一辈的人来说，手机是生活中离不开的部分。有人说，现在的老一辈永远也不理解年轻一辈的所作所为，而小一辈永远不理解老一辈说的话。不同的年代和不同的社会经历本身就决定了差异性。时代的不同，构成了思想上的不同。尽管中学生因为手机而出现反叛、不能吃苦、沉迷电子产品、封闭等状态，却依然是社会生活的真实写照。

案例 23

我对手机的自白

爸爸妈妈一直很看重我的学习成绩。其实，我知道他们也是为我好，可是有时候我也需要一个属于自己的空间。我想有自己的学习时间，想有自己的休息时间，想有自己的娱乐时间。可是我的这些都是藏在心里，并没有和爸爸妈妈说，说出来怕他们生气，又说我"不好好学习，整天只顾着玩手机，玩手机能养活自己吗"？有时候这些说不出来的话，我可以用手机来跟他们说。爸爸妈妈，我们能否放下手机，面对面地谈一次，说不定能消除我们的隔阂。

有的人性格暴躁，因为手机问题，再加上父母的唠叨、刺激便受不了，对父母大吼大叫的；有的人把自己锁在房间里，更严重的可能夜不归宿，甚至离家出走。其实他们不知道，他们这么做都是在无形地伤害父母。也许他们没有感觉，那是因为他们还没有真正地长大，一直沉浸在所谓的"自我世界"里。他们不是不会沟通，只是沟通在他们心里所占的地位远远比不上手机，或者是因为手机而形成了一个不健康的"自我世界"。

手机成了家人之间沟通的一种障碍。有了手机之后，人们只顾在手机上自娱自乐，减少了与家人交流的时间，减少了不同年龄层之间的对话。那么没有了手机，我们如何与家长沟通呢？这里就涉及了共同话题这个方面，就像人的社交一样，没有共同话题，根本无法交流。因此只有寻找共同话题，才能打开青少年与家长之间沟通的渠道。问题在于家长与我们的关注点不同（表2）。

表2 沟通关注点

分项	角度	家长	孩子
1	支撑点	以过去，即过去自己和自己父辈的经历和做法为支撑，比较单一	既有自己父辈的经历，也参照同辈的做法，比较多样
2	关注点	复制以往的成功	努力突破家庭框架
3	着力点	成才—成功	自我—个人追求

积极家庭，一道成长

一、积极家庭刍议

家庭的形式千差万别，不同类型的家庭会对孩子产生截然不同的影响。在完整、和谐、充满爱的家庭环境中成长的孩子，会表现出良好的自尊、自爱、自控和自我效能感，会受同伴欢迎，会具有良好的自我评价，会乐观热情、身心健康、较少忧虑。

随着社会的发展，家庭会变得更加复杂和多元化，怎样建立正确的家庭价值观，如何有效发挥家庭环境的积极教育功能，是需要每一位家长直面、学习和深入思考的现实教育问题。

孩子的心理成长与家庭环境交互作用，父母要为孩子提供良好的生活和学习环境，根据孩子的不同天资，引导其制定不同的目标，激发孩子成长的内在动力，使孩子在快乐自由、温馨和睦、充满爱和包容、洋溢着书香氛围的家庭环境中，真切地感受、体验、吸收家庭的正能量，主动建构、创造和优化自我良好的心理环境，发展健全的人格。

费立鹏等人于1991年在美国心理学家MossR.H.编制的"家庭环境量表（FES）"的基础上修订改写成家庭环境量表中文版（FES－CV）。该量表含有10个分量表，分别评价10个不同的家庭社会和环境特征：

（1）亲密度，如家庭成员都总是互相给予最大的帮助和支持。

（2）情感表达，如家庭成员总是把自己的感情藏在心里，不向其他家庭成员透露。

（3）矛盾性，如家中经常吵架。

（4）独立性，如我们都非常鼓励家里人具有独立精神。

（5）成功性，如家庭成员无论做什么事情都是尽力而为的。

（6）知识性，如家庭成员常去图书馆。

（7）娱乐性，我们常看电影或体育比赛、外出郊游等。

（8）道德宗教观，如家庭成员都认为要死守道德教条去办事。

（9）组织性，如家中较大的活动都是经过仔细安排的。

（10）控制性，如我们家的生活规律或家规是不能改变的。

笔者分别选取三所不同层次普通高中与两所同类型的中职学校高一、高二和高三共540人进行"家庭环境量表问卷调查"，并对其中的（1）（2）（9）（10）四项进行细化及统计调查数据（表1）：

（1）亲密度，即家庭成员之间互相承诺、帮助和支持的程度。

① 您用比较多的时间陪伴孩子吗？（Y/N）

② 您觉得孩子跟您关系亲密吗？（Y/N）

③ 孩子经常跟您一起玩游戏吗？（Y/N）

（2）情感表达，即鼓励家庭成员公开活动，直接表达情感的程度。

① 孩子会经常找您聊天吗？（Y/N）

② 孩子会经常向您分享他（她）的快乐和成功吗？（Y/N）

③ 孩子会经常向您倾诉他（她）的烦恼和忧伤吗？（Y/N）

④ 孩子会向您询问心中的疑惑吗？孩子遇到困难会向您求助吗？（Y/N）

⑤ 您会经常鼓励夸奖赞赏孩子吗？（Y/N）

（3）组织性，即安排家庭活动和责任时有明确的组织和结构程度。

① 强调家长支配。

② 注重成员平等。

（4）控制性，即使用固定家规和程序来安排家庭生活的程度。

① 牢牢控制，家里只有一种声音，时刻存在权威。

② 一般控制，家庭重大事项由家长决定。

③ 相对自由，允许独立思考，凡事由家庭成员商讨而定。

表1　调查数据分析显示表

分项	基本结论	高低年级对比	学校类型对比
组织性	家长支配占80%	高年级的家庭家长支配比例低	职校家庭家长支配占比明显高于普高家庭

续表

分项	基本结论	高低年级对比	学校类型对比
控制性	57%的家长喜欢用命令	高年级家庭家长命令程度高	职校家庭家长命令程度高于普高家庭
亲密度	女生家庭得分高于男生家庭	高年级的家庭家长支配比例高	普高家庭占比明显高于职校家庭
情感表达	女生家庭善于表达情感	高年级的家庭比例低	职校家庭占比明显低于普高家庭

分析问卷调查数据得出：

（1）家庭成长环境主要由家长支配，又比较难融入孩子的合理需求。

（2）家庭要素既有固定成员、社会条件、家规等，又有家庭活动、社会影响等流动要素。这些要素无一例外，都在硬性或者柔性地影响学生。

（3）孩子的成长深受家庭影响，又明显地反映家庭的现状、幸福感及走向。

（4）阿德勒认为："发展中的困难都是由家庭中的敌意和合作精神所致。"无论是哪一个项目的问卷调查，都需要家庭、家长、孩子三体合一，形成真正的爱与自由。

家庭教育是全要素教育。家庭原来拥有和发生的一切因素，如时间、地点、人物事件、事情经过、文化积淀都能影响家庭教育的效果和走向。例如，在家里父母亲对自己工作岗位兴趣爱好的看法、参与度、期望值以及家长的努力付出，无一不影响着孩子的走向。又如，家庭成员的年龄、教育水平、婚姻状况、家庭结构、家庭经济状况、家庭不同的发展阶段也会影响家庭教育的发展。

（1）消极家庭，是指消极、不健康的生活情调和文化氛围笼罩的家庭。被动家庭，是一种自然成熟论家庭。在这类家庭中，父母对孩子往往是放任自流、概不过问的教养态度，其实质是一种忽略型家庭。孩子会因为得不到关心、得不到父爱与母爱而产生孤独感，逐渐形成富于攻击、冷酷、自我等不良品质，常常会有情绪不安、反复无常、容易触怒、对周围的事物漠不关心的心态。

（2）积极家庭成员亲密程度更高，家庭成员自由表达情感的程度更高，家庭成员成功性更高，家庭知识性更强，家庭冲突较少，彼此攻击和敌视的现象较少。这些家庭特征有利于培养孩子的学习积极性，提高学习效率，将对建设积极家庭有重要指引意义。

积极家庭在以下几个方面有不一样的表现：①主动引导孩子养成主动的良好习惯。叶圣陶先生说："什么是教育，简单一句话，就是要养成良好的习惯。"②家庭沟通中善用积极主动的语言。例如，面对孩子不理想的成绩时，"消极家庭"往往认为孩子太笨了，"被动家庭"认为没有什么所谓，"积极家庭"认为"事实是可以改变的"。③以正向思维面对孩子所有，即从孩子全面发展考虑，善于多角度关注和把握问题，善于挖掘孩子自身价值，善于肯定孩子获得的一点点小进步。④家庭成员普遍拥有乐观的心态。⑤家庭关注点是多，而不是一。家庭关注的不应只是金钱，孩子关注的不应只是学习；家庭关注的不应只是人，还要关注家庭的环境与发展。

（3）双职工家庭致力建设积极家庭的状况。身处在职场中的成人，也有人生的"三重困境"——工作的事情、家人的事情、自己的事情。成人也会伤心，自己喜欢的事做不了。成人也会烦心，工作的事不知应该如何处理。成人也会左右为难，难以抉择是优先处理家人的事情还是工作的事情。工作、家庭和个人很容易形成三个中心，但很难形成一个统一的中心。在复杂情形之下，不同的中心同时出现，会造成一定的负面影响和冲击。下面我们看一对父女之间的关系案例。

案例 24

足球与情绪

晚上7：30分，体育频道直播恒大足球队的比赛，孩子缠着爸爸辅导作业，爸爸生气了，责骂了孩子几句。事后，爸爸觉得自己做得不对，写下了道歉短信。

亲爱的××姐姐，我分析了一下原因，发现恒大足球队的输赢竟然和爸爸的情绪有着莫大的关系。恒大赢球时，我很开心，也会把开心的信息传递给你；恒大输球时，我心情就不好了，也会把不开心的信息传递给你。所以，今晚对你说了几句批评的话，请你原谅。整改的最好办法是，不以事忧，不以事卑，学会放松"喜欢"。这样既可以让自己喜欢足球，又不影响女儿或者家人。

今晚，爸爸同时要面对两个事务中心——看足球（喜欢之事）、辅导作业（家长之务），一下子没有科学处理好。不过，我也想对你说：①解决问题的办法有许多，灵活些；②做数学题时要有逆向思维，从问题出发，分清已知条件和未知条件，求出未知条件，然后再解决最终要解决的问题；③学会关注周围的人物事，关心他人；④和别人交流时，多尊重，多虚心，要给积极的信息，别发出各种"冷信息"。

爸爸认识到了自己的错误，同时也有改正错误的勇气。正如世界积极心理之父——马丁·塞利格曼博士所说"认识自己，接纳自己"，希望你也认识自己的错误，改正错误。

（4）隔代教育影响较大。在孩子健康成长道路上，一条隐秘的分界线越发切实可感，甚至可以把一个家庭划分为两大阵营。来自祖辈的经验方法是否适应现代孩子教育？在孩子成长过程中，父辈因为多年的社会实践及特定时期的文化观念熏陶，会注重从他们的成功经验和失败教训中思考，让孩子"模仿"甚至完全"照搬"家长的方法。

而孩子在自己的成长过程中，尽管离不开祖辈、父辈的"言传身教"，但孩子更信任自己的所见、所闻，特别是多元、开放、互动的"新时代"里那些来自四面八方、令人难以防备的各种资讯，其成长轨迹被多元化，其成功方法会多元化，其社会背景多元化。孩子与父母（祖辈）处在两个既延续又不完全一致的成长环境中，有时很难完全对接，很难真正平等交流。最终，拥有"生杀大权"一方的父母（祖辈）会强势处理。

在积极家庭中，孩子的家庭经历是很重要的。孩子随着求学进程的深入，在家的时间会越来越少，能参加家庭活动的机会也很少，学业也会越来越重。所以，很多家长都是在孩子回家前准备好一切，在孩子回到家后，又包办一切。孩子内心对家的印象从"家"转变为"酒店"，对家的感觉变淡。虽然说很多事不需要刻意去经历，但一个孩子对家绝对不能没有经历。

（5）积极家庭的本质是优秀的文化特质。积极家庭的文化氛围会表现在家庭关系之中，具体概括为"陪伴、包容、进取、幸福"。文化成为一个家庭较高素养和发展力的核心。时下的家庭结构大都是"祖辈—父辈—儿孙辈"。从"祖辈"到"儿孙辈"甚至更长远，文化，特别是家庭文化会有意或无意地进行一代又一代的传承，形成家训，形成族训。但无论以何种方式进行，我相信，积极家庭传承的文化，本质上都是"爱"，化为两点即"爱及一切"和"厌恶之事，不施于家人"。以基因为基础的血缘关系的力量在很多时候比不上爱的力量。

一位心理学家为了研究陌生人之间的信任互助心理，随机给很多陌生人寄出节日明信片。结果，大多数陌生人在收到明信片后，也寄回了节日明信片。这位名叫罗伯特·西奥迪尼（Robert Cialdini）在其著作《影响力》中写道："人有一种无心、自发式的互惠本能反应。"积极家庭的文化就是要以家长无私的"施惠"，唤醒孩子的对应"施惠"，如感恩、主动承担家务、积极参与家庭活动、主动关心家人。此时，爱成了积极家庭文化中的要义。

二、积极家庭的基本元素

随着我国社会主义现代化、中华民族伟大复兴的进程，中学生是"担当民族复兴大任的时代新人"，是"强国一代"，是重要的代群。家庭建设、家庭教育需要在新时代、新特点、新规划中确立定位，实现独特价值。

有位家长朋友给我分享了一个他的亲身经历，感谢他的分享！这个案例再普通不过了，可它带给我们的教育反思和教育成长却是那么的深沉！

案例 25

压抑人的氛围

周六下午快下班的时候，他的妻子打电话告诉他："女儿和同班一个同学到电影院看电影，你到电影院去接她一下。"

他赶到电影院的时候发现离电影结束还有几分钟。于是他就给女儿打电话告知上车的地点。他连续打了几通电话，女儿都没有接。他开始紧张，立刻给妻子打了个电话问清楚缘由，希望妻子联系那位同学的家长，然后由那位同学的家长联系一下自己的女儿，看看能否联系上。他又连续不断地给女儿打了几个电话，还是没人接。

他在转身瞬间发现自己女儿正跟她的同学很悠闲地喝着饮料，有说有笑地走进了一家学习用品店。他立刻从另一个方向兜过去，希望在她们俩的前头把她们拦下来问清楚缘由。

他见到女儿的瞬间脾气大爆发，大声质问女儿为什么打了这么多电话都不接。瞬间，原本很开心的两个小女孩变得沉默。

女儿只是很冷静地说了一句，因为她的电话手表是在同学的背包里，听不见。

他接着发问为什么女儿的电话手表会放在别人的包里面，自己不带着。

女儿说这跟同学购票有关系，当时需要电话联系，所以把电话手表给了她的同学。

"那既然你们都一起看电影，为什么你不第一时间把自己的手表拿回来，以方便和父母亲联系？"

（事后，女儿的同学偷偷跟她说："你爸爸好凶！"）

最不可思议的一幕出现了。回家路上，两位一起看电影的同学竟然没有一句交流。这时朋友很纳闷，一直待到他女儿的同学下了车，他才偷偷地问女儿："两个好朋友一起看了电影，按道理应该有很多共同的话题，为什么你们在车上一声不吭？"

这时，女儿才对他悻悻地说了一句："你今天那么凶，没有人敢吭声啦！再说，大人在旁边，我们一般都不会那么热烈地聊天了。"

苦心等候的他崩溃了。

家长用喊叫和威严来重新获得事件的掌控权不是真正的教育方法！

从这个案例中，我们看到了家庭教育的艺术问题，也看到建立积极家庭的重要性。如何建立积极的家庭呢？可以从以下几个方面着手：

（1）改变家庭关系结构。积极家庭的要素往往都是由人、自然元素、文化传统及家庭探索几个方面组成，包括家庭的类型、角色、关系、结构、格局、未来。家庭重视培养年轻人对生命价值的忠诚，令孩子从小得到足够的认同和爱，会让孩子们更自信，更容易坦然面对将来要碰到的委屈和挫折。

（2）"界定"孩子成长空间。家庭教育都秉持着"爱孩子，真正为孩子好"的原则。叔本华说："人的一切欲望的根源在于需要和缺乏。"在社会发展的帮助下，在原生家庭的"喂养"下，他们的主动性出问题了，积极性被破坏了。我们在物质富裕的年代里，必须鼓励中学生多上路、多探索，多向更高的层次追求。在爱孩子的同时，既要鼓励孩子树立自我意识，表达自我的观点，又要让孩子从小就有边界规则意识，承担起自己的决定、行为所带来的后果。从出生起就贯彻这一原则，孩子成人之后会自然而然地独立、自信、有担当。

（3）孩子在积极家庭中最基本要拥有四个健康要素：①关键问题的平等地位；②出现冲突后的独处场所；③成长过程中能共同参与的家庭活动；④多重向的健康家庭关系。要以宽仁和爱的家庭关系为支点，如当你的孩子犯错的时候，对他的批评应该恰如其分，要让孩子明白自己错在哪里；当你的孩子有了某种问题而需要改变时，不要把这些问题夸大成为一种永久性的问题。

三、家长和孩子在积极家庭中的角色

（1）家长在家时间与效能

问题1：家长带给家庭哪些积极的能量？

问题2：家长在家的时间有多少？

问题3：家长面对家庭成员的问题时一般是什么反应？

问题4：家长和孩子相处时爱玩手机吗？

（2）孩子在家时间与效能

问题1：你回家后和家人在一起的时间多吗？

问题2：你回家后对家人给你做的饭菜满意吗？有幸福享用吗？

问题3：你回家后，主动参加家庭活动还是被动参加家庭活动？

问题4：你的房间是绝对的私人空间吗？

无论家长还是孩子，在家的时间都是相对的，不可能是全部，也极少出现没有的情况。家长和孩子在家的时间和效能是培育和完善其在积极家庭中的角色作用的重要参考因素。

（3）家长在家的时间长短

家长在家的时间长短，直接决定了和孩子的亲密程度，同样也会影响家长与孩子的沟通效果。尽管现在人与人之间沟通有微信、电话、视频，但人与人的沟通是有气场的，是有眼神交流的，是可以捕捉微表情的，是有心灵呼应的，单靠言语的沟通很多时候是低效果的。最极端的情况是，如果家长长时间不在家，家长角色、家庭亲情、家庭教育将荡然无存。

住在中国上海的一个小学三年级的男孩，问整天工作且周末也不休息的爸

爸："爸爸，你一天能挣多少钱啊？"爸爸不在意地回答道："问这个干吗？一天也就能挣300块钱吧。"

一个月后的星期六早上，少年叫住了准备出门工作的爸爸。

"爸爸，等一下，我想雇佣你一天行不行？"

说着话，少年从口袋里掏出四张100元的纸币，放到了爸爸的手中。为了攒够这400元，这个月来，男孩省下了自己的午餐费，每天中午只吃两个包子。他把其中300元拿来雇佣爸爸，剩下的100元用来买公园门票和爸爸的盒饭。①

这是很久以前《北京新闻》上刊登的一则故事，读完之后我的胸口像是被什么堵住了一样。家长的陪伴是孩子多么渴望的教育过程！

家长在家庭当中充当什么角色，直接影响着积极家庭的建设。现代职场中的家长其实都相当不容易，角色很多，事务很多，承担的压力也很多。因此，家长在积极家庭的建设当中，首先要厘清几个问题：

第一，场所问题，即我们将要处于什么场所，是工作场所还是家庭之中。区分工作场所和家庭，是推进积极家庭建设的基础。因为在工作场所当中，家长可能是领导者，也可能是被领导者；可能已做完事务，也可能还有一些没做完的事；可能做得顺心，也有可能做得不顺心。以上各种职场中的情形所引发的情绪残余很容易被带进家庭当中，所以如果不区分我们下班回家之后的场所问题，很容易产生角色的混乱，从而影响到积极家庭的建设。

第二，以什么样的角色和身份回到家里。职场中的家长其实都可以在进家门之前缓一缓，深呼吸后明确地告诉自己，现在我回家了，回家之后我的角色应该是配偶，应该是家长，应该是孩子，是家庭事务的承担者，是家庭活动的参与者，是家庭喜怒哀乐的共享者。

第三，回到家的心态应该是怎样的。现代商业社会的生活是快节奏的、是紧张的、是有压力的。职场中的家长无一例外都会面对这些问题。如果在其家庭的建设过程当中，家长的追求是更高的，那么他们还承担着巨大的挑战压力。家庭其实不应该是这种快节奏的，不应该有工作压力。所以家长回到家之后，要注意把职场中的节奏压力尽可能地丢到一边，尝试用平和的心态、舒缓

---

① ［韩］金兰都.千万次摇摆，才能长大成人［M］.路冉，译.南宁：广西科学技术出版社，2013.

的节奏对待家中的一切人物事。

（4）孩子在家的权利义务，会影响孩子对家的认同，同样也会影响孩子对家庭教育的接受程度，毕竟家庭教育是有温度的，是需要感知的。孩子也是家庭的一员，这是一个很重要的观念，也是建设积极家庭的基本意识形态。它是在明示孩子作为家庭中的一员应该享有的权利和需要承担的义务。

这种观念，一方面父母需要树立。父母在树立起这种观念后，往往在以下三个事务方面发生根本变化：第一，决定权部分分享；第二，参与权部分增加；第三，合作机会显著提高。

这种观念，另一方面孩子需要树立。首先，孩子在树立起这种观念后，其在家庭中的地位会发生改变，不再是"小皇帝"，不再是"掌上明珠"，不再是"两耳不闻窗外事，一心只读圣贤书"的书呆子，而是变成家庭事务的承担者、家庭幸福的享受者。其次，孩子在正确认识权利与义务后，不再是单一权利型，也不会是权利先享型，更不会是蔑视义务型。最后，孩子在家庭认识方面不再坚持单一性，学会从原来的只重视自己的个人感受，转变为学会兼顾自己的个人感受和家人的感受，会换位思考了。

（5）家长要开始慢慢地退出"王"位或者"后"位。当孩子长大了，家长的领地开始减少，家长的控制范围在缩小。每个人都有机会成为孩子，成为父母，成为家长，站在现在的阶段，以后都是未来。关于如何做一名优秀的家长，托迪·史密斯在《摇摆空间》中说，"我们孩提时需要一个百依百顺的母亲，而成年后我们敬佩母亲的地方，却是她的倔强、不妥协，她不遗余力地从这个世界上挑出一点属于自己的生存空间，在这个世界上挑出一点属于自己的审美空间呢"。家长的掌控空间不在于"广"，而在于"精"，一个令孩子敬佩的空间就足够了。

（6）以健康追求的家庭活动为动力。在积极家庭活动中多倡导和设计"发展性亲子活动"，遵循"热身—互动—凝聚—解难—结束"的设计主线，不要太受限于形式和场所。父母要和孩子一起游戏，一起学习，发展共同的兴趣，和孩子共享经验和成果，增进父母和孩子之间的感情和相互了解。孩子不应该成为被告知者和旁观者，孩子应该是健康家庭活动的倡导者、组织者、参与者和感受的分享者。

（7）家长要在更多的方面成为孩子的朋友。用听，用关注，用建议甚至是让位，促成孩子的责任、担当和成长。父母要把孩子视为平等的人，尊重孩子的爱好，给他一定的自主决定与选择事情的权力，有些事情可以和孩子商量，征求孩子的意见。这种健康的家庭生活、和谐融洽的家庭气氛有助于儿童健康心理的形成和稳定。我们看一看李宗盛的歌曲《希望》是如何描绘我与孩子的：

养几个孩子是我人生的愿望／我喜欢她们围绕在我身旁／如果这纷乱的世界让我沮丧

我就去看看她们眼中的光芒／总有一天我会越来越忙／还好孩子总是给我希望

看着她们一天一天成长／我真的忍不住要把梦想对她讲／总在她们的身上

看到自己过去的模样／对自己对人生对未来的渴望／她们是未来的希望

但愿我能给她一个／最像天堂的地方／依稀记得她们出生时的模样

虽然她长得和我不是很像／如果能够陪着她们一起成长／生命里就算失去一些别的又怎样／只献给我家那两个可爱的姑娘／我生命里美好一切愿与她们分享

（8）在《我爸爸》之前，安东尼·布朗图画书里的父亲形象并不可亲。例如，《动物园》里作风强势、毫无同情心的爸爸，《大猩猩》里安静冷漠、忙于工作的爸爸，《朱家故事》里只知道享受不懂得体贴的爸爸。可是2000年出版的《我爸爸》却打破过去的模式，用孩子的口吻和眼光来描绘一位既强壮又温柔的爸爸。这位让孩子崇拜的爸爸不仅样样都在行，给孩子十足的安全感，还温暖得像太阳一样。安东尼·布朗的图画向来喜欢暗藏玄机借着隐藏的图像映射复杂的心理变化。

① 以研究者的姿态对待孩子发生的一切，实质上就是坚持科学研究三段论，即他为什么会这样？他这个问题或者行为有什么表现和影响？我们应该如何解决？教育的目的不是学会一堆知识，而是学会一种正确的教育思维，再由这种教育思维牵引教育可能。

② 以学习者的心态对待自己的希望和孩子的成长。哈佛三百多年唯一一位女校长德鲁·吉尔平·福斯特说："走出去了解整个世界是孩子们的必修课，当孩子看到的世界大了，才能更加宽容，才能更加坦荡。如果教育不教知识和技能，却能让人胜任任何学科和职业，这才是最成功的教育。"

③ 和孩子一起成长，孩子才能成长得更好！一个人生活的广度决定了他优秀的程度。但孩子的自身经历和学识，以及对社会、对生活、对自身的体

验、把握还不够，这是孩子现阶段的短板。这样的短板需要积极家庭的完善，需要家长充分利用自己及家人的优势，以家庭活动为载体，抱着分享、再学习的心态，和孩子们共同成长。

四、给家长的建议

中国的家庭教育出路在何方？李季教授主张："家庭教育要学会放手，让孩子成为生活的主角，即成长导向式家庭教育。"离开家庭生活谈家庭教育是难以实现的；离开家庭生活谈家庭教育是难以幸福的；家庭教育是无法复制的，让孩子成为生活的主角是家庭教育的主要任务。

（一）不断提高自身的心理素质

在孩子面前尽量控制好情绪，用自己的好情绪去感染孩子。叔本华在《人生的智慧》里说："我们的幸福取决于我们的愉快情绪，而愉快情绪又取决于我们身体的健康状况。"所以要幸福就要健康，要健康就需要培养孩子的生理健康、人格健康和文化健康。

（二）改变对待孩子的方式

家长的确是为孩子好，家长们可以增加与孩子的交流，并且学会去欣赏孩子。但是要注意说出来的话要让孩子们感受到，多鼓励少批评。

孩子起床到进入校门前，家庭表现急躁吗？

孩子回家的时候，你的第一句话会说什么？

孩子做作业做到了晚上九点半，仍然有作业没有做完，你会怎么说？

（1）家长在与孩子交流时，应该重视信息的收集和处理。当然，还有更重要的是，家长得注意交流时的顺序与层次：①观察和询问存在的问题与诉求。②交流中，感受对方的情绪，无论是积极的情绪还是消极的情绪。③听到一些疑点或者自相矛盾点，加强分析。④从解决问题的角度出发，给出可操作、持续的建议。

（2）以积极协调代替控制。美国著名的女性心理学家、心理治疗专家哈丽特·勒纳博士在其著作《关系之舞——既亲密又独立的相处艺术》中说道："处于不同家庭文化、家庭模式的人们，在看待和处理问题上，极具差异性。不过，我们千万别被困难吓倒了，要知道，差异正是我们学习和进步的机会。在碰到差异时，我们要明白差异并不是'问题'，关键在于我们对差异的反应。和缓、放松的情绪，有助于解决问题。"

（3）家庭也是发展的，这是一个不争的事实。社会的发展会推动个体家庭处于主动或者被动的发展变化之中。原生家庭会增长新的衍生家庭。这种衍生家庭主要体现在年轻人的家庭观念、家庭文化和家庭关系中。原生家庭中的守护和控制会受到衍生家庭的积极协调冲击，尤其是家庭关系的亲密程度。所谓亲密关系，就是在一份关系中，做最真实的自己，能彼此坦诚，彼此接纳对方各方面的差异。[1]

（三）自我习惯管理

当孩子在经历他们的人生时，父母要放下自己"我要你做什么"的控制欲，尊重孩子，理解孩子，体会他们的情绪、感受。此外，父母要鼓励孩子进行自我习惯管理：第一，重视行为导向和榜样示范。我们要在家庭教育的过程中，重视家长示范，改变说给他听的说教方式，要做给他看，持续地做给他看，强调高中学生家长的自我约束对孩子进行潜移默化的影响。第二，鼓励孩子生活中好的习惯，使其能够自然而然地坚持。

（四）乐观地批评、教育孩子

"积极心理学之父"马丁·塞利格曼在其"幸福五部曲"中的第四部《教出乐观的孩子——让孩子受用一生的幸福经典》中指出，"当你批评孩子或当着孩子的面批评自己时，必须十分谨慎，因为你在塑造孩子自责的解释风格，有两项规划你需要注意：第一项规划就是准确，第二项规划是应该以乐观的解释风格来批评孩子"。批评专指对缺点和错误提出意见。批评不是指责、不是抱怨、不是批判，反之亦然。批评不是贬义色彩的词语。家长对孩子的教育、批评往往带着焦虑、紧张、愤怒、沮丧、悲伤、痛苦等负性情绪，有时又称为负面情绪，把不积极的因素传递给孩子，会令到被批评者身体有不适感，甚至影响工作和生活的顺利进行，进而有可能引起身心的伤害。

（五）重视健康家风传承

一辈子做好一件事是坚守，几代人执着地做同一件事就是传承。传承是家

---

[1] ［美］哈丽特·勒纳（Harriet Lerner, PhD）.关系之舞——既亲密又独立的相处艺术［M］. 李成陈，陈谱顺，译.北京：机械工业出版社，2017.

庭理解世界的正确选择。传承是家庭有意地简化复杂乃至矛盾的家庭经历，让其变得简单明了没有故事，我们就没办法吸收那么多不同成分的信息。然而，换个角度看，只靠故事，我们也有可能陷入过度简化的图像中错失了现实而复杂的具体感受。[①]传承什么给下一代？相比财富，家风和本领技能这两样更为重要。注重家庭家教家风，不论深奥、浅显，本领不论高超、实用，都需要我们不忘初心，代代传承，并且一辈子去感悟、去践行。

（六）家长得有"和孩子一起成长"的勇气和愿景

在电影《银河补习班》中，电影的主人公说："天下的父母都会担心孩子被社会淘汰。对不起，爸爸也是第一次做爸爸。"家长的教育是一种喜忧参半的局面，是一个不断完善和进步的过程。因此，家长要有和孩子一起成长的勇气和愿景。例如，懒人教育——家长坐在沙发上，对着房间另一端的孩子叫喊是不尊重的，也不管用。你停下你正在做的事，站起来，走近孩子，看着他（她）的眼睛。你会注意到，当你做出尊重的努力，看着孩子的眼睛时，你说话会更温柔。其实我们在家庭教育，或者是学校教育的过程当中，特别要注意这种"隔空管理"。这种教育少了一点威严，少了一点爱的眼神交流。家长往往在做着自己喜欢的事，而孩子也有可能在做着自己喜欢做的事。一定的时间和空间距离很容易提高音量，产生负面效果。这是一种懒人教育，近乎呵斥，没有尊重，其实是无效教育。

（七）共同面对家庭成长不确定因素

不同人员所有的不同仅为表现，而其本质皆是相同的。就是说在家庭当中，家长的价值是相对家庭而言的。同样的道理，孩子的价值也是相对家庭而言。就本质而言，无论是家长还是孩子，其实都是在追求家庭幸福。从这个意义上来说，家长和孩子需要撇开年龄、能力、地位、收入情况，及在家庭成长过程当中所面对的不安全因素。例如，家庭事故、家庭疾病、家庭成员重大变故甚至是家庭失败，我们都可以把这样的问题以平常的心态在家庭成员之间进行有效的交流、沟通，以便让孩子在他的年龄阶段获得足够的现实认知，以责任促进成长。

---

① 杨照.故事效应创意与创价［M］.沈阳：辽宁教育出版社，2011.

父母的最佳应对之道就是给孩子丰富的生活体验，让孩子可以从不同生活领域得到应知应会的知识。父母可以在生活中实践智慧人生，鼓励孩子思考不同的情境，了解别人的观点，在面对人生挑战时找到生活的平衡点。孩子小的时候，要保护他，但孩子成长到十几、二十多岁时，如果父母仍一味地保护孩子，孩子固然可以不用吃苦受罪，但也因此失去了成长及学习人生智慧的机会。吃苦能让人更有同情心，也可以让人在自我及他人之间找到平衡点。吃苦会让人积极面对，努力"塑造环境"，重新评估自己，做好"自我调适"，或者改变人生计划及方向，做出正确、科学、可持续的"选择"。

（八）个人在校园中的不确定因素

人生历程中，幼儿园三年，小学六年，初中三年，高中三年，大学四年，前前后后总共有19年的时间是在校园当中度过的。校园中的不确定因素根据人的性格、爱好、特长、追求、发展能力的不同会有不同程度的延续性和破坏性。我们可以把校园中的不确定因素分成几类：一类是人际困境，二类是学业困难，三类是校园欺凌，四类是校园外侵蚀。以上四种校园不确定因素轻则影响孩子们的身心健康，重则危及生命安全，尤其是那些从小就有并且一直延续到校园的不安全行为，必须要引起家长的重视。

（九）共同降低工具的价值追求

教育究竟是要培养什么样的人？唯分数论往往认为高分高能可以高就。真正的教育应该是培养学生认同与适应社会，再到参与和融入社会，进而创新与推动社会发展的过程。也就是说，真正的教育应该在三个方面下功夫。

第一个方面，教会学生认同与适应社会。随着社会的飞速发展，认知水平和实践能力的不断提升，中学生更要认同社会的相关性，要认同这个社会的经济生态、环境生态、政治生态，要认同这个社会的主流价值观念，要认同这个社会的共同目标追求、生活健康智慧、性格、意志、公民表现和精神面貌。

第二个方面，教会学生参与和融入社会。经济的发展、社会的进步是在技术的推动下实现的。在这种大的社会发展前提之下，我们要培养学生适应这个社会就必须要以发展的眼光去推动学生在知识、技能素养思维、公民素质等方面的不断变化、发展，希望他们所获得的知识技能和素养能够不断地适应变化着的社会。特别是学生能够通过自身的劳动就业，更好地去融入这个社会，适应这个社会。

　　第三个方面，教育学生能够创新与推动社会发展。为什么要强调这个角度呢？因为学生才是一个国家、一个社会、一个民族的未来与希望。蒙田说："人的价值有一点很奇怪的事，万物都以其本身的品质来衡量，唯独人是例外。"一匹马，我们赞扬它的雄健灵活；一条猎狗，我们赞扬的是它的速度，而不是它的项圈。对于一个人，我们为什么不用他的品质去衡量他呢？学生成长的任务，既有幸福当下也有创造未来。

下

重视自省，
发展成才

教育，都忙着描绘学生的未来。殊不知，学生的当下，才是最重要的。因为当下是最真实的，因为当下才是未来的基础。

公民角色，公民担当

在第一章，我们努力了解中学生的当下点滴，以便全面认清中学生及中学生的生活及校园。在第二章，我们横向分析中学生的当下和其他成长因素的关系，着眼于此时、此处的中学生和成人世界之间的点滴。他们正在发生什么事？我们的言行、习惯给孩子带来了什么样的影响？我们又应该注意什么？如何做才能更科学？试图让当下最真实呈现。在第三章，分析各种可能，思考中学生的种种未来，以便更好地做好当下，把当下做成最好的未来基石。所以，我们在学生的未来方向上努力倡导以下方面。

一、身心健康、人格健全者

一方面，世界卫生组织于1999年提出了身心健康的新标准，即"五快"（机体健康）和"三良好"（精神健康）。"五快"具体指：吃得快、拉得快、走得快、说得快、睡得快。精神健康"三良好"是指：

（1）良好的个性人格，情绪稳定，性格温和，意志坚强，感情丰富，胸怀坦荡，豁达乐观。

（2）良好的处世能力，观察问题客观现实，具有较好的自控能力，能适应复杂的社会环境。

（3）良好的人际关系，助人为乐，与人为善，对人际关系充满热情。

另一方面，据联合国教科文组织最新公布的报告显示，健康人群中有80%的人存在心理疾病隐患，其中以青少年为最多。面对自身、学校、家庭的种种压力，很多青少年存在着不同程度的心理问题。

二、变与不变是未来的永恒主题

变的是生产，变的是技术，变的是创意，变者恒变，变就是最大的不变了。为此，当下的教育必须培养适应未来变化之人。我认为有三个关键的角度：

（1）应对。应对是一种态度，应对是一种格局，应对是一种能力。AI技术、5G技术、大数据和人工智能给人带来无限可能，也带来无限的冲击。古话说得好，"以不变应万变"，人是社会的主体，社会的高速发展既然由人带来，也应该由人去应对，所以，应对为首。

（2）完善。完善是一种积极的机制，是人类作为社会主体去适应社会发展而必须具有的自身完善系统，各行各业也是如此。例如，传统的教育正在被颠覆，就会催生出新的未来学校、未来教育、未来课程。

（3）创造，创造是一种美妙的能力。创造相对于中学生而言，是一种既近又远的能力，需要学生着眼于"远"的发展趋势，做好"近"的成长。

三、在新的环境中有成长能力者

未来，也是我们需要深刻反思的话题。教育亦逃脱不了。未来的教育是怎样的，这并不是我们要讨论的话题。我们想讨论的话题是："教育，为未来提供什么？"是守护，是延续，还是改变？"波浪式的前进，螺旋式的上升"是人类社会发展的必然趋势。教育，应该以发展为目标，以改变为常态，发展成长性思维。成长性思维是一种系统思维，是人为个体，融入不断变化的社会之中所需要的发展性思维。其最大的特点就是思维本身也是发展的，也就是说成长性思维有两个方面的成长。

1. 成长性思维主体是发展的

人成为具有"4C学习"能力之人，即批判性思考（critical thinking）、沟通（communication）、合作（collaboration）和创意（creativity）。[1]例如，面对"公正正义"的社会话题，如果单单就是想知道，通过"百度、维基、知乎、TED演讲甚至是各种免费课程"都可以了解，但教育学生要真正学好，需要把关注点放在

---

① ［以色列］尤瓦尔·赫拉利（Yuval Noah Harari）.今日简史——人类命运大议题［M］.林俊宏，译.北京：中信出版集团，2018：254.

"公平正义的社会基础及机制""公平正义的追求与维护""社会公平正义的环境创造"等方面。此时，教育就不是简单的资讯了解，而是深入的思考和创意。

2. 成长性思维本身并不僵化

鼓励学生获取成长性思维，其实质就是让学生改变"学习是任务""学习是学生在校读书的任务"的僵化思维，树立起"学习是人一生的生存发展的基本需求"的观念。学习这种需求应当成为人类吃、穿、住、用、行五个基本需求之后的第六大需求。成长性思维是人类终身成长的内在基因。

四、创造力和执行力高者

日本著名的管理学家、经济评论家大前研一指出，未来21世纪的人才，不是中国式的苦读书型的，也不是日本式的模仿匠人型的，而是北欧式的独立创新、集思广益、高适应力型的人才。北欧式人才的特点：

（1）创新性：独辟蹊径提出奇思妙想、一针见血发现问题本质。

（2）沟通力：设身处地理解他人的需求与痛点，以他人可以接受的方式传达信息。

（3）外语力：精通至少一门国际语言（如英语），并且不怯于和外国人沟通。

（4）多文化：能够对中国各地区和国外许多国家的生活方式、思维习惯、需求痛点有及时敏锐的把握。

五、乐于专一奉献者

这里有三个关键词：第一个是"乐"，乐意，愿意，表明积极性；第二个是"专一"，没有过硬的本领，没有过硬的技能，是难以做到专一的，专一更强调年轻人在未来发展中要爱岗敬业，重视在现有岗位的深入研究和学习，追求格物致知；第三个是"奉献"，这是一种积极的态度，是对他人的一种态度。"积极心理学之父"马丁·塞利格曼在《持续的幸福》这本书中提出："实现幸福人生应具有5个元素，即要有积极的情绪（positive emotion）、要投入（engagement）、要有良好的人际关系（relationships）、做的事要有意义和目的（meaning and purpose）、要有成就感（accomplishment）。"帮助人们获得更多是奉献者的内在要求。

生涯规划，科学成长

一、生涯之美

诸位在校，有两个问题应该自己问问，第一，到浙大来干什么？第二，将来毕业后要做什么样的人？

——竺可桢

在人生长河中，中学阶段是一个至关重要的转折点。在这个阶段，我们需要逐步对自己有一个清晰的认识，需要对自己未来的人生进行初步探索。一个懂自我、有方向的人，才会真正懂得如何去走好自己的路。

生涯，即个人所经历的多种角色，在所处的生活空间环境中，发生的预期以及非预期事件之总和。简单来说，生涯其实就是角色、环境和事件的总称。生涯规划的最终目标，是增加当事人的能力，使其成为生涯问题的有效解决者及决定者。德国诗人席勒在其作品《地球的分配》中描写道：

学生原本的面貌，一定是神的宠儿。

即使在大地上毫无作为，只凭那自由而高贵的憧憬，就足以与神同往。

学生们，请牢记自己的特权，请为这特权骄傲。你不会永远拥有这种权利，

因此请务必好好珍惜，走过学生时代，便不会再有，错过后便永不再来。

《交大生存手册》卷首描述："我觉得最不迷茫的时期，是还在读高中的时候。关于生涯，如果说谁觉得自己挺迷茫的，那真的是装的，就像在假装45度抬头望见那明媚的忧伤一样。尤其是在高中生涯接近结束的时候，没有人是真正迷茫的，只有人恐惧未来的到来。"

在10年前，你能预料到今天你的生活吗？如果你在10年前就已经预见到今天的日子，我不知道这是你"准确的生涯规划"，还是"一成不变的失败"？

十六七岁的你和一大群同伴在"三点一线"的校园空间中朝着一个方向努力，并且感受到收获了，且不管你的努力与付出和你的目标是否一致，毕竟你还有一个可能的希望。

但目标与人生规划并不相等。有目标的人生并不一定是最好的，因为目标是你要努力的方向，是你想要的东西。而人生规划，既包括你的人生目标，包括人生的努力，还包括人生的科学认识和科学步骤，侧重你会如何科学实现人生目标。

一份职业，除了会给我们提供收入外，还会带给我们成就感、价值感、归属感等。拥有一份适合自己的工作，是十分幸福的事。"未来的我是怎样的？身边有哪些朋友？有什么引以为傲的？"同学们都会有自己的时光机，你可以逐步见到每个阶段的自己。每个人在对自己的未来进行畅想的时候都会发现，生活中对自己真正重要的是什么。不同的生涯角色，分别会在不同的时期上演属于特定时期的故事。愿你们带着对自我的疑问和对未来的憧憬，心有规划，行有担当，最终成就自己喜欢的样子。

哈佛大学曾经对有着相似状况的一批人做过一个跟踪调查，当时有27％的人没有目标，不知道自己想要什么；60％的人目标模糊；10％的人有清晰而短期的目标；只有3％的人有清晰而长远的目标，知道自己想成为一个什么样的人。25年后，那3％的人成为行业的顶尖人士；那10％的人生活也越来越好；那60％的人能够安稳工作，但没什么特别的成就；那27％的人几乎都生活在社会底层。这个例子告诉我们，一个人有没有生涯规划，其人生是大不相同的。希望你们都是有生涯规划的人。

二、生涯缺失

（一）规划缺失

规划缺失是中学生的普遍现象。我在深圳市前海生涯学习《国际生涯规划师》相关课程时，一位现在在深圳工作的朋友给我说了一下他对生涯的感受：

案例 26

回望生涯规划

我在重庆大学读书，虽然是985大学，但是我的经历使我感觉大学不过尔尔。如果说大学是踏入社会前的试炼，那么高中就是形成人生观、判断力、兴趣爱好、交友方式等"软实力"最为关键的地方。很多高中生进入大学时候的问题，都是由于中学时候家长和学校过分重视应试而忽略自身"软实力"重要性导致的。中学时候生涯规划缺失，大学老师与行政人员又不主动引导学生进行人生探索和职业规划，造成了很多大学生进入大学面对课业压力和茫然生活时陷入了迷惘的眩晕。

（二）目标错位

在生涯规划里，目标错位是一种常态。这其实就是生涯不匹配的问题。举例来说，如果你不会游泳，给你换一个游泳池就能解决问题吗？目标错位容易对中学生产生很大的前途迷惑性。目标错位的表现有：

（1）错误认为自己的努力是为了他人。

（2）成才的过程是每个人都能获得的。

（3）看见别人做什么自己也跟风去做什么。

（4）能力与目标严重不符。

（三）目标模糊

爱尔兰网络心理学家玛丽·艾肯接受外界采访时曾如是描绘这个时代：人们需要把自我价值认同外包出去，需要别人点赞，自己才开心，如果没有那么多赞，他们就觉得"啊，我完蛋了""我头发不好看""化妆不行"，而觉得"我不够吸引人"，接着开始怀疑自己，怀疑人生。印度裔加拿大诗人露比·考尔说："我们生来都是如此美丽，最大的悲剧就是，慢慢听信别人说我们不是。"人生目标因为外界的主观言行发生本质性的改变，成了一个人生的钟摆，一个模糊不清的目标。

（四）目标乏力

总觉得自己很累，总觉得自己付出很多了，总认为自己就是世界，总认为自己已经是先知了，总觉得自己其实可以承担很多。那么，现在再请你想一想，10年后，你会在哪儿？成为怎样的人？过怎样的日子？如果你还是一头雾水，没有大致的方向，那么，你的一生也就这样了。人生，是从父母那里"开场"，但是结局取决于自己！10年匆匆而过，何人相伴，灯火阑珊？

 案例 27

空洞的我

老师，您说手机一直在振动，是因为我在回复别人消息，他们也需要时间来看和回答的。手机被收之后，我也不确定发消息给我的是不是我爸，毕竟，我也看不到。

我带手机，最主要就是星期六可以叫滴滴回家。家人不方便送，就只能自己回去。要是问我为什么不坐公交，我的回答就是太久了，没这个耐心。夏天等，热死；冬天等，冷死，都不如轿车舒服。手机卡是我爸帮我开的，所以我未满18岁也能叫车。还有，就是用手机煲剧，和别人聊天，听歌打发时间，无聊的自己得有事干。

对我来说，教科书太乏味了，就是很认真看也看不懂，可能是方法有误，或者是太久没有认真听课了。一个不想读书的人，不管带不带手机都不会去读。一个想读书的人，不管带不带手机都影响不到他读书。

我想过的人生很简单，就是平平淡淡，没有什么远大的追求，只想做自己喜欢做的事情。家人也有叫我好好读书，可是我自己最清楚我自身是怎样一个状态。我自认为我不是个读书的料。家长常说读书有前途，可是读了书就一定能找到好工作吗？我觉得并不一定。毕竟现在竞争那么大，大学生也是一把一把的。

接下来一年多的时间尽力读吧！我不能保证以后的成绩肯定很好，可是，我尽力了，所以结果是好还是坏都无所谓。可能你会说我这样算努力吗？我觉得还不算，只是我可以保证下学期开始我会用尽全力，能考好点就好点，其他的我也不想说。

（五）目标口头化

中国青年报社社会调查中心联合对1830名受访青年进行的一项调查显示，66.1%的受访青年坦言自己是"口头积极者"，78.1%的受访青年表示周围"口头积极者"多，其中21.7%的人直言非常多，男性受访青年中的"口头积极者"（68.1%）比女性（63.2%）更多。

（六）目标中断

人都是情绪动物，人都是利益动物，人都是社会关系中的人。情绪、利益、社会关系都可能会令你在人生发展过程中出现目标中断的情况。我们的学生大都会碰上这种情况：情绪低落时、人际关系有冲突时、遭受到挫折时，会什么都不想做，原本设定的目标会发生动摇，并且为了这个目标而付出的行动也会戛然而止。

 案例 28

希望在哪里

高考备战已过四个月，我们经历四次考试，但成绩始终没有给我一个很好的回应。黑板上的倒计时数字越来越小，从开学的312天到现在的182天，时间在不断地流逝，而我却还在原地优哉游哉地前进着。看着别人起早贪黑、争分夺秒、跑步前进时，对比自己，别是一般滋味在心头。

我尝试着去改变现状，但是我发现我犹如在一个永无止境的圆圈中不停地旋转。"时间不够用，昨天背的东西今天就忘了，一翻开书发现全是重点，永远找不到主线，每次看书时都觉得自己没读过书似的""语文要背，英语要背，政治、历史、地理都要背""写数学时发现自己是外星人"……这一大串问题每天都在我脑子里，时时困扰着我。

焦虑、烦闷时时发生；试卷、题目无时不有；高考路上，满是荆棘，道阻且长；求知路上，路途漫漫，永无止境。

（七）目标重塑

对学生而言，自身对所学的东西并不是一下子就能感受到的，不是今天或明天就能看到，而要经过很长时间才能见分晓。有时，中学生也不清楚今天所学和自己的未来之间是否是正相关关系。生涯规划越早，目标意识越强，学习内动力越强。归根结底，学生一旦清楚自己的前途在何方，其学习内驱力会源源不断，我们看一个学生的例子：

案例 29

生涯规划之光

一位女生，中考只是考取了市里一所二流的普通高中。她成绩处于中间偏后位置，周边的同学并没有给她太多的积极引导，周围同学不够努力的氛围，曾经令她一度迷茫。后来，她在朋友的带动下，接触了传媒的相关活动，发现自己的表演很不错，于是在和父母、老师沟通后，毅然选择了传媒专业的学习。在她看来，传媒和文化课可以互补。在学传媒过程中会接触到大量的新闻，这些都可以成为写作文时的素材，在点评新闻的过程中锻炼思维能力，对语文写作有一定的帮助。方向一经确定，她的学习劲头更足了。

我们目前的教育是为找工作做准备的，职业定向性很强，选择错了再去修改成本会很高。实际上现在发达国家一个人一生换工作平均是16次，所以任何一致性教育都很难满足一个人一生的需求。许多公司和招聘人员表示，应聘者具有跨越学科领域的技能或"软技能"比应聘者的学业成绩或相关工作经验要重要得多。目标重塑就是希望自己对人生进行新的规划，通过新的教育，让自己获得成功智力、系统智慧、高尚德性和丰富情感，这包括创造力、表达力、批判力和合作力等。

三、生涯规划

梭罗在《种子的信仰》中写道："我不相信/没有种子/植物也能发芽/我心中有种对种子的信仰/让我相信你有一颗种子/我等待着奇迹。"做好生涯规划，如同在孩子的心田种下一颗种子。16岁到18岁，是人生怎样的一个阶段？意味着什么？种子孕育生机，包含可能。在这个阶段中，家长应该做好哪些准备工作？这是值得我们深思的地方。16到18岁正处于高中阶段，学生的主要任务是什么？学生的主要任务是唯一的吗？如果不是唯一的，我们有鼓励学生全面发展吗？

1953年，舒伯在《美国心理学家》上发表文章，首次提出"生涯"概念。他的生涯发展理论提出职业发展有五个阶段，分别是成长阶段、探索阶段、建立阶段、维持阶段、衰退阶段，中学生处于探索阶段早期。舒伯的生涯发展理论指出："16到18岁，他的人生角色又有哪些？除了作为学习者出现之外，他（她）应该承担怎样的角色？"这些问题值得我们深思。

人生需规划，有目标、有方向，才有动力。方向很大程度上绝不仅仅是方向，还会成为强大的动力和不知疲倦的追求。学习不是盲目的，考大学不是盲目的，都必须与孩子今后人生发展方向保持一致。在这个过程中，家长和孩子需要紧密合作，确保人生规划与人生追求的高度一致性。

 案例 30

重新选择

昨晚，高中毕业已七八年的一位学生回来找我聊天！她刚换工作。

我轻轻地问她："为什么换工作？难道是之前的工作工资太低？"

她告诉我，老板对她很好，给她的工资并不低，而且工作比较轻松。

我挺好奇的，为什么这么好的工作还要换。她接下来的两句话令我精神为之一振。

"原来的工作太安逸，如果一直下去，我的人生是否太没价值了？"

"老师，我之所以又做回原来的工作，是因为我发现，我除了这个职业外，好像什么都不懂了！"

当时，我半开玩笑地说："你这么年轻就和社会脱节啦？"

这位学生在微信朋友圈说道："高中毕业12年了，每年回母校至少一两次似乎已成为习惯。更重要的是那里有位亦师亦友的老师。熟悉的灯、熟悉的教室、熟悉的声音、有趣的交谈，我很喜欢。"和这位学生的聊天令我拥有了一个温暖的晚修，拥有了一个温暖的教育人生回忆片段。当然，我也在反思："年轻人的人生究竟是需要稳定的工作，还是不断地调整？有更好的选择吗？"

（一）做称职之事

出生于匈牙利，与塞利格曼共同创立积极心理学的芝加哥大学心理学家希斯赞特米哈伊（Mihalyi Csikszentmihalyi）称："很多人全心全意地沉浸在一份极具挑战性、与自己能力相当的工作中，令人沉醉，即人们所说的'境界之内'，这是一种心流体验。"①所以，不论你是选择稳定，还是选择不断地调整，都需要你做与自己称职之事。学生最乐意做自己喜欢之事，孩子最能做好自己称职之事。

（二）关键能力的建设

生涯规划有四项基本要素，即能力素养、心理素质、职业规划和全面发展追求。其实，这是人自身内部环境的完善。2006年美国佛罗里达州立大学心理学教授安德斯·埃里克森和同事们撰写了一本《天才训练手册》，认为天才是可以靠后天训练出来的。2008年畅销书作家马尔科姆·格拉德威尔援引埃里克森的理论在他撰写的畅销书《异类》中指出："人们眼中的天才之所以卓越非凡，并非天资超人一等，而是付出了持续不断的努力，经过1万小时的锤炼，任何人都可能从平凡变成超凡。"你们还记得能力三角形吗？提升能力，第一要不断丰富自己的专业理论知识。它就像地基，越夯实，高楼就会建得越高。第二要不断练习，可在工作岗位上练，可走向社会练。第三要不断提升职业素养。一个人能走多远，取决于这个因素。下面我举个职业素养的例子：一个员工，有一天迟到了，被扣了钱，他非常不满，因为那天路上出了交通事故，他把迟到完全归于外部原因。同样也有一个员工，也发生了这样的事情，但他想如果我早点出门就不会迟到，所以决定从明天起，早出门15分钟。第一个员工把问题归结于外部因素，不去找自己的问题，更没有提出解决迟到问题的方案。而第二个员工则相反。可以设想，第一个员工今后十有八九还会迟到，而第二个员工基本不会。

我们很难控制和改变外部环境，但我们可以控制和改变自己。适应不能改变的，改变可以改变的，这是生涯规划非常重要的一个原则。

（三）着眼于未来的当下培养

大文豪托尔斯泰讲过：幸福的家庭都是相似的，不幸的家庭各有各的不幸。成功的人都是相似的，不成功的人各有各的不同。不成功有多种原因，其中一个重要原因就是没有生涯规划。例如，不知道自己想要什么，不能客观地

---

① ［美］乔纳森·海特.象与骑象人幸福的假设［M］.李静瑶，译.杭州：浙江人民出版社，2012：110.

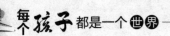

认识自己，没有可行有效的行动力等。一个人懂不懂得生涯规划，其人生轨迹是不同的。我深信，如果学会生涯规划，今后的人生将会更加精彩。所以，我们要引导学生做好学历丰富、兴趣多元、能力叠加。

表1　基于"生涯规划中的MBTI"的职业自我认识表

内心的职业梦 （倒序进行）	1
	2
	3
	4
	5
自我评估能力	能力1
	能力2
	能力3
我的需求层次	根据马斯洛需求层次理论分析
我的目标清单	我的人生目标：
	我高中阶段的人生目标：
	我在高中已实现的人生目标：
	我在高中还没有实现的人生目标：
我的行动计划	行动1
	行动2
	行动3
	行动4
	行动5

充足准备，走向未来

一、积极消除学习倦怠

（一）刺激学生的东西变了

很多人说20世纪80年代是最好的年代。20世纪80年代的学生有理想、有抱负，生机勃勃，为建设祖国而努力学习。2019年9月16日，旅行短租平台爱彼迎（Airbnb）发布了《2019千禧一代旅行者洞察报告》。其中显示，和上几代人相比，千禧一代（1982—2000年出生）的人生目标优先顺序发生了变化，环游世界（57%）已经高于购置房产（49%）成为他们最希望实现的愿望。

日本作家大前研一在其著作《低欲望社会》中指出："总结日本年轻人生活的'穷充'现象，大多数年轻人在日本贫穷而又充实，每天大概只需要花费1000日元就可以满足一天的生活需求，对物质生活的质量要求不高。大量年轻人通过游戏、手办、漫画来充实自己每天的生活，似乎也过得不错。"

新鲜感和成就感是标记这个时代最好的标签。引起学生最大兴趣的是校园生活中的新鲜事物和点点的成就感。世界正处于大发展、大变革、大调整时期，新一轮科技革命和产业变革蓄势待发，改革创新潮流奔腾向前，人工智能等新产业、新技术、新业态层出不穷，碎片化、不规则化资讯正不断充斥人类的生活空间。新奇性事物不断地挑战人类的认知能力和适应能力，多元化的文化和生活方式的选择则不断搅乱人类的判断能力。

（二）学习倦怠初探

学习倦怠（student burnout）的概念来自职业倦怠（job burnout）的研究，目前并没有形成一个一致的概念。国外学者多引用Freuberger和Maslach的成果，借鉴其在"职业倦怠"中下的定义，学习倦怠是指学生对学校课程学业持负面态度的一种现象，并且伴有以下行为表现：对所学课业和学校活动热忱消失，呈现一种消极状态，对同学、朋友态度冷漠和疏远。其产生原因是因为较长时间来自学校课程等方面的压力。

【学生素材27】

学习倦怠是如何产生的

学生甲：学习倦怠是如何产生的呢？这个问题就与学习兴趣是如何产生的问题紧密联系在一起。关于学习倦怠，我认为要与兴趣挂钩。很显然，我认为学习倦怠是由于学习兴趣丧失引发的。在我的学习生活中，我的观念就是四个字"兴趣使然"。如果没有兴趣，只会产生倦怠，反之。如果我对某一事物有强烈的兴趣，那必然不会产生倦怠。

学生丙：在很长的学习时间中，有一段时间是学习倦怠期。那段时间会让我们失去学习的动力，失去对学习的热情，对学习任务产生倦怠。那段时间是学习效率最低的时候，如果持续时间短，那倒还没有什么，因为这是一定会存在的一个时期，不可避免，同时也能使我们的头脑放松，休息一段时间。但是持续时间长的话，那我们的学习就会受到较大影响，要引起注意。

"我还觉得我不够条件""我还没有准备好""我还要再想一想"……这些话很多时候是学生在拖延的表现，是学生执行力不够的表现。拖延不是偷懒，更多的是一种心理障碍：总是以为自己做不来，总想再准备，总想再等等，总是认为会有一次做成的时机，于是拖延开始了。拖延，绝不仅仅是浪费时间，它其实是在消耗学生本就不多的"执行力"，是会增加成功的成本的。

许多人都会憧憬，并期待遥远未来。未来是一个既远且近的词语。有人梦想当作家，于家中一方天地描绘一个个文字的世界；有人梦想当警察，惩恶扬善。支撑未来的因素有理想、有信念、有精神，既有未来世界的梦，当然也有现实世界的物。

【学生素材28】

支撑我的未来的，却是一股倔强

我不像别人一样高尚，以一颗济世救贫之心，想当个慈善家，也不像别人一样想保家卫国做名军人。支撑我的未来的，却是一股倔强。

何为是倔？说个故事，以前我声音难听，人称鸭嗓。我喜欢朗诵，可是却因先天原因，苦于无法展现自己。于是我苦练朗诵情感、节奏，争取抑扬顿挫，感情饱满。老师却说："一会儿家长会诵读课文时，你不要举手，你的声音条件……"老师又说："语文成绩全班第一名的同学可以上台朗诵《萤火虫找妈妈》这篇文章。"我挑灯阅读，发了疯一般，一遍又一遍地温习知识内容。幸不辱命，全年级第一。

我坐在了台下观众席位，也不知为何老师没叫我排练。我满心期待，一会儿主持老师叫我名字那一刻，我可以从下面走上前方的舞台。我向后一看，爸爸妈妈都传来激励的眼神。我低头重新整理红领巾，又理理头发。

"下面，是五年级一班带来的节目《萤火虫找妈妈》。"场上多了个人影，距离太远，我没看清人，只听得一句句清澈动听的女童声音萦绕大堂："大家好，我是501班的刘晓海……"我的眼泪唰的一下就流下来了，委屈、愤怒涌上心头。舞台上是老师最喜欢的学生，成绩好，声音好听，她在朗诵着我一遍遍练习的文章。

那天以后，我上课再也没读过课文。直到初一，我变声期过了，又加上我会伪音，对声音和情感张力表现控制得越发熟练。我的声音可以上舞台了。未来，我要控制声音，我要站上舞台。

小时候的决心和倔强，改变了我人生的轨迹，支撑了我的未来。所以，我们不要高估一时的努力，同样也不要放弃长时间坚持的效果。

有时，我内心会有种想法，我们看着熙熙攘攘过往的人群，究竟是喜欢看着陌生的人来来往往，还是希望在来来往往的人群当中看到那么一两个熟悉的身影？这是一种心态！这是一种期盼！看待学生的学习倦怠，不也如此吗？

（三）学生如何解决学习倦怠

如何在校园中，通过适当的方式、方法保持长期的学习热情，消除学习倦怠？我认为这个问题是对"学习倦怠是如何产生的？"和"学习兴趣是如何产生的？"这两个问题的拓展解读。

【学生素材29】

学生解决学习倦怠的方法

学生树清：首先，我认为应该先培养好自己的竞争意识。其次，培养兴趣也是很重要的一步。再者，我们还可以适当地与他人做出协商，用学习来获取回报。简单地说就是你和父母沟通好，你考得好，他们就奖励你。最后，我认为学习终究只是自己得到的最有价值的知识，并不是书本上的知识。

学生远娜：我常会做的就是心理调节。例如，如果我好好努力考个好的传媒大学，几个广告编排就能赚5万元钱。不管什么时候，金钱的诱惑总归是大的。还有就是转移注意力。例如，我与朋友闹矛盾了，觉得自己好孤单，我就会做一些有益的事情来填补难过。

学生乙乙：青春是用来拼命的，而不是用来挥霍的。如今你吃的苦、受的累，生活将会以甜的方式回馈你。所以最好的办法就是转移注意力，把自己对学习的倦怠感转移到别的事物上，专注于学习。所以我们可以从难度较小、较容易完成的学习任务入手，还可以做些运动，让自己的大脑得到一定程度的放松，保持兴奋。

学生冰冰：倦怠产生的根本原因是不够喜欢这件事物本身，所以会产生一种厌恶、消极的情绪，以至于之后再进行接触都会有一种无力感。当然，这种感觉的产生肯定不仅仅是取决于个人学习倦怠感的积累程度，也和学生在学校的人际关系、生活状态和自身意识有关。

二、散漫

最可怕的是，你一生碌碌无为，还说平凡难能可贵。知足确实能常乐，但是如果你明明可以做到100分，却在为80分庆祝，这就是一种退步。人的底线只要往下退一次，就会有一次又一次的不断后退，直到有一天，你会觉得20分也是很不错的。所以，当你不知道如何选择会更好的时候，不妨问问自己，你真的满足了吗？正如熊培云先生所说："你不可以决定黑夜和黎明什么时候到来，但可以决定你自己几点起床，然后决定自己抄多少单词。"

（一）学生自己话散漫
【学生素材30】

我的生活满是散漫

学生甲：在我的定义里，散漫有两层意思，一层就是懒惰，一层就是做事拖拉。我是两者都有的那种。我起床特别拖拉，从5点55分的闹钟到6点15分的闹钟，响一个我关一个，就是不起床，可以说是没有自制力，但更主要的是懒惰，因为懒得起床，所以总是迟到。

学生乙：因为这个坏毛病，我总是要在第二天利用课堂时间才能把作业补完上交。也因为这样，对于课堂上老师所讲的许多重点，我要么就是听了就忘，要么就是压根没听到，所以成绩一直不稳定，没有进步。

在生活中，散漫使我的生活质量越来越低。周末有时明明7点多就醒了，却一直赖在床上，举着手机，不肯起床。于是便经常赖到中午才刷牙洗脸，把早餐当午餐吃，结果刚一吃完又感觉到困，睡醒午觉起来，已经大约是下午两点多了。

学生丙：人天生就带有不同的本性，就如古代孟子和荀子分别指出的性善论和性恶论。我便支持荀子所说的性恶论。人生下来真的有很多不好的习惯，散漫正是其中之一。养成一个好习惯，需三周；形成一个坏习惯，只需三天；可是改变一个坏习惯，是一个漫长而痛苦的过程。

（二）对散漫的分析

思维散漫，也叫认知散漫。认知散漫主要来自获取认知的态度散漫。为什么中学生在获取认知的态度上面会比较散漫？那是因为我们过早地让孩子知道生活的"知识点"而忽视了孩子的"体验点"。父母过早让孩子脱去天性，很容易让孩子有了被包办的感觉。只有孩子对周围事物产生兴趣，具备主人翁意识时，其自信和积极才会产生。

认知散漫第二个表现，孩子认为散漫只是个人的事，没有很多影响。散漫既有学习的，也有生活的，也有纪律的，其实还有对公众的，特别在一个相对稳定的集体环境里，如一个班级、一个宿舍，散漫往往带来很多对他人的负面影响和暗示，最后也是对自己所处环境的不负责。

认知散漫第三个表现，在于目标的错乱。芬兰的教育大力地去竞争化，日本的教育却大力塑造集体主义，中国的教育也在努力地标准化学生。这些都是在目标上有不同的倾斜。芬兰选择重视思维目标，日本选择重视能力目标，中国重视选择知识目标。认知散漫在于学生没有真正弄明白"我是为谁？"这个问题，为社会，太远了；为家庭，好着呢；为自己，还是得过且过吧！如果用一个三角形来形容三个目标的关系，我认为，三角形底端的两个点是家庭目标和社会目标，顶点是个人的能力目标。

（三）改进散漫的良好做法

江山易改，本性难移。散漫就像是一缕无色的烟，悄然进入你的大脑，侵占你的思想，将你困住。你只有依靠自己才可以打败它，不让它占据你的意识。散漫确实可以改变。

首先是对生活的追求。孩子，生活就在你，你就是你的生活，怎么生活取决于自己的生活态度。人都这样，刚开始时拥有一些激情战火，那是一种满是灵感与精力的学习。但不可能一直以这种高效率的战斗状态去学个一年半载。态度简单分成三种：学习态度、生活态度和工作态度。所以，人应该要积极改变态度。那怎样才能长时间地保持积极态度？在学习的时候，改正自己对学习的态度；在玩的时候，树立积极的玩耍态度；在工作的时候，遵从积极乐观的态度。有时，态度就是你的全部。

其次是实践。散漫的实践带来的只有"主观不见之于客观的结果"。都说时间是金钱，散漫侵占大量时间。生活不止眼前的苟且，还有诗和远方。人生一定有挫折，眺望远方，不再只顾眼前，执着走向远方。努力不再无用，也不一定有用。但因为你执着远方，才会变得更加精彩。散漫的你，需要你重新标注对手，标注你的人生高度。对手越强大，就越能激发生命潜能和小宇宙。你不想被碾压，就得学会跨越散漫。

最后是学习态度。散漫地学习带来的负面影响，不仅体现在成绩上，更体现在习惯和态度上。拒绝散漫，向自己的目标迈进，有自己的规划，保持良好的心态。相信你不会麻木，你会有感、有事、有心。只有执着去学习，才能在未来感到轻松。

【学生素材31】

用坚持克服散漫

人们都说未来遥遥无期，可我觉得时光就如白驹过隙。成年的日子渐渐逼近，不由地对未来感到有所期待。每个人都在为未来而努力奋斗。屠呦呦就是有着追求的人。55年里，除了参加为期两年半的中医班，她几乎没有长时间离开过东直门附近的那座小楼。她是为了自己的梦而努力追求的人。正是因为她有着这般的努力精神，才拥有了一个不一样的未来。或许，她曾失败过很多次；或许，她也曾因为失败而沮丧过很多次；或许，她曾想过放弃，可她最终还是坚持下来了，并且获得了诺贝尔奖。

人生不就是如此吗？我曾经也有过散漫，也曾因为某次考试成绩不理想而堕落。但这并不能成为我们成长路上的绊脚石。或许我们可以为了自己的未来而拼一把。不要害怕失败，不要害怕嘲笑，女排精神不就是如此吗？有时候她们知道，可能不会赢，但也会竭尽全力。一路虽走得摇摇晃晃，但站起来抖抖身上的尘土，态度依旧坚定。生命过程，无论是阳春白雪，还是青菜豆腐，你们都得尝尝是什么滋味，才不枉走这么一趟。

毅力，是为爱撑起一片蓝天。奋斗，是为爱架起一道桥梁；坚持，是为梦铺垫一片片碎花石；刻苦，是为梦浇灌一滴滴营养液。追求未来，需要的是毅力。在你遇到那一道道让你绞尽脑汁都想不出来的题的时候，你就需要毅力去揣摩它。奋斗，并不是每天刷题到凌晨，而是合理地安排时间去奋斗。坚持学习的日子，难免会有枯燥，但你要相信，先苦后甜，美好的日子总会来。刻苦不要怕苦，风雨过后就是彩虹。

有些事情不是看到希望才会坚持，而是坚持了，才会看到希望。

三、认识自己，改正自己

孩子在校不认真学习的原因是多样的。有一点是明确的，孩子并不清楚校园内和校园外是一个整体，校园内的学习行为影响校园外的机会和平台选择。校园内投入的成本比较小，校园外损耗的成本就会比较大，并且校园内投入成本与校园外损耗成本呈正相关关系。

（一）不良习惯调查

通过调查发现，一部分中学生不良行为习惯是较为普遍的。中学生的不良行为习惯具有长期性、隐蔽性、稳定性、周期性，有害于中学生健康成长与发展，值得我们重视。它主要表现在以下十个方面：

（1）重视个人形象卫生却不注意公共卫生。责任心、责任感差。

（2）时间观念差。不按时作息，白天与黑夜颠倒，严重透支身体学习，生活无规律。

（3）个别学生吸烟、喝酒甚至打牌赌博。

（4）借助各种理由和借口，欺骗和隐瞒自己的学习、生活实况。

（5）不健康、不合理的书刊更容易走近学生的生活，影响着学生的观念。

（6）交友范围远超同学圈，更大、更远。哥们儿义气重，为朋友丧失应有的正义原则。

（7）攀比现象比较普遍。

（8）遇事不冷静，感情用事，口出狂言，不考虑后果

（9）偶像与正念"三俗化"趋向明显。

（10）最后就是早恋问题，这是当前中学生中较为普遍的问题。

（二）不良习惯分析

随着社会的发展进步，中学生在思想观念和行为上出现了很多新变化，归纳起来有：

（1）像大人一样做自己想做的事。孩子很喜欢以父母为榜样。父母的行为往往给了孩子很多的暗示和指向。如果父母有不良行为，给学生带来的负面导向和示范就更加明显。所以当家长见到孩子有不良行为并加以训斥的时候，孩子往往会反抗。因为他们认为自己到了十七八岁的年纪接近成年或者已经成年，能够像父母一样做事，所以，当父母的行为与孩子的行为不对等的时候，最容易刺激孩子，他们希望像大人一样做自己想做的事。

（2）以为青春是用来挥霍的。青春是一个汉语词语，一指春天，春季草木茂盛，其色青绿，故称之；二指青年时期，年纪轻；三指年龄，年岁；四指美好的时光，珍贵的年华；五指酒名；六指年轻时代。例如，《楚辞·大招》："青春受谢，白日昭只。"明代刘基《风入松》词："但道青春未谢，不知芳径苔深。"李大钊在《时》中说道："一生最好是少年，一年最好是春天。"中学生最看重的是青春的那种光鲜和刺激。中学生喜欢青春那种特有的朦胧和似是而非。青春是人一生中的某个阶段，这个阶段连接着少年与中年；这个阶段连接着无知到成熟；这个阶段连接着成长与成才。青春的本色是拼搏，青春的价值，在于成长，有青春，才有更好的未来与年华。

（3）恋爱是爱？中学生恋爱应该是一种越来越常见的现象，我们通常把它定义为早恋。从学生心理发展来看，对异性心生情愫应该是再正常不过的事情，却也会在求学阶段，给学生的学业带来一定的影响，对家长和老师来说，谈及早恋，总是讳莫如深。

称其为早恋是因为其与正常的恋爱有一定的区别。现代关于恋爱的定义是，无论性别的两个人基于一定条件和共同恋爱的人生理想，在各自内心形成的对对方最真挚的仰慕，并渴望对方成为自己终身伴侣最强烈、最稳定、最专

一的感情。求学阶段，显然不是学生确定其人生伴侣的最佳时间，同时，恋爱中彼此应该承担必要的责任，然而，缺乏一定社会能力的学生并不具备承担该责任的能力，所以，从各个方面看，学生恋爱都是不值得提倡的。

（4）并不明白家的真正含义。孩子回到家把房门一关，不和父母交流，这时候"家"意味着什么？孩子回到家，什么都不做，过着衣来伸手饭来张口的生活，这个时候"家"对他而言意味着什么？孩子回家和自己的父母有说有笑一起参与到家庭的各种活动，甚至主动承担力所能及的家务，这个时候"家"对孩子意味着什么？以上三种情形都是中学生日常生活当中常见的回到家的表现。每种情形的背后都有不同的成长过程及经历。家庭教育的不当引导导致了以上一些不良情形的出现。家的真正含义应该根植在孩子的心中。家是需要每个家庭成员呵护与培育的。

（5）将网络的资讯当成是自己的知识。网络资讯呈现出短、平、快的特点。网络资讯也有好坏之分。如果中学生不能够很好地判断网络带给我们的资讯，时间长久之后，网络资讯会让学生形成一种错觉，这种错觉就是"我可以通过手机、网络轻松地获取很多系统的知识"。网络资讯和知识之间最大的差距就在于资讯不分主体，不分范围，不分领域，不分群体，没有形成体系。所以，纯粹的网络资讯很难形成对中学生今后成长有帮助的知识体系。

（6）把感觉良好当成是表现良好。你觉得良好，有可能是判断，有可能是认识，但无论是判断还是认识都属于人的主观感觉，它是一种意识层面的呈现。这种意识很多时候都是对自己真实情况的一种歪曲的反应。换个角度来讲，学生的感觉良好，很多时候是因为学生的关注点不是在自己的行动上面，而是在自己的感受上面。所以一旦学生偏向于关注自己的感受时，他会显得非常无所谓。这种情况下，他的行动就被忽略了，行动一旦被忽略，会直接影响效果。

（7）往往用个人主观想象代表事实。有一天，我收到这样一封学生写给我的信，信的题目是"报告"：

周五下午放学，在校外停车场过道上（过道比较窄，两个人并行容易触碰），我和小明相向而行，小明和他的同学小A一起，小A在前，小明在后。但小明见到我之后，给我的感觉是带有敌意的（原本道路比较窄，加上他似乎带有敌意，我决定做一定的防范措施），他从原本的位置大步向前与他朋友并行。这样一来，原本就比较窄的行人道现在有三个人通过，我们之间发生碰撞了，我被撞后退一步，可见他用得力气不小，带有故意找事的意味。

学生在判断自己身边所发生的事情时，大都依据自己的心态、性格。心态良好、性格开朗的学生会很包容一些别人的有意和无意行为，说一声"没事"就好了；心态不佳、性格内向的学生会很在意一些别人的有意和无意行为，认为别人是有针对性的，更有甚者，会主观想象出很多的念头，并产生一定的行为。

（8）歪曲兄弟的本义。兄弟的含义很多：①弟弟；②称呼年纪比自己小的男子（亲切口吻）；③谦辞，男子跟辈分相同的人或对众人说话时的自称，如"兄弟我刚到这里，请多多关照"。兄弟在现代生活里有很多方面的理解，如有同一目标的兄弟；带有某种相同经历，共同进退的兄弟；在同一场合下的带有某种需要的套近乎的兄弟；含有血缘关系的兄弟。中学生冲动，喜欢管闲事，为朋友两肋插刀，喜欢为了帮助自己所谓的"兄弟"不管是非曲直。

（9）分不清主次，主要事情碎片化时间做。任何时间都可以根据事情的缓急轻重、任务的大小而分为"大时间"与"小时间"。语文课文《乌鸦喝水》告诉大家一个简单的道理：先把大石头放进去，然后再放小细石进去。假如你有一个五天的假期，你需要写一篇论文、看一本书，再约同学打场篮球、看场所电影什么的，你会如何安排？

我观察到，不少学生一放假，首先要做的是"彻底的放松"：先约同学打一场球，然后再看看电影，睡个懒觉……差不多上学了，才想起要写论文……学生并不重视什么是"大时间"，什么是"小时间"，分不清主次，主要事情碎片化时间做。当你有一段假期，别急着办小事，静下心想想，有多少需要"大时间"完成的大事，先把那些大事完成吧！

学生的校园内不良行为，无法为自身的发展实现增值，但这种行为又不会给其他学生造成太高成本时，只能产生"校外性后果"。根据2015年4月24日全国人民代表大会常务委员会关于修改《中华人民共和国义务教育法》的规定，义务教育具有强制性，又叫义务性。家长不送学生上学，家长要承担责任；学校不接受适龄儿童、少年上学，学校要承担责任；学校不提供相应的条件，也要受到法律的规范。《中华人民共和国义务教育法》的第六条、第七条规定，中学生是义务教育的对象，教育是对待学生过错的基本手段。当然，学生的过错是学生成长的重要组成部分。雨果在《悲惨世界》里写过这样的话："尽可能少犯错误，这是人的准则；不犯错误，那是天使的梦想。尘世上的一切都是免不了错误的。错误犹如一种地心引力。"

学生种种发生在校园内的错误行为，其产生的直接成本是不高的。例如，一位学生经常拖欠作业不交，科任老师、班主任该如何处理？常规来说，就是口头教育、补交作业，让其参加行为矫正班，或者知会家长配合教育……你会发现，有些学生不知道完成作业是其本职，学生并没有为自己所犯的过错承担更高的成本，这种不痛不痒的教育惩罚最终会起反作用。那么这种反作用什么时候会起"负作用"？往往就是学生离开学校，走向社会的时候，社会赋予学生的"容错空间"减小了。小时候，犯错仅仅是犯错，所要接受的无非是极其有限度的惩罚，做一番再给一次机会的检讨；而长大后，很多错误是无法弥补的，犯了一次错误，意味着失去了下一次机会。

认识自己应该是教育对学生、对家庭、对社会最基本的功能！学生如果没有认识清楚自己，就会丧失自己。有了目标之后，就是如何实现的问题了。我特别认可梁宁的一句话："比能力重要1000倍的，是一个人的底层操作系统。"什么是一个人的底层操作系统？就是如果把人想象成一部手机，这个人的精神结构就是他的底层操作系统。也就是说，一个人的精神结构，决定了他会成为一个什么样的人，决定了他会取得什么样的成就。成功的人都具有相同的一些特质：拥有强烈的成功欲望，拥有说干就干的行动力，都是深度学习的机器，非常善于死磕和坚持，愿意延迟满足。

四、你想为你的世界，做哪些努力？

我这辈子遇到的聪明人（来自各行各业的聪明人），没有不每天阅读的——没有，一个都没有。巴菲特他读书之多，我读书之多，可能会让你感到吃惊。孩子们都笑话我，他们觉得我是一本长了两条腿的书。

——查理·芒格

（一）学生内心的世界

学生甲：我的世界应该是我的三观总和以及我的处事方式吧！我希望我的世界在简单中出彩，在平凡中伟大，主要还是做到平衡与负责任。我自己是一位利己主义者，真的很难体会别人的伤心。我希望努力成为一个感恩善良的人。我的世界，希望是一个充满阳光、绿树与鲜花的世界。

梦想是一场注定孤独的旅行，路上肯定少不了质疑和嘲笑。努力是实现一切的基本，越努力就越幸运。我觉得"想为"不是"能为"，想的往往和实际差距较大。如果是想的话，我想重新回到高一刚入学那会儿，每天都好好学习，拒绝一切与学习无关的事，眼里只有书，手中只有笔，心里还怀着梦想。

学生乙：一个人的世界即这个人的知识范围、交际范围、认知范围，这是我对一个人的世界的认知。我的世界曾经算是比较大的吧，无论是知识范围还是交际范围，我都可以算得上名列前茅。如今我却刻意缩小范围，把那些通过贬低他人来获得友谊的人除外。

世界不是一个人的世界，是集体的世界。我们不能因为是集体的世界，就什么都不做。世界是需要人类共同努力的，不能什么都不做，什么都给别人做。我想为这个世界做点贡献，也想对这个世界负责，所以我想了很多方式。例如，坚持每天向扫地阿姨打招呼。同时，我还需要宣传一些生活小知识，这样不仅帮助了别人，还令自己的生活更加轻松快乐。

（二）世界是千变万化的，唯有控制自己的世界

中学生每天要面对一些本不应该在这个年龄段明白的道理，在这个过程中会失去太多欢乐和童真。环境造就了现在的中学生慢慢可以逐渐控制自己的负面情绪，可以在应该顿悟的时间里马上从坏事里抽离出来并仔细分析。

中学生有时候也爱耍些小个性，如在意自己的发型；会对自己好的人付出更多，不成正比地付出；有点喜欢乐于助人；为了自己重要的人和事，会牺牲得体无完肤。成长就是看着自己重要的、美好的东西变得粉碎吧。于是就有了我们从小被教育成应"致力于学习，讲礼貌，学会容忍"，然后时过境迁，这些又换成了"我们要考大学，别讲脏话，给别人留好印象"……已经明白了那是个怎样的人，我们就用相应的态度给予回应。少年不知愁滋味，白了少年头。不说为了爸妈，为了你自己的小世界，请你再好好努力。

对于现况，对你们的小世界最有用的捷径，也是最有利的方法、最省力的方法，就是为你们自己的小世界打下基础，也提供更大空间走向更好的可能，增强个人能力。这个人只要能力够强，那么可以说是无懈可击。努力，不能只是说说，不能只是写写，必须做出来。努力，只有自己能看见，别人看见的只是在装作努力的你。为了自己的小世界有一天变成大世界，你得付出更多的努力。

（三）世界是千变万化的，你只能操控你的世界

千万人中有千万的个人世界。自己的世界才是你需要努力的世界。操控自己的世界，让自己的世界牢牢掌握在自己手中。只有这样，自己的世界才能更强大、更成功、更美好。

如果有一天你们湮没在茫茫人海中，那一定是你们没有努力活得更好。这个世界有两种东西最耀眼：一种是万丈光芒的太阳，一种是努力时的你。一天的努力，可能不会看到明显的进步，但是一天天的颓废和堕落，一定会结出苦果。

努力是一种信仰！科比堪称NBA最勤奋的球员。他的人生信条是"篮球就是生命"。科比在一次接受采访时被记者提问："你为什么会如此成功？"科比反问："你见过凌晨四点的洛杉矶吗？我见过每天凌晨四点洛杉矶的样子。"生活从来不亏待任何一个努力向上的灵魂。

五、你认为你的未来有什么支撑？

（一）"未来"可近可远，可大可小

可以把下一个小时、下一天、下一周或者下一个月说是未来，又可以把下一年、下个十年、下个世纪说是未来。当未来限定在人身上时，就十分明确了，因为再多也不过百年。对于终身成长而言，每一次努力后的总结，每一次失败后的反思，每一次重新制定目标、计划都代表着未来。

【学生素材32】

我想我的未来

每个人都对未来有幻想。我小学时候幻想的未来是成为一名科学家，然后研制出各种各样神奇的东西；初中的时候，我心里的未来是要上一所好大学，然后组建自己的乐队，四处巡演，最后变成披头士乐队那样，成为全球闻名的顶级乐队。到了高中，我就没有再想过这些不切实际的未来了，甚至也不会经常考虑未来这个东西。我变得更加实际一些，大多是思考过几年后到哪里去，读什么专业，以后从事什么工作之类的问题，不再有什么顶级科学家、顶级乐队这些不切实际的想法。

我知道，我所生活的时代正经历着第四次工业革命，企业、经济、社会和政治都在进行着巨大转型。第四次工业革命已经在很多方面改变了我们的生活。数字化、互联化、集成化、虚拟化以及循环共享经济，已经让物理意义上的"世界"变化成一个巨大的"数字信息村"。无论是工作、学习还是生活，正走向日益自动化、全球化、个性化。全球技术主导地位和全球经济实力的未来。我相信我的未来充满着可能与惊喜。

（二）未来由人主宰

所有人都必须接受自己身上同时存在的"个人、公民和全球主义者"身份。"本身的你、作为公民的你、处于全球领域中的你"都是人的眼界。再大的未来世界也是由现在的你们来努力支撑的。你的未来是对你现在的努力的最好回馈，也证明你现在的努力和坚持是对的。

孩子，你们肯定想过自己的未来会是怎样的，我现在更多的是想你们的现在是怎样的。因为未来的你们会感谢今天的你们对自己所做的所有努力，每天认真学习为了考上更好的大学，去到更好的平台，去结识更优秀的朋友，让未来的自己变得更加优秀。我希望你们让自己永远保持积极向上的心，永远保持停不下来的冲劲。我希望你们常怀着平静与耐心，让自己每天拥有自律的生活，虽然也有失败，但绝对不要放弃你的初心。

你的未来，当然由你自己来负责，也由你自己的当下努力去支撑。未来说远不远，说近也不近，明天也是未来，离开世界的那天也不一定是未来。所有未知的事情，都由所有发生的事情支撑。你所做的所有事，不管是好事还是坏事，不管是开心的还是不开心的，都会支撑着你的未来，与你的成长有关。

一个好的未来，需要由很多汗水、机遇、经历、付出等要素组成，而这一切的一切，都把控在每个人的手中。现在请你回想自己在高一一年的时间里都干了些什么？睡觉、迟到、玩手机，真是不堪入目，你自己都会感觉到恶心吧？爸妈说了，老师谈了，雷打不动，动也就一时，真是可笑。

人生再迷茫就没有时间了。自己耽误了这些，如果再不起航，就没有机会了。高考机制改了，很难复读，不能复读，你只有背水一战，为自己打气、加油！自己的未来越来越近却也越来越模糊，需要你直面自己的人生了。

（三）青年为自己寻路

许多年轻人已经不甘于被别人用传统价值观影响他们的未来。他们真的很想找出一条属于自己的人生道路。一定要"Have fun in what you do"。如果没办法找到自己有热情、有信念、有乐趣的事情去努力，那工作终究只是被人家逼着做而已。被逼着做是不可能做到比穷苦国家长大的年轻人拼命的，也不可能竞争得过人家的。不愁吃穿的环境下长大的孩子，若要想有竞争力、愿意拼命，那就必须找到有热情、有信念、有乐趣的事情去专注投入，这样才会有机会成功。

跨界有时是一种不错的选择。百度百科描述："跨界，从某一属性的事物，进入另一属性的运作。主体不变，事物属性归类变化。"在科技社会中，以互联网为载体，社会的各种要素无论是人、物还是信息、文化都重新进入一种"多元互进平衡"格局。跨界作为新生业态存在，发展方式更加明显、广泛，催生出强劲的跨界风。

必须要说明，学校中的年轻人可以选择跨界，但跨界必须是将来的自己要进行的事，不是当下的自己要做的事。当下自己可以保持跨界的可能性，即努力培养自己多样的发展可能性，毕竟，中学生发展可能性最大、最不稳定。古有大商人吕不韦扶持秦始皇一统天下，自己也官居要职，完成了由商从政的华丽转身；英国作家毛姆提笔写作前读的是医学，他最终找到了能充分发挥自己才能的事业，从而走向成功。同样，鲁迅先生青年时期在日本学医，但是他觉得医术只能拯救人的身体，而文学可以医治人的思想，从而弃医从文成为中国一代大文豪。所以，我给孩子们建议：做好积累，保护自己的可能性是跨界的前提。

六、要做时间的主人

（一）成长概述

成长，好像只是一个词语，管它是名词，还是动词。

成长，就是一种状态，是人生规律的不可逆转趋势。

成长，像是叮当一声结束；像是一场仪式，宣告开始，又像漫长人生的不断苦心修行。

你得边走，边看，边学，边思，边修正！

你得战胜迷茫，战胜困惑，战胜散漫，战胜诱惑才能成长！

【学生素材33】

学生眼中的时间

学生甲：自从上了高中后，我觉得我变了很多。从以前的认真变成现在的毫不用功，没有合理运用时间，上课时没有认真听课，干别的事情，有时没有认真做笔记，课后没有及时复习，晚自修时睡觉，没有按时完成作业，晚上熬通宵玩手机、打游戏。

学生乙：我询问过多个学习成绩好的同学，得出一个结论——自律。自律又是什么呢？是自己的事情自己做，该做的事情按时做，不应该做的不去做。自律的人都有一个时间表，这个时间表可以不用写出来，但一定要在你心里存在。清楚地知道自己什么时候该干什么事，什么时候应该学习，什么时候可以休息。

学生丙：时间有长有短，有规有矩，恰巧，我就是那种倦怠期特别漫长的人，我完全对学习失去所有兴趣，甚至想过逃课、逃学什么的。作为一名学生，我深感烦恼。我为此专门上网查过怎样对待学习，怎样保持热情。

学生丁：在学习的合理规划中，我总会遇见一位故人——手机。手机是当代学生生活中的必需品。没有了手机，感觉不管去哪里，人生都是不完整的。渐渐地，手机仿佛占据了我们的生活。没有手机，会让我们空闲的双手无处安放。久而久之，手机仿佛成了我们生活的全部，所有的生活都被打乱，手机严重地影响了我们对时间的规划。

（二）学生的时间规划

学做时间的主人不容易。不正当使用手机是你学习道路上的绊脚石。手机的吸引力确实很大，玩抖音、刷微博、聊微信都比学习轻松多了。相比枯燥的学习生活来说，玩手机确实更有趣。作为孩子，你们在手机面前很难有一点抵抗力。手机正在一点一点地侵入你们，霸占你们的时间、你们的生活，学习也终将被搞得一塌糊涂。

（1）给自己定下时间行为准则：第一，把手机放在家中，由父母保管一直到周末，并且请求父母帮助你减少玩手机的时间；第二，当你想听音乐时，就用MP3来缓解自己内心的需求，等心情平静后，放下MP3继续学习；第三，如果带着手机，父母通知班主任，并且麻烦班主任代为保管你的手机；第四，在宿舍自己待到熄灯后上床休息，为第二天的课程养足精神，以最佳的精神面貌来学习。

（2）时间，并不在于你拥有多少，而在于你怎么使用它。时间作为四维世界的一轴，它在我们的世界中会不停地流失。时间是宝贵的，对于时间的掌控，我认为有两个关键点：第一，知道什么时间做什么事；第二，知道什么时间不应该做什么事。

（3）近几年有一个新的名词叫作"零碎时间"，是指一些休闲时间。有学者提出，将这些零散的时间集中在一起去做自己想做的事。比如说学习，学习是很需要时间的，那时间，便应该像海绵一样，挤挤总会有水流出来的。我们可以使用"番茄时间"，一个番茄时间由25分钟的工作学习时间和5分钟的休息时间组成。

（三）"四个学会"占满时间

真正的教育离不开生活，真正的教育就是为了生活。康德所说的"人的启蒙"：能在认知上求真，在道德上求善，在趣味上求美，能学会辨别真相与欺骗，判断善恶与对错，分辨美与丑。教育最终必然回归到生活，教人学会做事（learn to do）、学会做人（learn to be）、学会与人相处（learn to be with others）、学会学习（learn to how to learn）。

（1）学会做事是指用一种善始善终的态度认真地对待和处理各种事务，坚持不懈并力求完善。很多学生做事只注重其中的某些"有意思"的环节，而不太注意那些需要默默无闻地工作的环节，但是这样是做不好事情的。

（2）学会做人是指建构符合道德价值的体系，并承担个体的社会责任，热爱生命并感激生活的给予。学会做人还意味着除了关注自己之外，还有对亲情和友情的看重，与亲朋好友之间的密切联系，对父母的关心和体贴，并承担应尽的义务，这是"做人"本来的含义。

（3）学会与人相处。为了更好地发挥自己的潜能，人们需要得到周围环境的支持和帮助，至少不应该受到别人有意的阻挠。而良好的人际关系是营造个人工作和生活环境的必要前提。即使彼此不能成为朋友，也至少需要有一种相互尊重的关系，这是成人的人际关系的最大特点。

（4）学会学习是当今时代的总体要求。大量的知识需要在实际工作中不断学习和掌握，更重要的是要学会学习的方法。学会如何学习不仅是学习的目标，也是未来胜任工作的关键。

面对21世纪的挑战，必须改革教育的体制、结构、内容和方法，也要改变人们对教育纯功利主义的期望。教育应被看作是激发学习的过程，是一种终身的整体经验。未来的经济是知识经济，它建立在获取知识、应用知识、更新知识的基础之上。未来的社会是学习社会，在一定意义上，每个人都是终身学习者，而这种学习不再只是完成某种功利目的、实现经济回报的手段，它将同时成为人自身发展和社会发展的目标，成为高质量生活的有机部分。因此，学会求知、学会做事、学会共处、学会做人，正是建立未来终身学习社会的四大支柱。

（四）重视胜利者效应

"胜利者效应"是由浙江大学45岁教授胡海岚在2017年与她的科研团队发现的心理学概念的生物机制，简单来说就是："如果能够先战胜一个较弱的对手，那么之后在面对强大对手时的胜算，会比最初就直面强敌大很多。"因此，在独立面对自己的成长时，年轻人要有失败乃成功之母的恒心，坚持和不懈努力；还应该重视积累成功，积累成功的各种优秀经验、做法和聪明智慧，特别是重视各种小成功或者阶段性成功对积极人生所带来的正面引导和强大内心驱动力。这种强大的内心驱动力能带动着年轻人走得更远。

知晓成本，高效前行

一、校内成本刍议

孩子，我要求你读书用功，不是因为我要你跟别人比成绩，而是因为，我希望你将来会拥有选择的权利，选择有意义、有时间的工作，而不是被迫谋生。当你的工作在你心中有意义，你就有成就感。当你的工作给你时间，不剥夺你的生活，你就有尊严。成就感和尊严，给你快乐。

——《亲爱的安德烈》

孩子有不良行为习惯必然导致教育者花大力气，用更高成本改正，并且不一定能改正成功。毕竟，不可控的因素太多。青年律师耿璟等多名律师志愿者在业余时间收集编辑了《影响青少年成长的13种不良行为案例集》一书。该书用大量的事实案例以及点评分析，力劝少年成长过程中应尽量远离偷窃、吸食毒品、夜不归宿、抽烟喝酒、携带凶器、逞强斗狠、淫秽物品、赌博行为、交友不慎、不良团体、早恋、旷课、沉迷网络这些不良行为，因为不良行为对人生的成长所造成的成本很高。

校内成本，可以简单地说成学生在校内的投入，即学生校园成长成本。校园成本并不是单纯的资金投入。校园成本可以是广义的成本概念，表现为一个学生在校期间成长过程中的综合因素。

校内成本1：虚度青春

社会学者戈夫曼说："现在的生活就是一场表演。在日常生活中，我们并非毫无思想对待他人，而是非常有战略性地思考，并管理着自己的形象，就像是站在舞台上的演员。"就如电影《我是谁？》中，成龙在飞机失事之后，每一次经历、每一次决策都要不停地反问自己："我是谁？我究竟是谁？"其实我们也还要知道，青春的你扮演的是哪个角色，跟内心真实的你一样吗？哪个是面具？哪个是真实的面孔？

我们只要忠于自己就可以了，寻找自我并赋予自己力量，这就是青春时代的义务。但是孩子在校园接触到的世界越宽广，背负的义务也越多，扮演的角色也越多。自己扮演的角色增多，渐渐地自己也变得很乱，不知道自己究竟是谁，面具如果戴得太久太熟悉，反而会把自己的假面当成真的面目，当成是另一张面具。孩子在校，忽视学生的本分，容易失去今后在社会上生存的力量。

校内成本2：牺牲部分兴趣爱好

兴趣爱好是学生作为年轻人的身份标志之一。追求兴趣爱好既是青年学生的权利，也是青年学生自身发展的题中之义。但对某些学生而言，这倒是成了一种负担和成本，因为这部分学生并不清楚学习与兴趣爱好的正确关系，在学校有限的时间和空间中，难以科学地处理好学习与兴趣爱好的关系，错误地认为在中学阶段，自己只有唯一的一个任务——搞好学习。因此，在本应该全面发展的人生岁月中，选择了牺牲兴趣爱好，而今后在好好工作的年纪里，又想分心发展兴趣爱好。

校内成本3：过度追求的危害

（1）当科技和人类共生时，往往相互借用对方的优势和长处，实现从共生到共长！无论是哪一方，无论是正向发展还是负向倒退，在很大程度上取决于人的观念和行动！你如何看待科技，如何运用科技，如何正确处理人与科技的关系，即人与科技的关系程度，决定了你是科技的主人还是科技的奴隶。随着触屏电子产品、无线网络等技术的成熟和推广以及游戏、社交、阅读、视听等互联网应用在手机上的普及，手机对人的影响与日俱增。2017年8月，中国互联网络信息中心发布的第40次《中国互联网络发展状况统计报告》显示，截至2017年6月，我国手机网民规模达7.24亿，网民中使用手机上网的比例高达96.3%。手机以其美观、便携、即时以及强大的功能深受中学生喜爱，成为他们生活中必不可少的通信和娱乐工具。研究发现，我国部分城市青少年手机拥有率在70%—98.9%。校园里、马路上随处可见低头看手机的中学生，手机逐渐超越家庭、学校、同伴，成了影响中学生生活的重要因素。[1]

---

[1] 吴清华.手机依赖：中学生指尖上的"鸦片"[J].大众心理学，2018（2）.

马里兰大学的研究者对世界上10个国家的1000名学生进行了24小时的"无媒体"体验，让他们在一天之内不使用包括手机在内的任何多媒体设备。经历了这个项目的大部分学生都表示，失去手机让他们"坐卧难安"，很多人甚至都没能完成整个项目。所有学生都在失去手机后表现出"烦躁、困惑、易怒、不安、紧张、痴迷、沉溺、惊慌、猜忌、生气、孤独、依赖、消沉、神经质、偏执"等情绪。

（2）"适可而止"是一句古训。亚里士多德曾说："运动太多和太少，同样损伤体力；饮食过多与过少，同样损害健康；唯有适度可以产生、增进、保持体力和健康。"学校中有很多行为是过度的，如学生的运动过量。根据老师的了解和学生的主动反映，运动过量是影响学生身心健康的很重要一环。有些学生年纪轻轻，但是他的膝盖半月板积液、断裂——因为过度的骑行；有些学生年纪轻轻，但是他的踝关节变形——因为过度的篮球运动……有部分学生回校就是为了打球，早读前打，中午睡觉前打，晚修前打，睡觉前也打……

学生中有很多行为是不足的，如学生的睡眠不足。根据老师的了解和学生的主动反映，睡眠不足是影响学生学业、身心健康的重要因素。学生的阅读不足，导致学生的知识面难以在有限的时间内得到全面的提升；学生的营养早餐不足，学生并不明白早餐对一个人身体健康的重要性。

校内成本4：生活逻辑混乱

案例 31

逻辑混乱的时间安排

晚自习上课已有5分钟了，我照样巡堂，走到6班时，一个男生急急忙忙从课室走出来！

我想了解情况，就把他叫住，问："上课了为什么还要去厕所？身体不舒服？"

男生不好意思地说："老师，刚才忘记了上厕所！"

"生物钟忘记提示你啦？"

"老师，我刚才在做作业，就没上厕所，现在才上。"

我就往深一点层次引导他："这两件事如何安排才合理？不同事情是否在不同场合做？"

学生的生活逻辑混乱是多方面的，如时间安排混乱、任务主次混乱、先后顺序混乱等。案例中的学生明显是时间安排混乱。课间10分钟的时间是一个合理解决个人问题或者稍作休息的时间，毕竟经过一堂40分钟注意力高度集中的课，学生的大脑需要休息。

在《庄子·逍遥游》中有这样一段话" 水之积也不厚，则其负大舟也无力"， "风之积也不厚，则其负大翼也无力"。毛泽东下乡时对群众说："一分耕耘，一分收获。"校内的付出减少，校外的成本必然增加。很多人看到了牛娃的优秀，却没有多少人看到牛娃背后高度的自律和勤奋。在你心目中，确定你喜欢做什么，然后方向不变，勇往直前地去做。当你精神集中在你喜欢做的事上时，在往后的岁月中，你会发现你所渴望的机会，都被你把握住了。

1985年，芝加哥大学的Benjamin Bloom教授在其重要著作《如何培养天才》（Developing Talent in Young People）中提到，他调查了120个各行各业的精英人物，包括音乐家、科学家、艺术家、工程师等，却得到了一个有点令人尴尬的结论：天才无法在青少年时期发现。你找不到任何一个普遍适用的指标，暗示这个孩子将来会成才。智商测试与将来的成就，根本就没有相关性。但是，有一个变量除外，它与个人成就的大小成正相关。那就是投入的时间和刻苦练习的程度。所有被调查的精英人物，无一不是投入了大量时间，刻苦练习自己的业务，成就越大的人越勤奋，钻研业务的时间也越长。

二、校外成本

很难给"校外成本"下一个专业、严谨的科学概念。但我认为，"校外成本"是一个学生从校园走向社会的大转变中，他为了适应、生存和发展所付出的全部。也许学生会说："我们不认真学习，第一个担心的肯定是我们的父母。然后他们会很着急，会叫我们去学习，缩减我们玩的时间。"

孩子们，你担心的倒是其次。今天你们在学校依然处在"受教育"的荣光之中，真正使你们体验到"校外高成本"的是踏足社会。学生在校是种因，在校外才是结果；学生在校学习是过程，在校外才是另一个过程的开始。

校外成本1：选择的机会减少

学习决定你未来的际遇、你的路、你的伴侣。大家可能觉得危言耸听了吧？接下来讲述一个真实的故事，故事的主人公正是家父。那个年代，人们不重视学习，只顾着生存与干活。我的爷爷奶奶也是如此，父亲没人管，家庭条件不允许，父亲只能在16岁时独自一人北漂。他住过防空洞，刷过墙，干过木工，本应学习的他，背上了工作的重担。而他的同学学业有成，经过努力成为人中龙凤。虽然现在父亲也有了今天的小成绩，但那些成就是比别人多努力一倍，甚至是多十倍的努力、十倍的时间付出的艰辛换来的。学习真的很重要，学不好，你要走比别人多一倍的路，吃更多的苦，耗费更多的时间。

校外成本2：生活和工作的自由度下降

不必说在学校控制不住自己，想学习身体却不由自主地去玩，去做别的事；也不必说想要认真做作业却总是忍不住胡思乱想，静不下心来；更不必说，静不下心来学习是因为影响你的事物太多了。在校内不认真学习和发展自己的专长，在校外总会被迫补回来的，而且也不一定能补回来。它直接导致你今后的生活和工作的自由度大大下降，在"你想选择人"和"别人选择你"之间转换，你的自信心也会失去。

校外成本3：期望值和获得感降低

在校内不认真学习，会增加你在校外遭人耻笑的概率，既令你生活成本大大提高，也会令你人际交往的成本大大提高。不认真学习，等于没有读好书，没有读好书，就等于出来找工作时候的难度大和机会少。孩子有出息是父母一辈的理想。所以我们得认真学习，绝不给他人耻笑的机会。认真学习可以提高你校内校外的人际关系的利润，增进自己与周边亲人、朋友的关系。通过努力学习，亲情得到提高，友情在持续增加。

如果你们没有认真学习，在校内浑浑噩噩度过光阴，未来也会让你加倍奉还。"少壮不努力，老大徒伤悲"。不是每个人都是比尔·盖茨，也别总相信"天生我材必有用"。自己都不愿意发展自己的潜能，又能有谁会看到你的潜力呢？小学、初中加上三年的高中时光，所有努力都会付诸东流，曾经的努力拼搏全部报废，还要用往后余生将其全部填还，值得吗？我很肯定地说"不"。这样的结果已经不仅仅是得不偿失了，想必没有人会想要此般的结局吧。

在校内不认真学习导致在校外花费的成本提高，已经不仅仅是单纯的时间、人际关系或者是生活成本，已经直接影响到未来和余生。这样的成本，不是我们担待得起的。那还等什么呢！

（1）你们时不时抱怨学校不好，抱怨学习没有意义的时候，老师希望你们回想初中的事，回想那些没有上高中的同学。他们现在过得怎样？过得好吗？是否有我们想象的那么自由，那么快乐？老师相信，当你们了解清楚后，你们会在这现实中低下高傲的头。你读书考大学的过程，其实是一个升华，是一个"换衣服"的过程。上了一所好的学校，如同穿上一身华丽的西装，将你的人设层次提高了。你能遇见的人，交到的朋友也随之升华；你能开阔视野，让你生活不必拘泥于那三室一厅，不必天天计算着柴米油盐；你所看到的是更宽广的世界，你所拥有的是超前的世界观。

（2）学习带给你的往往不是当下，而是对抗未来的能力。"半截子"毕业生到社会后想提升完善自己比较难，回炉重塑成本高。学习能让你在困难面前，懂得沉住气；能让你在追梦的过程中懂得将一个人的梦想拆分成一个个小小的目标；能让你的行为举止具有逻辑性。学习的过程就是这样，你可以去抱怨，可以去发泄自己的不爽，可以在高考结束后大力撕书，但绝不可以放弃。因为在没有努力奋斗之前，谁都不能否定这条路。学习就是在为梦想拼搏的"超我"的现实。

（3）所以在生活中，你们应该合理地安排好时间。在校内不认真学习，在校外你也是终究要弥补在学校里学习的时间，只会增加浪费时间的成本。在学校里不认真学习，你会在学校外付出更多汗水的成本。这些都是会成倍增加的。例如，在一家公司中，你只是一个大专的学历，有一个本科生，虽然没有你的经验，年龄也比你小，但他一步入公司，工资可能比你高。这个社会就是如此的残酷，即使你的经验与工作能力都要比他强，可你的工资就是无法超越他。因为你的曾经没有他努力。你只有在后来付出比他多十倍的汗水与泪水，才有可能超越他。所以，你们要珍惜当下在学校努力的时间，不要让自己在校外增加后悔的成本。

（4）在校内认真学习，似乎是每个学生应守的本分。只不过不认真学习的大有人在，他们可能会因此增加在校外的学习成本。与其等到校外挣扎，不如好好在校内学习，成本低，风险少，效率稳定。我认为网上有一句话说得很对："学习并不是一条唯一的出路，但是十几岁的我们又能做出什么惊天动地的大事业来呢？"或许，以后出来创业的人工资和待遇会比毕业后才出来找工作的人高，但是读过书与没有读过书的人站在一起，一眼就能看得出来。想要缩短时间的差距，需要投入大量的时间成本。你一方面要面对工作的压力，另一方面又要花时间弥补自己的不足。

（5）现代社会的发展是一个学习终身化的过程。学习、自主学习、主动学习、持续学习是人生发展的主旋律。适应未来社会对这一代年轻人的要求，才是真正的自立自强。为了不让以后的自己因现在不认真学习而后悔，你更要认真学习，做好充足的准备，才能避免自己在发展潮流中被淘汰出局。

总之，在你们有机会、有时间、该学习的年龄，应该把主要心思放在学习上。现在不辛苦，以后更辛苦。认真学习，为了以后更好的生活。谁都不想做社会最底层的人，都想在未来成为一个优秀的人。所以一定要努力学习，不让青春虚度。当我们达成理想时，回头看看，其实，奋斗的人生最美丽！

三、未来发展

每天，我们以不同的角色和学生所充当的不同角色，上演着生活的一幕幕。有疯狂享受生活的年轻人，在商场、影院、KTV流连忘返；也有疯狂学习努力创造未来的年轻人，在学校、书店、付费自习室默默学习。

在校的图书馆位置资源稀缺，校外的付费自习室也是生意兴隆。如今在中国的一线城市里，原本在日本、韩国等国家比较流行的"付费自习室"也慢慢流行起来。其实，无论是在校学生，还是职场人士，当你面临着人生的某个重要阶段目标时，都需要特别地努力和付出，学习是提升自身价值的较好途径。任何人都希望通过自己持续的努力学习，换取更大的成长空间。从这个意义上来说，未来，也只能牢牢掌握在自己手中。

身处局外而观学生世界。在学生迷途时给他们指点一二，然而老师对学生而言，只是他们人生的匆匆过客。如同负重的蜗牛，前行的只有自己。学生自己学着长大，学着成人，学着掌握面对未来的各种道德、素养、知识和技能。未来，是对当下的承载，也是对当下的重大改变。在生产力与生产关系、经济基础与上层建筑的作用下，特别是科学技术的重大作用下，社会将出现较大的改变（表1、表2）。

表1　社会领域发生重大变化表

序号	领域	现代社会	未来社会	教育追求
1	人的地位	人工	人工智能	判断、操作、指向
2	生产特征	工业化	工业信息化	大量信息的综合运用
3	工作重点	制造	创造	人在繁杂中解放、创造
4	工作方向	模式变化	多向重塑	开放、平衡、互动共进
5	发展可能	确定性	不确定性	好奇心和未来意向，可能性
6	社会组织	单一组织结构	多重组织结构	重在解构与创新

表2　教育领域发生重大变化表

序号	领域	现代教育	未来教育	教育追求
1	课堂主体	教师为主	学生为主	多元主体
2	课堂手段	基础信息	智能信息	多样手段
3	课堂中心	知识传输	知识创造	多元中心
4	课堂关系	单向	多向	既是中心，又是出发点
5	课堂中心	学校	学习中心多元	谁都可以学，谁都可以教，学由需要而定

社会发展带来不确定挑战。人类社会并不是静态社会，而是动态社会。社会发展的最大魅力应该是其不确定性。这种不确定性既可能来自社会自身客观发展的因素，也可能是来自人类研究的最新发展对人类的生存和发展带来的不确定变化。现代家庭更重视社会发展带来的不确定挑战。我们从家庭的有关支出可以得知，家庭在孩子的教育投入当中所花的钱占家庭支出相当高的比重。一旦社会技术到了能彻底改变人类生存和发展的环境时，不确定性挑战就不是一个个体可以独立承担的了。

世界著名未来学家、社会思想家阿尔文·托夫勒对未来著有三部曲著作《未来的冲击》《第三次浪潮》《权力的转移》。其中，托夫勒曾在教育领域说："21世纪的文盲不会是那些能读能写的人，而是那些没有能力学习和不断更新知识的人。"他提出的"面向未来的教育"和"为未来而培养人"的观点，对当下教育产生极大的警醒作用。

（1）从教育发展性理解教育。每位学生、每个家庭、每个社会都会经历自己的过去、现在和未来。当然，每位学生、每个家庭、每个社会对过去、现在和未来都有特定的态度，这种特定的态度，具体表现在每位学生、每个家庭、每个社会的具体需求和发展方向。而最能融合三方面需求的，往往表现为每位学生、每个家庭、每个社会对教育的需求和期待，尤其是教育能带给个人与社会的发展可能性。

在上海市的杨浦区五角场附近经营着一家开到凌晨2点的深夜书房。开店前，创始人刘军和团队做过市场专项调查，发现附近的IT公司、创业企业和高校构成了客户群，他们中的30%希望书店营业到午夜12点，18%希望营业至凌晨2点。最终，这家两层楼数百平方米的书店决定将一层35平方米的空间经营到凌晨2点。30个座位在午夜12点前通常是满座的，到处都是看书的人和捧着电脑工作的人。

在马丁·塞利格曼的著作中，他描述了人类的三种生活状态：①愉悦的生活，即生活中时时处处充满了积极体验；②美好的生活，即善于利用个人优势与他人建立关系；③有意义的生活，即利用个人优势投身比自我更宏大、更持久的事情。学生要把个人成长的需要摆在正确的位置，强调学生现在应该具备未来作为独立个体的"幸福感"，这种幸福感是中学生作为个体在生活中某种需要感到欠缺而力求获得满足的一种内心状态。具体有三个特征：①动力性，为谁？为什么？②层次性，我到底需要什么？我应该在哪个层次发力？③发展性，发展应该是怎样的思维？我的追求是以什么作为永续动力的？

（2）良好的学习习惯是学生发展所需，也是应对未来的基本能力。教师应该引导学生致力于发展以下五种能力：

① 爱能力。弗洛伊德有句名言："生命中唯一重要的事情是爱情和工作。"俄国思想家托尔斯泰也说："只要一个人知道如何工作，如何爱人，就可以拥有精彩的人生。"爱能力是人作为"自然人"和成为"社会人"这两者身份之后，共同拥有的一种能力，是对自己作为自然人的一种爱护，也是作为一个社会人所应具备的一种能力。在经济全球化的浪潮之下，世界各国无论是国家之间、民族之间、种族之间，人类进入了前所未有的大融合。互联网的发展令国家之间、种族之间、人与人之间的关系发生了很大的改变，爱的范围，爱的能力，爱的需要都跨越了眼前设定的国家界限、种族界限、民族界限。爱变成了一种世界性、立体性、跨文化的能力。

所以爱能力，就是爱人、爱物、爱事的综合表现。我们可以鼓励学生爱自己，这是对生命的尊重；我们要教育学生爱家人、朋友，爱身边的人，这是对社会的尊重；最后我们还要教育学生爱我们所处的环境，这是对自然的认同。以上三种爱能力都是学生在成长过程当中应该具备的基本能力，而这样的基本能力恰好可以为未来打下坚实的基础，也可以让学生更好地应对互联网、经济全球化大背景之下可能会出现的文化冲突、种族之间的摩擦、民族之间的对立、国家之间的战争。人的相处、人的合作、人的发展就是我们急需面对的问题，学生必须具备爱能力。

② 创造力。百度百科词条中这样描述："创造力，是人类特有的一种综合性本领。创造力是指产生新思想，发现和创造新事物的能力。它是成功地完成某种创造性活动所必需的心理品质。它是知识、智力、能力及优良的个性品质等复杂多因素综合优化构成的。"

③ 判断力。判断力是人对现实做出什么样的态度和表现出什么样的行为方式的决定因素。判断力是通过选择和抉择的形式将其价值观付诸在事件上的性格体现能力。

④ 整合力。桥水基金（Bridgewater Associates）总裁雷伊·达里奥在其著作《原则》一书中描述道："如果你不觉得一年前的自己是一个蠢货。那说明你这一年没有学到什么东西。"《艾媒报告/2019Q1中国移动支付市场研究报告》中写道："数据将成为下一轮竞争的核心，要从数据的角度，重新审视流量、服务、技术、政策和市场。"未来对任何一个人而言，资讯都是平等的，关键是谁能够整合这许许多多的资讯为自己所用。

⑤ 合作力。学生未来的发展也离不开一种素质，那就是对人、对事、对物的敬畏心！中学生自我意识发展特点明显：①自我意识中独立意向的发展；②自我意识成分中的分化——"理想自我"和"现实自我"分化明显；③强烈地关心自己的个性成长；④自我评价的成熟，有较强的自尊心；⑤道德意识的高度发展。凡此种种，都需要学生在正确处理自己与人、物、事的关系，敬畏父母、自然和社会。

四、建设与对策

社会有百年之势，事业有百年之局，人生有百年之业。中国从站起来、富起来到强起来，中国特色社会主义进入新时代。要实现中华民族伟大复兴和两个百年目标；要应对市场经济体制的发展满足社会对青少年政治素养和道德教育的更高要求；要应对生活方式和文化多样化的变化，突出核心价值观的引导任务；要应对全球化和世界文化相互激荡，积极介入弘扬和培育民族精神，强化文化认同和国家认同教育；要应对科学技术的发展和知识经济强化创新意识和创新精神的教育，国家就要培养担当民族复兴大任的时代新人。

阿德勒说："人不为事务所惑，而是被我们自己对事物的想法所惑。每一个个体人性的关键，是看它赋予生命什么意义。"未来，属于每一个人既是一种客观必然趋势，又时刻孕育着个体无限可能性。未来，是在对自己现状的改变和对未来渴望的行动。中学生对自身生命价值的理解，很大程度上是对自己现状的努力与改变的看法，所以尝试不断。

📚 **案例 32**

人生的第一份工

寒假第一天，我开始了人生中第一次打工。起初的几天，长达九小时连续的站立令我叫苦连天，但时间久了，腿脚适应了就觉得那都不是事儿。

以前自己在餐厅吃饭，吃剩的骨头就随意吐在桌上，吃完就可以走人了。现在做了服务员才知道这多么恶心。客人走后，收拾桌面碗筷的情景，那叫一个惨不忍睹。最恶心的有两次：一次是一个小孩，可能因为晕车导致肠胃不舒服，吃饭后就吐在一个小角落，虽说小孩憋不住，没办法，可这还得我们服务员来收拾，真是恶心；第二次是有一位客人给小孩换了尿布后，把那尿布放在桌面上就走了，我的天呐，上面的憋不住还算是人之常情，您这把尿布丢桌上就走了，简直是没素质吧！

还有一位令我很气愤的客人。那天，我把两杯热奶茶送到15号桌。那个客人指着我对她孩子说："以后不好好读书，结果就会像姐姐一样，年纪轻轻就出来打工。"我听到这话之后，顿时火冒三丈，感觉自尊心受到1万点伤害，然后我就怼回她："我不是读不好书才出来工作的，我只是在打寒假工，你不要教坏你儿子。"她哑口无言，说完后，我帅气地转身，她露出尴尬的笑容。那位客人吃完饭后还特意找我道歉。

在茶餐厅工作确实令我受益匪浅，在此之后，我胆量变大了，和别人说话时，不会再打结，也变得更有条理。以前做事情慢吞吞，现在变得快手快脚的。至少，这个寒假不再像以往一样，天天在家玩电脑和手机，还有最重要的是，我一定要努力读书，不能再被别人小瞧了。

一名稚嫩的学生，很难适应社会上那些喜怒无常的顾客。所以年轻人对世界的最初探寻，往往带着痛结束。但这种痛也是有好处的，它让你不再计较得到了多少，而是在稚嫩的年岁里，和现实的世界正面交锋一回。这一回合失败亦荣光。它的最大价值在于令你明白了，自己目前的能力和社会的需要之间究竟存在多大的差距，努力的方向又在哪里。

【学生素材34】

考试，想说爱你不容易

刚看到这个题目，我是一脸茫然。首先我想说，我没爱过你，也不会爱上你，更不可能一次又一次爱上你。你连成为前任的资格都没有。事实上，你却一直与我的生活息息相关，从来就没有离开过。但是，我真的不爱你。虽然离不开你，但我们之间，也是有保质期的。

因为我总三心二意，对你从不专心。你生日快到时，我才想起存钱，你心情简单时，我才能蒙混过关。你心情复杂时，我是真的猜不透你在想什么。可是这么多年了，你却没想过要离开我，我真的好感动。你怎么这么专一？于是有一天我顿悟了。我想弥补你，想把我曾经有机会给你的全部偿还给你，让你比其他的考试更幸福。可你已经变了，虽然我们依然走在一起，可你不依赖我了，你变得更复杂、更冷漠。我真的好后悔当初怎么不珍惜你，你曾经是那么的好，那么的单纯。

我和你走到今天，是有原因的。我们也曾甜蜜过，我们也有过争吵。但我最后还是与你渐行渐远。我想我们重归于好吧！我认真地重新爱你一遍，你要多在乎我一点，我不能使你在其他考试中最幸福，但我一定竭尽全力爱你。

如果有一天我们还是因为成绩这种奢侈品分开了，我希望我不会因此而后悔。尽管很多人都注重结果，但多年以后回过头来看，我以前是奋不顾身地去爱你。那段经历才是最有意义的。考试，我爱你！

考试，想说爱你真的不容易。你是有心人，是我们走向理想之路的垫脚石，也是一道道恐怖如斯的关卡。考场的安静是为了突出比一比之间那汹涌的冲突，是为了彰显其隐藏的竞争。

发展到21世纪，当今中国最为重要的考试非高考莫属。高考制度为才能、努力和贫穷创造了一个相对公平的平台。伴随中国学生的教育历程，考试也扮演了一个不可或缺的角色，与考试相伴相生的便是分数。伴着唯分数至上的言论，是背后那一个个主体的压力。首先，便是被锁在分数枷锁下的中国学生。万般皆下品，唯有读书高的思想，可以说在学生内心根深蒂固。

（1）每个人都会有逝去的昨天，拥有今天和未曾明确的明天。闻名全球的约翰·霍普金斯医学院创始人威廉·奥斯勒博士说："最重要的是不要去看远处模糊的，而要去做手边清楚的事。"他又说："集中所有的智慧、所有的热忱，把今天的工作做得尽善尽美，这就是你迎接未来的最好办法。"

是的，埋葬已经逝去的过去，明天的重担加上昨天的重担，必将成为今天的最大障碍。未来就在于今天，从来不寄望于明天。人类得到拯救的日子就在现在，对过去最合适的词是忘记和恰当的回应。对未来，我们不应该停留在憧憬、期盼之中；对未来，我们更适用的是迎接、准备好等具有积极人生态度的词。

（2）做好自己的科学领导。对学生的教育，其中有一项重要的任务是教会学生做自己的领导者。我所谈的领导力，是支配你自己人生的能力，成为自己世界中具有积极性、创造性的力量。如果孩子被教育成为这样的领导者，那么，他们的成功是由内而外的而不是由外而内的。由外而内的成功，是较小的次要成功。但是，由内而外的成功是主要成功，可以使你自我感觉良好，发现自己的特长，尊重别人与自我的回报，做出独特的、创造性的贡献，获得极大的满足，提供无私的服务。

（3）树立正确的读书观念。梁晓声说："读书的目的，不在于取得多大成就，而在于，当你被生活打回原形，陷入泥潭时，给你一种内在的力量。"读书对孩子的作用，是从内到外发挥的，这种模式是一种由内而外的模式，无论成人、孩子都是一样，首先要通过观念的改变促进学生，进而影响父母。德国作家赫尔曼·黑塞说："世界上任何书籍都不能带给你好运，但是它们能让你悄悄成为你自己。"阅读不能立刻有用或变现，但是，它也许在无形中帮你跨过了一个坎儿，在某一瞬间点亮你的思维，读过许多书的人，心有万千世界，迷茫时更懂辨别，风雨中更懂坚定，你会成为更优秀的自己。

五、追求

歌德说："最重要的不是你站在何处，而是你将走向何方。"一直以来我们都在追求着学生成才，希望他们越来越多地成为祖国的未来、现代化建设事业的接班人。我们把教书育人的侧重点放在了学生学本领，侧重在高学历、高知识、高文化。

学生学本领是基于社会需要而言的。这种需要，属于"他需"，是宏观层面的需要，是国家、社会、家庭、学校这些整体对学生的努力和付出的社会标准。事实上，我们往往会忽视学生作为个体的"成人"。成人具有多层次的含义：从低点看，你在高中阶段参加了学校为你举行的成人礼；从高点看，你的身份、年龄达到了18岁，开始独立承担法律和社会责任；从更深层次的含义来看，成人，成为这个民族、这个社会的合格公民，成为具有世界品质的世界公民。学生的追求既要基于自己的需要，也要考虑社会的发展。

【学生素材35】

做好自我，追求自我

漫漫的人生路，总会有一些事或者某种信仰支撑着我们前行，给我们加油，让我们在长长的人生路上前行，不感到迷茫而停下脚步。

有时候，在我成长的路上，我也感觉到对未来的迷茫而停下脚步。那段时间自己想了很多，却一点作用也没有。没有一点自己感觉是对的事情而为之去奋斗，没有任何我觉得可以用来作为支撑的东西。后来我看到我的家庭经历的某些事情，学习是支撑我去努力拼搏的动力。那段时间，可以说是我成长路上最认真对待学习的时间。

上了高中，整个人变得更加迷茫，对学习不像曾经那么热爱。现在就是爱学就学，不爱学就睡觉、玩手机，整天迷恋着打游戏，仿佛游戏就是我的支撑。曾经的我，如何热爱学习；现在的我，如何热爱游戏。

现在再说改变，不晚吧？从我进入高中以来，我做过很多错事，我认为自己一定能去解决那些事情，结果却发现自己没有那种能力。自己当时的能力都用在游戏上了，对现实生活中的问题和事情都束手无策。然后，等问题越来越大，才知道我要去找家长帮忙。那时才发现，自己原来是那么没用，面对自己闯下的祸，没有本事和能力去解决，最后的结果就是家长帮我解决。

经历那些事情后自己才懂得，在游戏中的无所不能，到了现实生活中不是真的无所不能，也发现了支撑自己走的东西是学习，学习种种能让自己变强大的知识、技能。期待拥有面对事情能自己解决的能力，而不是站在家长的背后，等家长解决。

所以说自己拥有的能解决事情的能力，就是支撑自己未来的东西。

教育工作的最后结果如何，不是今天或明天就能看到，而是要经过很长时间才能见分晓。你所做的、所说的和所养成的一切，要过五年、十年才能显现出来。但学生的追求，却需要我们引导，把学生引导到追求生活健康、智慧、性格、意志、公民表现和精神面貌上来。

（1）追求，是不是学生的人生发展目标？追求，是不是学生的人生状态？或者说追求，是不是学生的人生态度？其实我们在观察、调查、统计后发现，在日常的生活当中，优越的生活条件确实令相当一部分学生都习惯安于现状。在学业发展上，更多的学生追求当下的一种满足。其实，我们应该鼓励学生从以下三个阶段考虑自己的人生规划：

第一个阶段，以往的学习经历和学习成绩对自己的影响。

第二个阶段，对当下学习、生活现状的全面认同和分析。这个阶段往往决定了孩子对第三个阶段的追求和动力。

第三个阶段，对未来的人生进行努力和思考，实现全面增值。

学生有自己的人生目标和追求。但是，人生的目标和追求与当下的努力之间呈现着怎样的一种关系，他们并不明确。他们并不清楚要实现未来的人生目标和增值必须要通过当下的努力和学习，打下坚实的基础才能更好地实现未来的人生目标。

因此，我们必须对当下的学生，针对上述三个方面做好对应的工作，及时全面了解、尊重、分析、接纳以往的学习经历和学习成就，及时找出问题的原因，寻找解决之道。

（2）追求，是一种人生进展、一种人生过程的幸福成长。换言之，追求时真正重要的是过程，是在这个过程中培养成的良好习惯、毅力和执行力，就是那种设定好目标，然后朝着目标前进的行动和获得的满足感、幸福感！余秋雨先生在其作品《中国文化课》中说道："在人文学科中，最重要的课题总是来自普遍人性。每个人的最初疑问，直通最深的学问。"人类社会处于不断进步发展之中，每前进一步，都能给社会带来诸多的总结和反思，反思："是什么在推动人类社会的发展？"反思："人类永不停歇地生产、工作是为了什么？"

其实，人类社会的进步发展，都来自最基本、最普遍的价值拷问——人，毕竟是动物，需要生存和发展。

教育是人类社会古老的社会领域。这个古老的社会领域自古至今经历了从最早的私塾、近代意义的学校，再到现代意义的学校，再到信息化、科技化的学校，直到教育部正在倡导、描绘的未来学校等众多发展阶段。我们从事教育工作的教育者是否应该进行前进中的反思呢？我们为什么需要教育？我们凭借什么进行教育？我们的教育有效吗？我们的教育初心又是什么？这个教育的初心是否把我们的教育带到了正确与未来的方向？

教育在追求什么？在发展什么？是发展教育的对象，还是发展教育的手段？教育发展到今天取得了巨大的成功，教育产业化、教育现代化、教育未来化，但教育的最普遍问题却不能回避。社会实践理论认为教育是培养人的社会实践活动，是促使"个体社会化"的活动。个体社会化是指个体在与社会相互作用中，将社会所期望的价值观、行为规范内化，获得社会生活所需要的知识和技能，以适应社会变迁的过程。对社会而言，这是文化得以延续的手段；对个体而言，这是被社会认同、参与正常社会生活的必要途径。

那么，教育最基本、最普遍的问题应该是培养能正常融入社会、社会愿意接纳的人。这人不一定是人才，也不一定是高才。这人应该有着社会正常的思想观念、道德公义、技能知识。

重视内省，发展成才

一、人生，都是自己对自己负责的

夜 晚

50多人的课室，700多人的年级教学楼只剩风扇声、空调声，还有外面乏力的热风声，他们都没有时间说话了。明亮的课室被漆黑的四周包围着。外面越热闹，里头就越安静。可以看得出来，这个城市，正被青春添色，正被拼搏定格。

尽管，越夜，却也越有机。

绘本图书《故障鸟》描写道："不要因为孩子小，就剥夺他们选择的权利。做出选择，承担结果，是每个孩子在成长中必经的一步，也是他们真正成为自己的一步。"这道理，如同"追马"理论。假如你是一匹马，你想去追赶另一匹马，请问你如何才能更好地追赶这匹马？针对此问题，我们要解决两个问题：

（1）两匹马的地位如何，以谁为中心？是以被追赶的马为中心还是以努力追赶的马为中心？

（2）假如你是那匹落后的马，如何保证自己追到这匹马？也许不同的人在不同的经历之后，会有不一样的选择，会做出不一样的尝试。我认为，最好的做法是实现个人增值。

我们简单地分析一下：A马（追赶者）和B马（被追者）两者之间存在着两个关键问题：①谁是解决问题的中心？②谁占有主动权？

不少人会认为是A马（追赶者）是中心，占有主动权，其依据是从A马（追赶者）的主动追赶的行为判断。但其实真正占有主动权的是B马（被追者），因为B马（被追者）拥有选择你、我、他的权利。

所以，A马（追赶者）如何更好地从被动走向主动，最好的办法是增值，自我增值。不要去追一匹马，用追马的时间种草，待到春暖花开时，就会有一群骏马任你挑选；不要去刻意巴结一个人，用暂时没有朋友的时间，去提升自己的能力，待到时机成熟时，就会有一大批朋友与你同行。所以，丰富自己比取悦他人更有力量。种下梧桐树，引得凤凰来。你若盛开，蝴蝶自来！你若精彩，天自安排！

【发言稿1】

对自己的人生负责，为自己的生命增值（有删减）

——杨志坚校长在2017—2018学年开学典礼上的讲话

尊敬的各位老师、亲爱的同学们：

人活在世上，不免要承担各种责任，小至对家庭、亲戚、朋友，大至对集体、国家和社会。此外，还有一项根本的责任，那就是对自己的人生负责。在某种意义上，人世间各种其他的责任都是可以分担或转让的，唯有对自己人生的责任，每个人都只能完全由自己来承担，丝毫依靠不了别人。大家很喜欢讲"我的青春我做主"，但我们不得不在这句话后面加一句，"我的人生我负责"！

全美最佳教师奖获得者、《第56号教室的奇迹》作者雷夫·爱斯奎斯讲过这样一件事。有一次他带着他们班级的孩子到林肯纪念堂游学。孩子们都带着笔记本在纪念堂里安静地参观、记录，只有一个男孩在纪念堂里又跑又跳还不时喊叫。服务员找到雷夫，对他说："这个学生真给你和你的班级丢脸！"他把那孩子喊过来，满脸严肃地对他说："刚才这位先生说你给我和我们班级丢脸了，你认为是这样吗？"那个男孩不吭声，大概也认为应该是这样的。但是雷夫老师接着非常明确地告诉那个男孩："在这个纪念堂里，你就是你，我就是我！你这样乱跑乱叫，丢人的是你自己，所有的人都看到了你是一个多么没教养的孩子。但是没有人会认为我缺少教养。"听完这话，孩子满脸通红，接下来就安静地参观了。

雷夫老师这番话给我们的启示是，要对自己负责而不仅仅是对集体负责！如果每个人都学会对自己的行为负责了，那么整个集体的面貌就会从根本上改变。不是个人要对集体负责，最根本的是个人要对自己负责。否则，离开了集体，回到家就由好学生变为小霸王；在学校乖顺守纪律，出了校门就为所欲为。

我的人生我选择，我的人生我负责。那么怎样才算得上对自己的人生负责呢？我认为，最简单、最直接的判断标准是，你的言行有没有为自己的生命增值。

为自己生命增值，简单通俗地说，就是要使自己各方面都有进步。具体我们要在哪些方面增值呢？我认为目前至少要在以下三个方面增值：

第一，人品要好，心理要稳，心灵要增值！要学会做人，要有好的人品，与人为善，善于处理各种关系，要诚信，要有文明素养。我们要注意讲礼貌，语言文明不讲粗口，衣着整齐，举止大方。心理要稳定，要经受得起各种挫折的考验。

第二，学习要好，知识能力要增值！各人的知识基础不同，能力大小也有别，但我们要追求学业上的进步。我这里讲的学业不限于文化科的学习，是各方面广泛的学习，如语言文字水平、阅读写作水平等。语言文字工作是学校教育工作的重要组成部分，做好学校语言文字工作，对学生掌握科学文化知识、自觉践行社会主义核心价值观、增强文化自信、全面提高综合素质具有重要意义，对落实教育优先发展战略、加快推进教育现代化建设具有重要的基础性作用。又如唱歌、画画等艺术水平，这个方面我们学校有很多成功的例子。2017届高三音乐班，全班42人全部上了本科线，其中25个同学上了重本线。这个班是整体增值最好的例子，这个班里很多同学入学时在音乐术科方面其实是零基础的。其中较为突出的是容××同学，高一进校时所有高考术科科目都是零基础的，经三年不懈努力，最后高考超过重本线二十多分，被星海音乐学院录取。类似的例子还有，2017届高三美术班的李××，她进校时也是零基础，专业成绩排名靠后，高一期末专业成绩能排前20名了，进步很大。但她不骄傲，仍相当刻苦，高二期末专业排名已稳居前10了。高三外出强化训练期间，她经常最早到画室，最迟离开画室，是最喜欢向老师请教的学生。最后她高考美术联考225分，最后还冲刺顶尖名校北京电影学院校考，考出了美术专业全国56名的好成绩。单考后她继续主攻文化科，文化科也考出470分的高分，最终以优异成绩被全国最热门艺术大学之一的北京电影学院录取，你们一不小心要跟将来的大明星做同学了。

再举几个在校同学的例子：高二（10）班吕××同学，分科前年级排454

名，分科后不断努力，高一第二学期联考排232名，期末更排名192名。他的同学都知道，他的进步离不开他的勤奋、专注、刻苦。还有高二（5）班郭××同学，上学期中途由体育班转进文科班，勤学善问，寻找适合自己的学习方法，期末联考进步103名。他人品也好，转入5班时间不长就得到同学们的信任，被选为班长，人品增值也好。这里还有一个例子：高三（8）班黎××同学，入学排165名，分班时排99名，高二第一学期期末考试排65名，高二第二学期七校联考排42名，期末考试排16名，一路下来，一直在进步，是在高位上保持增值的例子。

第三，体质要好，身体要增值！要健康，要安全！我们要加强体育锻炼，认真做好早操早锻和眼保健操，自觉进行体育锻炼，每天保证体育锻炼一小时。学校会像关心大家学业成绩一样关注大家体质测试数据的变化。为了方便大家打球锻炼，会议最后一个议程是启动东莞五中公益共享篮球项目。在大会现场通过计算机从每个年级师生名单中抽取1名教师和2名同学共12名师生代表，在公益共享篮球上签名，在大家的见证下把他们签了名的公益共享篮球放入公益球屋的球架里，免费给打篮球的同学在球场区域内使用。篮球用完后大家千万不要顺手牵羊，据为己有，要放回球架。既然有足够的共享篮球，建议大家不要带篮球到校了，也不要在教学区打球、带球等，一经发现，学校会把你所带的球锁进公益球屋旁的"球类禁闭室"。身体要增值，我们还要养成良好的生活习惯和学习习惯。上学期我们提到的部分同学吸烟成瘾、网络手机成瘾等都是危害我们生命健康的，我们要杜绝！我们还要保持环境的卫生、个人的卫生，上课时课室要保持适当的通风和良好的采光，我们要创造好的环境，让身体增值。

同学们，新的学年新的希望，我注视着大家的进步，预祝大家增值成功！

二、学生发展共同体

（一）学习共同体的定义

学习共同体也叫"学习社区"，是由学生或者学生和教师共同组成，是支撑以知识建构与意义协商为内涵的学习平台，是以完成共同的学习任务为载体，以促进成员全面成长为目的学习集体。具有三个特征：

（1）学习共同体成为信息时代知识创造的群体基础，注重强调人际心理内容与沟通，在学习中发挥群体动力作用。

（2）学习共同体以全面成长为目的，通过课堂交流、平时合作、人际沟通，去探讨、合作分享各种各样的学习资源，相互影响、相互促进。学习集体能获取更多的知识提高学习的效率。

（3）学习共同体，其实就是一个学习社群。它包括学习的伙伴关系，包括学习的资源共享，也包括团队愿景和实施细则，是一种基于伙伴关系的有效学习方式。

（二）学习共同体的特征

正如一位学者说："学习型组织是一种不同凡响、更适合人性的组织模式，同时以令成员振奋的远大共同愿景以及整体动态搭配为行动，充分发挥生命的潜能，创造超乎寻常的成果，从而由真正的学习中领悟工作的意义，追求心灵成长与自我实现，并与周围世界产生一体感。"学习共同体具有非常明显的特征：

（1）统一行动，是基于群体共同目标而采取的，是有步骤、有分工、协力合作共同进步的行动。

（2）共享合作，基于学习共同体内个体特长和效率的基础，充分重视发挥个体的特长和合作更高效的模式，从而实现共享合作。

（3）精神辐射，学习共同体重视精神的作用，通过精神发挥集体优势，实现共同追求。

（4）榜样示范，学习共同体当中有一个很优秀的模式，那就是榜样示范。其他的同学可以在榜样带动下，更主动、更积极、更充分地参与其中，这是一种群体内机制驱动力所在。在一个学习共同体中榜样可能不止一个，因为每个成员的兴趣爱好、特长不同可以形成多个这样的榜样。在此情况下，学习共同体的群体内机制驱动力会更多，源头会更足。

（5）团队进步，团队进步并不掩盖个体进步。团队进步是学习共同体最重要的目标。这个最重要的目标一定是在个体进步的大前提下而要寻求的最高目标价值。

（三）你如何参与学习共同体

在学习共同体当中，你首先要认识自己，做出充分正确的自我评价。要想有好的心态，首先要学会自我反省，能够看到自己的优点和缺点。否则高估自己就会难以达到自己定下的目标，低估自己也会带来自卑感。一个人只有充分了解自己，才能根据自己的能力，推己及人。

规划自己的理想与目标要切合实际，依据团队的实际情况给自己定短期和长期目标。当然还要继续改变自己所处的实际环境，积极参与到学习共同体的各种学习任务之中，并且也要维护学习共同体里与人和睦相处的长期同学关系，培养良好的人际关系，通过朋友间的这种良好关系，相互促进、共同进步。

构建师生学习共同体，要确定教学目标，寻找共同愿景，以激发学生学习的"兴奋灶"为目的。

构建师生学习共同体，要把握师生关系，恪守"主体同等"，以建立师生之间信任平等的学习关系为基础。

构建师生学习共同体，要优化学习环境，创设学习情境，以培养学生的团队实践能力为根本，都应该强调学习方式的体验性和开放性，针对团队目标要求，精心设计学习内容，研究和创新学习内容。

"取其精华，去其糟粕"是参与学习共同体很重要的一点。学习共同体是团队，这个团队中的每一个人都有着自己独立的思想，而这么多的思想汇集在一起，总有些不合时宜的掺杂其中。那么这个时候应该擦亮自己的眼睛去分辨好与坏，在集体活动中应该先判断什么是有益的，什么是没必要做的，再加以执行。

第一，需要有超越99%的努力。俗话说，成功的人往往1%靠天分，99%靠努力。人生本就是一个不断努力的过程，即使是80岁的人也要努力面对生活，把握时间；3岁小孩也要努力面对生活，学习走路、说话。

第二，需要有方法的努力。当你觉得自己很努力，却长时间以来收获平平时，你应该静下心来问问自己，而不是抱着侥幸的心理。你是否真的很努力？你是否认为白天效率低下，打算晚上挑灯夜读？并且催眠自我感觉自己花的时间比他们多？比他们更加努力？

第三，是希望学习共同体里的所有人都拥有乐观的心态。无论是学习还是以后更多的人生考验，乐观能减轻你的压力。希望在每个人生阶段的关键时期，都能有意想不到的惊喜，待明年夏至到来时，去年在心中播下的果实，能够顺利摘采。待到开花结果，你我尚好！

（四）成为优秀的学习共同体成员

学生是课堂的主体，教师成了引导者、辅助者。师生都有义务建立互相交流的学习关系。课堂设计应回归学科本质，围绕着核心素养设计教学，教师通过设计教学要发掘学生不同的个性，以形成独一无二的共同体。充分的学习，是"交响乐"式的学习。学生对此，感受颇丰。

【学生素材36】

积极参与我的学习共同体

我与同学之间经常在学习过程中进行交流沟通，分享各种看法，共同完成一定的学习任务，因而在成员之间形成相互影响、相互促进的人际关系。老师、学生同时在一个课室里面参与学习，彼此之间很容易进行面对面的交流，可以自然而然地形成一定的学习共同体。例如，一个学习小组、一个班级，乃至一个学校，都有可能成为一个学习共同体。学习共同体必须经过有意识的设计才能形成。

我不倡导在网络上进行学习，因为这样缺乏与学习者面对面的交流接触。共同体是共享的协助性学习活动中心，我和其他同学之间协助交流，老师会提前选择一些开放的，具有一定复杂性、真实性的任务，使我们感到问题的意义和挑战性以激发我们学习的兴趣。

因此，打造学生的学习共同体，需要每个成员都以一定的标准参与其中，我认为有四个方面的标准。

（1）情感交流人。孩子可以在一个相对稳定的伙伴群体当中充分交流，既包括学习上的也包括生活上的，还可以是情感上的。既可以解决内心的困惑与不安，也获得了稳定的情绪。

（2）行为参照人。中学生都有自己个性的行为，所以我们这里所讲的行为参照人更侧重学习上面的习惯、学习领域当中的方法以及学习过程当中所保持的注意力。所以在学习共同体当中，任何一个人的优秀学习习惯、学习行为和学习注意力都是其他成员可以参考并模仿的。

（3）学习榜样人。在学习共同体当中学习，榜样可以分两个层次来发挥作用。第一个层次是显性的、外在的，任何一个共同体中的个体在这个共同体当中都可以充分地去享受、感悟共同体团队的进步或者是榜样带来的各种荣耀。

第二个层次是隐性的、内在的，学习共同体当中的各个主体在学习标兵、学习榜样、学习领头人的带领之下，内心充分地去感受所形成那种渴望进步、渴望前进的动力，并且把这种动力细化到自己的学习行为当中追求更大的进步。

（4）爱好参与人。在学习共同体当中，除了在学习目标上面保持共同追求之外，还可以做到爱好的分享交流。一项属于个体的优秀爱好，也可以通过学习共同体做充分的交流，宣传并形成群体的共同爱好。例如，在一个学习共同体当中，如果有一个成员喜欢羽毛球，那么这个个体羽毛球爱好者完全可以在课余的时间组织活动，带领其他人员参与，形成一种非常健康、互动的交流。

三、人生因坚持而精彩

【发言稿2】

人生因坚持而精彩（有删减）
——莫佛钦副校长在2019年春季开学典礼上的讲话

尊敬的老师们、亲爱的同学们：

寒假，对我们高中生来说是一个调整期，更是一个查漏补缺的好时机，所以人们说，假期是弯道超车的最好机会。现在假期已经结束了，同学们，你们是超车了还是被超车了呢？我认为，要在假期超车，关键在于坚持，谁能坚持学习，谁就能超越别人；谁虎头蛇尾，谁就眼睁睁看着别人超越自己。坚持是有毅力的一种表现，也是一种令人景仰的行为。今天，我围绕"坚持"这个话题谈谈自己的一些看法。

一、学习贵在坚持

在学习中，我们可能都有过这样的经历：在某个时期，决定发奋读书，于是立下"努力学习，朝着自己梦想不断前进"的雄心壮志，决心一定要好好学习，一定要抓紧时间，一定要认真听课……也许我们为此还曾经挑灯夜读，闻鸡起舞。一周，我们可以坚持，一个月，我们或许还可以坚持，可是一个学期、一年呢？时间一长，意志薄弱的同学可能会因为遇到困难挫折而失去激情，也可能会因为学业繁重而感到疲惫，从而渐渐变得懒惰，变得散漫，最终忘记当初的"一定"，一切雄心壮志也不了了之。究其根本，就是缺乏持之以恒的精神。我们常把"梦想"挂在嘴边，却败在不愿改变的懒惰上；我们向往更好的生活，却不愿跳出舒适区去争取。

我们要知道，学习不是一朝一夕的事情，而是一个艰苦而漫长的过程，需要有永不言败的毅力和气魄。你坚持了多久，实施了多少，就会收获多少，如果在这个过程中感到枯燥无味而半途而废，最终只会一无所获或收益甚少。所以，当我们面对学习的困难和压力时，应该时时提醒自己：坚持，再坚持一下！坚持是一个日积月累的过程，坚持每天练20分钟的字，将会有一手好字伴随你终身；坚持每天看半个小时的课外书，将来你会拥有一个知识宝库；坚持每天背诵单词或公式，考试时你会如鱼得水；坚持每天认真听课，你的成绩将会突飞猛进……俗话说："日日行，不怕千万里；常常做，不怕千万事。"不要因为困难而退缩，也不要因为失败而放弃。水滴石会穿，绳锯木会断，坚持才是硬道理。

同学们，不是有希望我们才坚持，而是坚持了我们才有希望，有希望学有所成，有希望让自己在这个知识经济时代走得更远。

二、成功需要坚持

在平时，学生看到的往往只是身边成功者成功后的辉煌和风光，但是，你们可曾留意过他们成功背后的坚持和努力？纵论古今名人，凡是功成卓绝者，他们都有一个成功的秘诀，那就是坚持！爱迪生坚持试验了几千种材料才研制出白炽灯；居里夫妇坚持在简陋的工棚里冶炼了三年又九个月，才提炼出0.1克镭；徐霞客坚持了三十多年的旅行考察，才诞生了《徐霞客游记》；屠呦呦坚持了四十多年的研究，才和团队研制出青蒿素……这些耳熟能详的事迹和简单明了的数字，都在清清楚楚地向我们诠释一个道理：要想成就一番事业，就需要持之以恒的坚持。

任何事业的成功都不可能一帆风顺，都会遇到各种意想不到的挫折和障碍，甚至难免会遭受失败。坚持了，就会拥有成功的希望；放弃了，必定会失去成功的机会。成功者的成功大多缘于此，不成功者的失败也大多缘于此。同学们，天上不会掉馅饼，每个梦想的背后都是恒久的坚持，每个成功的脚下都是无数的汗水，要想有所成就，就必须付诸行动，从一点一滴做起，只有坚持才有成功的机会。

"花有重开日，人无再少年"，时光易逝不等人。同学们，希望你们在这个美好的年华尽力拼搏一把，朝着理想坚持奋斗，让人生无憾，让青春无悔，相信你们的未来会因为今天的坚持而更精彩！

人生都是由一个个阶段组成的！成功的到来，一定是由于每个阶段你都同样地坚持和付出。你们可以在现在的阶段和位置好好回忆之前你在某个领域的坚持和付出，找到那个成功的自己。

【学生素材37】

学生甲：回忆在篮球队的日子，满是辛甜。不管是每天半小时的体能训练、放学后1000米的跑步、重复来重复去的100次传球和两步上篮，还是每天早上比其他人都早到一个小时练球，这些都有我的身影。春去秋来，整整两年的时间，我的训练全部都没有落下，里面有队友们的欢声笑语，也有老师孜孜不倦的教导，还有屡改屡战的我。尽管在最终决赛时，没有拿到冠军，但是我还是可以骄傲地对其他人说，那个年纪的我坚持过、奋斗过。

学生乙：整整一个月，一早起来我就站在阳台喊一嗓子："冲啊！"然后拎着书包就往补习班跑，在补习班住下来。是的，我早上八点去，晚上十一二点回。练习册"白白嫩嫩"拿过去，回来的全是"红黑胶囊"。那时候，我妈原先一副恨铁不成钢的模样，也总算恢复原样了。家里人看我那样也放下心来，不再给我施加压力，由着我来。头顶有尊大佛（我妈妈）压着，我也不得不努力起来。

学生丙：我认为在对的事情上用自己120%的努力去尝试，也许结果并不是你想的那样，但至少，你努力过，奋斗过，拼搏过。我在一本书上看过这样一句话："我可以接受失败，但我不能接受没奋斗过的自己。"而且我有一个梦想——扣篮。因为扣篮是一个很帅的动作，也是很多打篮球小伙伴的梦想。它不仅仅是一个动作，还是一种信仰、一种力量、一种精神、一个装着我的梦。在先天不足的情况下，我就要后天努力。训练深蹲，训练弹跳，不停地参加跳、蛙跳、深蹲等力量练习，每天都会去跑、去跳。篮球界的大神"飞人乔丹"说过："只要每天跳一跳，你就可以成为下一个飞人。"

学生春妮：记得小学低年级的时候，班上的同学几乎没有人理我，不愿和我做朋友。我每天形单影只甚至是寂寞与空虚，原因只有一个，那就是我学习成绩极差。在同学们的眼里，我就是一个又笨又讨厌的人。在老师的眼中，我是一个不上进的人。我常常因受到同学们的冷嘲热讽而暗自流泪。在新学期，新老师跟我谈了话。那段话中的每个字、每句话我都记得清清楚楚。我暗下决心，化悲愤为动力，化泪水为甘露，勇往直前。我从此希望，从此梦想，我没有天分，但我有十足的努力。

学生的成功和成才是一种相同的结果，但学生成功和成才的路径却没有统一的标准。我们从学生的分享中可以感受到，学生对成功的渴望和坚持，也了解了学生内心的真实想法。也许，我们的工作应该从策略与管理方面多给学生帮助。

被称为世界上最了不起的投资家的沃伦·巴菲特在8岁的时候就收集小区附近垃圾桶里面的瓶盖并以此分析饮料的需求。在经营管理方法领域有一个术语叫作"标杆管理"，指的是以同行业标杆作为自己公司的标杆，与之比较找出自己身上的不足，并不断学习和自我完善。其实不仅企业经营中需要标杆管理，我们在人生规划的时候，也需要标杆管理。

对于学生而言，相比标杆管理，也许更重要的是未来标杆。一位叫汤姆·比德斯的学者主张人们活在2010年，但却应当考虑着2020年，并将其称为未来标杆，主张人们应展望未来社会并为之做好准备，并指出，未来需要当下之人必须培养：

（1）协同发展能力。人始终是主题，需协同虚拟与现实的和谐共生。

（2）自我修复能力。变化、冲击、不安、忧虑都需要人有强大的自我修复能力，培育审视自己内在的能力。

（3）流动适应能力。在互联网与智能技术的支持下，人类需求呈现选择多元化、信息化、智能化，未来社会资源会以较快的速度、较广的空间和较多元的参与进行流动，需要人类加强流动要素适应能力。

（4）积极人生控制力。其中很重要的一项是自我意识养成。自我意识是指一个人了解自己的内在状态、偏好、资源和直觉的能力。自我意识比较超前的人往往能够及时觉察和反省自己的内心世界，更好地了解和管理自己的思想、情绪和行为，调用自己的全部潜能完成更有挑战的事情。

青春，正是播下种子的最佳年华。不管你是在田地、山林，还是荒漠、沼泽地，只要你精心耕耘，收获将会如期而至！

四、保持学习力

总之，每一个人都会遇见未来的自己，每个人都能预测可能的自己！

【学生素材38】

学生说：我觉得，考完试的我，不应该那么放肆。因为我没有考到我想要的名次。我还是原地不动，坐着那个属于我的倒数的位置。这使得我无法面对父母最无奈的目光。我觉得在学习上，不能那么绅士，不然就显得我就像一个智障者。

我的奋斗与拼搏还没有结束。我应该还有机会去努力、去奋斗。距离会抛弃我，艰辛的经历与学习的快乐，还有那苦涩的汗水，都只是我曾经的梦。现在开始真正的努力，还不算太晚，所以我决定努力向一个学霸靠近，做到：

上课前预习，课堂认真学习，课后归纳复习。

早睡早起，每天坚持背20个单词。日积月累，周而复始。词汇量也会相应增加。

按时吃饭，保持健康的体质，迎接未来。

给自己拟订一个完美的实施计划——日程表。坚持打卡，相信努力不会白费。

确立自己的目标——理想的大学。有目标才有动力，有目标才有方向。

只要学不死，就往死里学。累死我一个，幸福我一家。

（一）学习力之说

如何才能保持持久的学习力？我认为要弄清楚学生比较关心的两个学习重点：一个是为什么学习，一个是我们想要成为什么样的人。未来，无论是教育本身，还是老师、学生，都要高度重视和强调现代关键素养，发展"沟通与交流、团队合作、信息素养、创新与创造、社会参与贡献、自我规划与管理"等能力。

第一个问题是为什么学习。孔子说得好，"古之学者为己，今之学者为人"。古人学习，是为了丰富自己的知识，锤炼自己的性格和意志，是"为天地立心，为生民立命，为往圣继绝学，为万世开太平"。而凡夫俗子，学习要么是自我炫耀标榜学问、知识、财富、官爵，是为功名利禄而学习，要么是纯粹地为个人富贵、家庭富足学习，缺乏一种恢宏的家国视野。因此许多学生一股脑去学金融、法律、医生、计算机，而没有人愿意从事那些缓慢改变社会的职业和事业。殊不知，学习是人自身的重要组成部分，是人由"自然人"顺利成为"社会人"的重要途径。说白了，学习首先是为了不断地提升自己，是发展自己的途径。

第二个问题，我们想成为什么样的人。关于为学和立志的关系，王阳明说得很清楚："故立志者，为学之心也；为学者，立志之事也。"为学做事最核心的只是去立志而已。习近平总书记提倡"不忘初心"，我觉得"初心"就是所立之志向吧。王阳明又云"诸公在此，务必要立个必为圣人之心，时时刻刻，须是一棒一条痕，一掴一掌血，方能听吾说话，句句得力。若茫茫荡荡度日，譬如一块死肉，打也不知痛痒，恐终不济事"。没有志向，人浑浑噩噩混日子，只有以圣人之心为心，每天激励反省改过自新，才不会迷惘、消沉乃至堕落了。

未来不论你在哪一行工作，应该有四个志向：

（1）阅读。阅读文字、分析文章、上网看书查资料获取多角度全面的收集信息能力，看透人心，知晓人性。

（2）写作。写作是人运用语言文字符号以记述的方式反映事物、表达思想感情、传递知识信息、实现交流沟通的创造性脑力劳动过程。写作是生活中与人沟通、交流、分享信息的一种方式。

（3）计算。会用图表等方式对数据进行分类记录归并，懂得从图表纷繁复杂的数据中获取规律，懂得用概率论与统计学的方式，应对这个大数据年代的信息方式提取有效信息。

（4）对世界保持好奇心。世界越来越复杂，了解的东西越多，越能够发现这个世界更多的可能性。

（二）学习力培养

漫天的资讯来自四面八方，正在侵蚀学生有限的注意力。你有没有这样的经历？当你面对着一本比较厚的书时，发现自己提不起兴趣。或者，当你想看一本书时，不过10分钟时间，你就想放弃，注意力被转移到其他的人、物和事上。在你刚看书不到几分钟之时，又想着手机了……

①随处可用、随手可得的多媒体，人人都有个自媒体，令人轻易获得资讯；②图文丰富、声情并茂的资讯轻易让人产生这样一种错觉：我有在学习，我有获得知识和技能，从而产生了自我麻醉的错误信息；③资讯的更新速度太快，所营造的氛围逼迫人去进行快餐式的浏览；④人的阅读能力和阅读耐力严重下降。

要应对这样一种损害我们阅读能力的局面，需要做到以下几点：第一，重新建立认识，明确各种资讯只是自己知识的补充而已；第二，把获取知识和生活消遣分开，把获取知识的途径拓展，把生活消费的门道缩小乃至关闭；第三，碎片化的时间安排要让位于板块学习时间；第四，碎片化的阅读要让步于深度阅读；第五，读书笔记和思维导图是巩固深度阅读的重要保障。

在学校，很多学生可能都认为，成绩是最重要的。殊不知，从多角度发展自己的未来可能性才最重要，而未来可能性需要自己保持对周围事物及环境的好奇心。

创新教育，激发可能

一、活的教学

人类，借助互联网作为中心，史无前例触碰到最大、最宽、最深的世界。人类从"互联时代"进入"智联时代"，一系列的标志性发展印证着创新与无限可能的出现：

交通：无人驾驶汽车。

医疗：智能诊断和智能治疗。

文艺：机器人写诗、绘画。

竞技：阿尔法狗大胜韩国九段李世石。

社会：首例机器人公民"索菲亚"横空出世。

金融：无人银行，员工"小龙人"入职。

互联网改变了信息连接的方式，指数型技术在迅速颠覆着现有的商业世界，人工智能已经开始抢占人类的工作岗位。国家已从未来的角度，从整体上规划着教育的未来。中共中央、国务院印发了《中国教育现代化2035》，明确指出加快推进教育现代化、建设教育强国、办好人民满意的教育。2017年10月10日教育部学校规划建设发展中心发布《未来学校研究与实验计划》，描绘了"未来学校"的特征：

（1）绿色、智能和泛在互联的基础设施。

（2）集成、智慧、因变的新学习场景。

（3）灵巧学习及创新的赋能场。

（4）开放融合的学习生态。

（5）创新的知识和信息网络拓扑结构。

（6）人工智能融合的教师——课程智慧系统。

社会在发展，人类社会分工在发展。2015年版《中华人民共和国职业分类大典》颁布以来发布的首批新职业包括：人工智能工程技术人员、物联网工程技术人员、大数据工程技术人员、云计算工程技术人员、数字化管理师、建筑信息模型技术员、电子竞技运营师、电子竞技员、无人机驾驶员、农业经理人、物联网安装调试员、工业机器人系统操作员、工业机器人系统运维员。

孩子们，未来你想做的，或者你在做的工作很可能是完全颠覆你的父母对你的规划，因为社会发展使得社会分工进一步专业化、精细化。留给学校和教育工作者的挑战可谓多多。学生听课无心、作业无力、课外活动看心情……其中一个关键问题是如何调动学生的积极性。我们看一所高中的"创意市集活动"（有删减）。

1. 设计活动

为了增强班级凝聚力，以"商贸搭台，互通有无，交流情感，知识互补"为口号，本着"我的服务满足你的需要"的理念，充分发挥集体力量，乐于创新，展示集体特色，引导学生自由合作，组织创业，并在创意市场展示、交流、拍卖商品，从而培养学生的商品竞争意识和经济头脑，进一步激发学生搞技术革新和发明创造的欲望。我校决定专门为高二各班级和学校各社团举行创意市集活动。

2. 准备阶段

（1）以班为单位，有兴趣的同学可自由组合参加。

（2）制订本班摊位的活动计划（如确定销售物品、投入资本以及一些具体事项等等）。

（3）每班市场尽可能拥有自己的店名，自己设计本店的广告语，自己设立广告牌。

（4）每班设一名通讯员，将活动照片用相机及文字记录下来（特别强调用相机拍照）。

3. 实施阶段

（1）每班将2—3张桌子及商品搬放于操场指定位置。

（2）售货员站好柜台，其余同学任意选择柜台商品进行买卖。

（3）商品成交后，售货员必须填写好"成交价"。

（4）各班市场对各自货物及收入情况做好详细登记，结束后进行核算。

4. 评比

（1）根据各班综合表现评出一等奖2名、二等奖3名、三等奖5名、优秀奖6名。

（2）投票选出"最佳创意奖""最高人气奖""诚信经营奖"三个奖项。

（3）每班评出一名"杰出员工"。

（4）活动后谈心得、说体会，制作成海报。

在这项活动中，我们惊喜地发现，学生的参与热情空前高涨。这是一项庞大的系统工程，学生们要处理创意、设计、广告、文案、采购、分工、准备、宣传、成本核算、盈利状况、公平分配、营销等一系列的问题。这些问题其实更多的是社会问题。但是在校园里面，竟然被学生处理得井井有条。这其中也许有熟悉的工作，但更多的是陌生的工作。那为什么他们会如此积极呢？

（1）新鲜事物引发浓厚兴趣所致。学生的学习、生活和工作都是相对稳定的。一如平静湖面的校园生活，如果有适当的新鲜事物的引入，如一项新的活动、一项新的措施、一次新的挑战、一次新的体验，都会受到学生的关注和参与，其活跃程度自然不需要老师过多地指挥。

（2）自由与支配——给学生一点时间。给学生一点时间，就等于给生命一次机会！每个孩子都有他最优秀的地方，教育不应该去补短，而应该扬长。好的教育就是把孩子们擅长的东西给放大，帮助每个孩子成为最好的自己，这才是教育的真谛！补短，是让所有的人成为一样的人；扬长，是尝试让所有的人成为不同的人。

（3）获得适度的帮助，这里强调的是适度的帮助，而不是过多的干预。这种干预，不应该只是来自老师和家长。

这是活动方面的反思，那么课堂呢？什么样的课堂才能够真正带领学生活动呢？这需要我们及时顺应社会发展趋势，总结教育发展规律，发展适合学生未来立足社会的教学模式。

（一）未来教育的四大趋势

"在不远的未来，传统意义上的学校会消失，变成学习中心，没有统一的教材，没有固定年级和班级上学，没有固定的教室，也没有上学放学的时间限制，只要学分修够就可以毕业，获得国家颁发的文凭。学校变成了教育服务机构和数据中心。课程是政府教育部门招标、全社会竞争投标的。教师变成了学生学习方法的指导者和学习过程的陪伴者、职业规划师或者人生导师。"①一是学生将根据自身的兴趣、需要和目标来寻找教师，学习将是个性化、定制化的；二是基于互联网的学习将突破时空限制，同样也不会受到同龄人学习进度的束缚；三是学习将不再是记忆前人的经验、知识，而是掌握可实践的技能，甚至探索前所未有的领域；四是教师将不再是一种全职职业，它将不受年龄、职称、学历的限制，只要某个人在某个领域很专业就可以在这个领域灵活地教学生。

（二）活的教育

教育，从古至今一直都是人类重要的领域和行业。在孔子眼中教育是"有教无类"，孔子非常重视教育，他把教育和人口、财富作为立国的三大要素；在韩愈眼中教育是"师者，传道授业解惑也"；在卢梭眼中教育是"植物的形成由于栽培，人的形成由于教育"；在钟启泉眼中"教育是奠定'学生发展'与'人格成长'的基础"。

教育是人类特有的传承文化的能动性选择，具有选择、传递、创造文化的特定功能，在人的教化与培育上始终扮演着重要的角色。

活的教育，首先要有活的教育观念。改变命运，唯一的策略是变成终身学习者。未来世界将不再需要单一的技能型人才，而是需要具备完善的知识结构、极强的逻辑思考力和高感知力的复合型人才。②

其次，是活的教育资源。社会全领域、全有益的要素因教育主体多元而不断被引用和激活。

再次，是活的教育过程。教育不再局限于年龄和对象，而是成为人一生的成长态度和途径。

最后，是活的成长主体。在电影《银河补习班》里，我们知道，无论是学校教育，还是家庭教育，我们都应该懂得："总有一天你要面对的，是人生的高考；这世界上有很多事情是我们控制不了的，但我们可以控制的，是我们自己；真正的人生难题，不会像考卷那样，会自动跳出ABCD四个选项，有且只有一种标准答案。而是会有EFGHIJK的岔路，甚至能开出XYZ的脑洞。"

① 朱永新.未来学校：重新定义教育［M］.北京：中信出版社，2019.
② 马丁·塞利格曼.活出最乐观的自己［M］.洪兰，译.沈阳：万卷出版公司，2010.

（三）体验往往是最好的教育

 案例 33

了解东莞、体验经营

针对的主题：鼓励学生走出去，让学生贴近生活，走进东莞民营企业，通过亲身的体验，了解东莞民营企业的生存、发展状况，从而加深对东莞经济的了解；同时也让学生明白企业对求职者的用工需求，让学生在今后的学习中更加求真、求知和成长！

学生的参与：活动共分三个流程。

一、参观企业的产品展览（图1）

图1　学生参观企业的产品中心

二、学生带着问题和企业负责人进行交流（图2、图3）

图2　企业负责人向学生们分享创业历程

图3　学生与企业负责人交流

（1）张老板，印刷厂印刷的流程是什么？长期工作会有职业病吗？——罗××

（2）叔叔好，印刷厂在印刷后产生的污染（如废气、废水等）是如何处理的？——黄××

（3）叔叔好，随着社会生产力水平的提高，手机、平板电脑等电子产品的普及，未来的各行各业对纸的需求量，可能会大幅度减少。请问企业是否有针对性的策略应对，企业是否会转型？——赵××

（4）张总，在物价飞涨、劳动力成本不断增长、劳动者素质普遍偏低、新东莞人大量返乡的社会大背景下，企业如何降低成本，增加利润？近两年东莞掀起一股"机器代人"潮流，企业如何看待？是否会跟上潮流？——叶××

（5）张先生，现在各个厂之间竞争这么激烈，贵厂会采取什么措施使自己在激烈的竞争中生存下来？——朱××

三、企业负责人带领学生参观生产车间和半成品、成品加工区

"刷"出感悟

我很幸运能与"社会"一起上了一堂"高考励志课"。谁也无法去衡量其中的价值。但就我而言，是无价的。

怀着兴奋，坐上大巴来到了目的地——万邦印刷厂。老板十分热情地迎接我们。起初，我以为他是小职员，因为他面对任何人都是一张笑脸，有亲和力，完全颠覆了我心中老板冷漠严厉的形象。

我们先了解了他们的产品，主要是化妆盒、电子包装及配件。随着人们消

费水平的提高，对化妆品、手机和母婴用品等的购买力不断增强，包装及配件的需求也增多。所以，我认为这家中小型印刷厂有广阔的天地和辉煌的未来。该厂每年收入三千万元以上，设备齐全，有世界顶端的机器，如高保、罗兰等。

一个成功的企业必然有一个有智慧和高尚品质的成功人士。老板姓张，我们叫他张总。在会议室里，谈起自己的事业，他很有主见，面对我们的提问，他耐心解疑，头头是道。我从中了解到有关印刷厂的转型趋势。随着科技的进步、电子产品的普及，书籍等纸质产品的需求量会大大减少，许多书籍印刷厂采取到国外收单的方法，更多的印刷厂转型做电子包装。于是该厂也面临巨大的挑战，竞争越来越激烈，然而张总也有他自己独特的策略。

他说，一抓品质，二抓业务。对工厂来说，品质是第一生产力。严抓品质，才能与客户长久合作，工厂的收入才能稳定持久地上涨。如果品质差，客户来一个就"死"一个，对工厂的荣誉、信誉有很大影响。他的宗旨是，让不可能变为可能，以智取胜，做得更好。抓业务，淘汰一些利润低的客户，选择利润高的客户，才能养活工人。抉择精当，业绩才能出色。张总的聪明才智让我们叹服。

社会上有很多的矛盾，农民工的大量返乡，使一些劳动力资源型企业在年头出现了用工荒问题，许多工厂大量招人，然而工厂的人一年比一年少。张总对这一问题给出了自己的看法。

市场上，印刷原材料成本低，将买原材料的资金弥补到人工工资上，以应付人工成本不断上涨的局面，维持工厂正常运转，工人一有离职就增补，防止有冗工的现象。尽量减少用人，由于人工成本高，他就将工作细分，让每个人都有事做，这样可以大大减少人工成本。多劳多得，工人多做有奖励，工作也开心，可以取得双赢。不过现在"机器带人"越来越普遍，需要的人工也会减少。例如，一台高保机器配一个人，可以完成七八个人的工作量。这就加剧了社会岗位与劳动力资源过多的矛盾。作为高校学生又应该怎样面对这一形势呢？这是我们要深思的。

也许，作为高二的学生应该想想，希望自己一年后走什么样的路，才不会被社会淘汰？然后在这一年半的时间里，你会怎么做呢？作为高中生不能单单从书籍上汲取知识，还要重视书籍以外的知识来源。看报、看新闻等通过各种途径，让自己做好步入社会的准备。古人有言："纸上得来终觉浅，绝知此事要躬行。"这告诫我们，从书上得来的知识要深刻理解，使之成为自己的知识，发挥其作用。例如，企业家精神，是一种创新意识、一种责任、一种品格、一种价值观、一种文化修养。但这只是企业家精神的一点皮毛，甚至不包括企业家们的价值取向。但通过这次的实践，我们了解了张总的行为举止，对事业的态度，他对员工耐心指点，等等，这些小小细节成就了他今天的成功。我们要向张总学习，在学习上，寻找新思想与老师共同探讨方法，学习刻苦钻研、执着；在生活上，要勇于承担责任，果断行事，奉献爱心，乐于助人，还要提高自己的文化修养，丰富自己的学识。我们终究要成为社会的一分子，因此要关注时事，关注社会发展趋势，将来才能更好立足于社会。

如蒋勋所言："分数越高的人，自己越要特别小心，因为你将要面对的生活难题，都不在这些分数里面。"作为学生，在学校更应该注重提高自己的能力，对问题举一反三，才思敏捷，培养创新精神，勇于参加各种社会实践，丰富人生阅历。等到真正进入社会，就不必畏惧了。

二、流动图书角价值大

文学的魅力是无穷的，千万本书有千万种意境、千万个奇伟瑰怪的世界。著名儿童文学作家、湖南师范大学博士生导师汤素兰在"文学的力量"主题讲座中指出："文学最大的作用是认识自我，认识他人。文学有七种不同的力量，使人变得更美好。文学的第一种力量是让我们拥有一双发现美的眼睛。文学的第二种力量是激发想象力和创造力。第三种力量是让我们心灵更加丰富。文学的第四种力量在于文学让我们获得智慧，认识自己，接纳他人，学会内省，从而提高自己的品行修养。第五种力量可以让我们变得勇敢和正义，敢于批判，勇于进步与变革。第六种力量乃是语言的魅力。最后的第七种力量是故事让生命永恒。"

用"忙里偷闲的阅读"来形容高中学生的阅读，是不为过的。毕竟，高中学生比起小学生、初中生，他们有更重要的学习任务。但是，高中也不是忙到没有时间阅读。阅读既是一种学习方式，也是一种放松的方式。当我们在阅读不同类型正能量的书籍时，往往会获得不同的阅读感受，会受到意想不到的鼓舞。罗曼·罗兰说："让学生明白阅读、学习和提高就是人生一辈子不间断要做的努力。和书籍生活在一起，永远不会叹气！"

【老师素材2】

读《时间的礼物》随想

其实，刚刚我在"果麦麦的好书博物馆"写了一篇留言，无奈分享后再也找不到踪迹，我知道靠记忆是无法恢复首创的文字的，因为多了刻意，少了内心的自然涌动，可我还是想追忆那段文字，那就试试吧。

人终究是敌不过时间的，在我看来，时间是永恒的，而人的一生却是有限的甚至是短暂的，最终我们的归属都一样，走向生命的结束。有趣的是，我们基本无法预知死神什么时候就到了身边，并被告知，我们要和我们的人生说再见。也许我们彷徨，也许我们恐惧，也许我们不舍，所有的情绪我猜是源于我们有着很多哪怕是一件追悔不已但一直没勇气去弥补的事。在永别的那一刻，能做到无牵挂、洒脱面对的并不多。

《时间的礼物》，暖心，却又扎心。一场与死神的交易，一位父亲迟来的悔悟，一段临死前的生命唤醒，全都浓缩在那并不长的篇章中。文字的分量很足，字字珠玑，句句扣人心弦。读罢，难忘那句："有时候，我们需要全心投入地爱一个人，才会理解时间究竟意味着什么"，深思那段临死前与死神的对话："你们人类分辨不出悲伤和恐惧的区别，它们会带给你同样的感受。""因为什么难过？""因为时间。"时间是什么，无形胜有形，人们总在时间流逝中，欣喜得到了什么，又惘然失去了什么。

也许时间给我们最多的是选择吧，对于人生的选择，你为自己定下的选择标准是什么呢？也许你也要静下心来问问自己的内心。文中说，"快乐的人从不迷恋什么，不会把人生投入治愈疑难杂症或者制造飞机的宏大工程中去；快乐的人不会留下任何遗产，他们只为了活着而活着，是纯粹的消费者"。如此看来，选择快乐是个错的选择，快乐的人活着就聪明一些，在结束那天可能也会洒脱一点，你觉得呢？

作为母亲，读着这位父亲的悔悟，读着他前妻告诉他的"一旦失去了孩子对你的关注，你就永远不会重新获得他"，内心有深深的触动，要花点时间平复。良好的亲子关系该是什么样的？良性的家庭教育应该是什么样的？父母该如何平衡自我期待与孩子快乐成长的问题？……诸如此类，我脑袋里反复在思考，我想这就是巴克曼的文字力量。

感谢你，《时间的礼物》！追忆文字是件苦差事，但也是件美事，显然我又认真地回味到了那宝贵的文字。

阅读有利于建设学习型社会。学习型社会是美国学者罗伯特·哈钦斯于1968年首次提出的。学习型社会是对现代社会发展特征的一种理论描述，是指在信息社会中，随着科学技术的迅速发展，信息与知识的急剧增长，知识更新的周期缩短，创新的频率加快，对人的素质的要求提高，人力资源的重要性增加，学习就成为个人、组织，以及社会的迫切需要。阅读是个人积极参加学习型社会的重要方式。阅读可以丰富学校的人文底蕴，阅读可以给学生提供更为广阔的读书空间、开阔学生的视野、陶冶学生的情操、培养学生的阅读兴趣、充实学生的课余生活。东莞市第五高级中学重视学生的阅读，努力建造"学校图书馆+智慧图书柜+年级共享阅读空间+班级共享图书柜+阅读课堂"的全方位、便捷化的阅读空间。

（一）年级共享阅读空间

每个年级根据学生的实际、教学的需要和年级的发展目标，确定相应的主题，营造阅读氛围。例如，高一年级以"悦读，越增值！"为主题，重视从高一年级就开始培养学生的阅读兴趣，以便更好地开阔视野和丰富人生阅历。为了更好地保证年级阅读活动的顺利进行，采取"年级负责+家长支持+班级合作"的组织模式，具体实施：

（1）设立图书馆馆长，完善有关管理、推进制度，买书、捐书、共享图书。

（2）开展主题系列读书活动，展示主题系列读书成果。

（3）开展读书分享会，邀请家长参与其中，形成"家校共读"的互动读书氛围。

（二）班级共享图书柜

各年级统一规划，统一布置，统一管理团队，根据各班的班级规划制定相应阅读主题，设置具有本班特色的"班级共享图书柜"，如高二（5）班是"崇文班"，阅读主题就是"美文与我共成长"！高二（6）班是"创新班"，阅读主题就是"创新科技助我成长"！高二（7）班是"腾飞班"，阅读主题就是"励志在我心中！"要求管理团队做好以下几个工作：

（1）筛选好书，做好阅读指导。

（2）宣传阅读的重要性，鼓励学生捐书、献书、共同分享。

（3）鼓励学生参与到图书角的布置、书本的选择、图书的整理与管理、班级借阅制度的制定等工作。

（4）充分利用班会课、团队活动课，多形式、多平台开展阅读衍生活动。

（三）班级图书角的图书置换

在班级成立图书角的大好前提之下，克服班级图书角藏书并不多的问题，其中最好的一个办法就是实现班级图书角之间的良性互动，即"班级固有图书漂流"。班级之间因为藏书内容不丰富，学生喜欢看的书有所不同，一般可以按照从a到b到c一直延伸下去的轮换次序进行，也可以按照单双号班进行有效的对换，实现图书共享"N（班级数量）倍图书"的阅读效果。

（四）学校图书馆的图书前置

互联网智能化移动终端的碎片阅读对传统图书的阅读冲击很大。高中的学生也难有一些比较宽松的时间到图书馆看书。如果能够把学校图书馆大量的藏书有计划、有针对性地流动到各个年级、各个班级，这无疑十分有利于中学生的阅读。所以，我们可以在中学的每个阶段、每个年级，根据年级的发展状况和学生的成长主题，分别挑选和安排好有关的书籍，实现一学期图书流向一个年级、一个学年互换的目标，把馆藏图书进行有效前置。

（五）校园内的"智慧图书柜"

东莞市第五高级中学积极践行东莞"慧教育"。"慧教育"即教育信息化，是指在教育领域（教育管理、教育教学和教育科研）全面深入地运用现代信息技术来促进教育改革与发展的过程。其技术特点是数字化、网络化、智能化和多媒体化，基本特征是开放、共享、交互、协作、泛在。学校教育是围绕教育三大要素——教育者、教育影响（课程、环境）、学习者来进行的。教育影响在教育三要素中属于"物"的要素，它包括：教育媒体、教育内容、教育手段、教育活动方式方法、教育环境等，校园打造"智慧图书柜"对营造校园阅读氛围，打造书香校园文化，提升智慧校园水平有较直观的积极作用。它具有以下优势和特点。

第一，拓展阅读空间。一般意义上的高中校园，学生主要的阅读空间有两个：一个是课室，一个是图书馆。图书馆因为受到办学规模的限制，中学校园图书馆的设置空间并没有大学图书馆那么大，也没有城市图书馆空间那么大，藏书那么丰富。并且高中学生在比较紧张的学习之余，无论是从时间还是从活动的轨迹来说，都偏向于宿舍、课室、饭堂这三条线。所以学生能够主动到图书馆去看书、去阅读的概率相对较低。如果有了智慧图书柜，那么这种智慧图书柜可以分布在校园的一些方便的角落，如宿舍楼下、课室周围、饭堂周围，这无疑增强了学生阅读的空间。

第二，提高藏书（学习）利用率。图书馆是一个专门收集、整理、保存、传播文献并提供利用的科学、文化、教育和科研机构。校园里的图书馆尽管配备一定的设备，藏书也比较丰富，但是学校的图书馆在定位以及功能方面偏向于完成"借书—还书—图书整理"这些简单的任务。图书馆因为人员、设备配置的问题，难以根据学校图书馆的藏书、设备开展一系列的专题导读、研读等提高学生阅读水平的活动。

智慧图书柜尽管没有丰富的藏书，但它容易进行主题式的图书存放和配备，它往往代表着学生的喜好，而且，班主任或者科任老师可以根据教学任务和班级管理、德育任务开展系列的专题阅读、分享、研讨活动。

三、体验是连接未来的重要渠道

（一）体验活动的特点

体验，可以分为直接体验和间接体验。体验强调主体对生活的体验活动，在一定程度上将主体的认识、情感、信念、意志和行动统一起来。体验具有以下几个特点。

1."真情境"

有人说："情境是凝固的生活，生活是最好的情境。"对于情境，我们爱着、感受着、思考着。"真情境"并不一定是户外的，主要是强调真实或者是接地气的、生活的，它的种类是多样的，可以是人物、素材、场所、活动；它的形式是多样的，可以是实物、图片、视频、音乐等。而情境的使用就能把真的效果做出来。是否善用情境，在于怎样使用，如何影响学生，如何用情境来引导学生走正确之路。

2."亲实践"

体验是以"主题—体验—表现—成长"为单元的实践，是一种没有固定答案的实践。在体验中，从设计、分工到实施与评价，单从参与体验活动的角度入手，有的学生希望在活动中得到锻炼，有的学生希望克服害羞的心理，有的学生是为了一种新的尝试……

所以，体验式教育活动不一定要做成"学科"，具有基本的"活动体系"就可，也不用太多考虑能否达到"横向发展"或"纵向发展"之功，重要的是，只要在体验过程中能进行以"学生发展"为中心的体验实施和生成就可以。我们应该追求广泛参与和价值共生。

3."心感悟"

体验式教育强调个体（集体）内心的自我体验，实质上是一种个体（集体）以自觉内省的方式进行的教育活动。[①]我们在进行体验式教育活动的时候，反复强调一个观点，即不仅是为了体验而体验，体验式教育活动的开展是为了人更好地生活。因此，这种直接体验活动并不能到了活动的完成就终结了，它应该是坚持"参与—体验—感悟"的过程。20世纪享誉全球的幼儿教育家蒙台梭利说："释放孩子的潜力，世界因此而不同。"[②]尽管体验式教育活动受时间、空间、气候、地域、文化和投入等主、客观条件的限制，但同时，它又给我们无限的"引入"可能。不论是学校、班级、社团还是学生个人都可以借助不同的媒介、平台，从视觉、听觉、触觉和感觉上获得强大的知识认知、心灵碰撞和间接经验。

4."认识的主客体能动化"

传统的教育结构是"认识主体（老师）—认识客体（学生）"，这种单向的教育结构其最终效果并不能达到最大。相反，在体验式教育活动过程中，认识的主客体会发生明显的能动化行为，不管是老师还是学生都有可能因为活动的需要而成为教育过程的主体或者客体。其结构一是"认识主体（老师+学生）—体验目的"，其结构二是"体验过程—认识客体（老师+学生）"。

分析于此，体验式教育活动是一种三段式的教育活动——主动认知的过程，合作体验的实施，自我生成的收获。中学生应该是处于心理年龄和社会年龄的过渡期，既渴望尝试、体验并获得成功，又容易紧张不安，想显示自己独特之态。体验式教育活动确实能让学生在既定的时空里获得一定的尝试和成

---

① 陈怡.论知性——体验式德育［M］.南京：东南大学出版社，2014：79.

② ［意］玛利亚·蒙台梭利.发现孩子的潜能［M］.龙玫，译.厦门：鹭江出版社，2015.

功，其价值在于成长！

（二）体验式教育活动的问题

我们应该明白几点：其一，体验式教育活动不一定是户外活动，不一定不安全；其二，学校部门并不需要太担心投入问题而是应该关心如何合理使用资源和科学设计使用资源；其三，学生的能力虽然有限，但学生的精力、兴趣和团队能力却是无限的，给他们一个支点，完全可能支撑起一个地球。成功的教育活动必须是"动心—动人"，先入其心，后动其人，再动其言与行。

我们在进行体验式教育活动时，首先要从实际情况出发，学生的需要，才是真正的需要。体验式教育活动如何真正做到"让学生身在其中，乐在其中，爱其到终"，这是体验式教育活动在行动方面上的现实大难题！

1. 体验式教育活动的参与者的地位界定问题

体验式教育活动在实施过程里困惑较多的是，体验式教育活动的参与者的地位应该如何界定。一直以来，我们在思考与设计教育活动时，都要考虑两点：一是参与者在活动过程中的角色如何扮演，是活动设计者、过程参与者还是活动评价者？老师与学生在教育活动过程中的参与度、权重比例应该如何分配？二是参与者在教育活动过程中是通过直接参与还是间接学习的方式获得体验，促进成长？活动参与者在这一过程中的位置界定与教育活动本身的开放度、兴奋度有关。毕竟，兴趣是最好的老师。只要符合学生的成长需要，学生完全愿意在活动设计、过程参与、活动评价等方面全身心地投入，其体验的成效往往会从内心的渴望转化为外在的实施，从而实现体验式教育活动的价值功效。因此，体验式教育活动的参与者的地位界定直接影响体验式教育活动的成效。

2. 体验式教育活动的管理技术问题

体验式教育活动反对虚假的"自主性"和"主体性"。为保证体验式教育活动的真实进行和有效生成，我们创造性地建设四种同学关系：

（1）合作型同学关系。

（2）竞争型同学关系。

（3）共赢型同学关系。

（4）成长型同学关系。

下面我们以东莞五中高二（4）班的一项班级活动为例进行分析（表1）。

表1 四班合伙人关系表

时间	2011年11月	地点	运动场	形式	户外体验	人物	全班同学
名称	四班合伙人						
活动环节	脚上的骚动—光盘行动—保护公举—你有料吗?						
活动目的	为了让班级更加团结、合作、友爱与拼搏!						
学生行为	团队合作、协同竞争、互帮互助、组织分工、合理奖励						
学生状态	开心、欢笑、全员参与、全程参与						
学生关系	（1）（2）（3）（4）						

3. 体验式教育活动的影响问题

这个影响会分成两个主要方面：一方面是体验式教育活动的社会影响，即校园内举行的体验式教育活动是否合理合法，是否会引起家校矛盾；另一方面是体验式教育活动的学生影响问题，特别是班级学生心理承受问题，即是否符合学生的心理习惯和人文承受力。在体验式教育活动中，活动的引导者可以与学生进行对话，给学生提供各种动作指导的帮助，甚至给学生一些鼓励的眼神和无声的示意，这些都会对学生产生激励或打击。教育并不是为了"育智"，而是为了"育人"，其最终价值在于实现教育目的从"模范化—生活化"的过渡。

4. 体验式教育活动的人性关怀问题

体验式教育活动的最大特征是教育生命多样。它主要是指在体验式教育活动过程中呈现出的参与主体的道德面貌的差异性以及在学习和实践过程中表现出来的能力的差异性。不能简单划一地进行评价，必须考虑学生的身份尊严、学生的生命尊严、学生的生命发展、学生的生命升华。史蒂芬·柯维在其《第三选择》中的第五章《校园中的第3选择》中说道："当今世界上最大的挑战之一，就是帮助孩子学习并达成未来的梦想。"[1]哲学大师、心理学家威廉·詹姆斯认为："人性中最深切的品质，是被人赏识的渴望!"所以，体验不仅仅只是为了教育，我们在以班级为单位进行体验式教育活动时，其价值要逐一分

---

[1] 史蒂芬·柯维.第三选择：解决所有难题的关键思维［M］.李莉，石继志，译.北京：中信出版社，2013.

层：首先，体验是为了达成一种共识；其次，体验是为了做好一种规划；再次，体验是为了追求一种催人成长的情感共鸣；最后，体验也许能达到一种普世教育观念。

5. 体验式教育活动过程颇受"峰终定律"影响

诺贝尔奖得主、心理学家Daniel Kahneman经过深入研究，发现对体验的记忆由两个因素决定：高峰（无论是正向的还是负向的）时与结束时的感觉，这就是峰终定律（Peak-EndRule）。这条定律基于潜意识总结体验的特点：对一项事物的体验之后，所能记住的就只是在高峰与终点的体验，而在过程中好与不好体验的比重、好与不好体验的时间长短，对记忆几乎没有影响。而这里的"峰"与"终"其实就是所谓的"关键时刻MOT"，MOT（Moment of Truth）是服务界最具震撼力与影响力的管理概念与行为模式。所以，如何科学设计、合理安排体验式教育活动，成功调动学生的积极性和参与度仍然是一线班主任进行体验式教育活动的突出难题。

（三）体验式教育活动策略

策略是指计策、谋略，一般是指：

（1）可以实现目标的方案集合。

（2）根据形势发展而制定的行动方针和斗争方法。

（3）有斗争艺术，能注意方式方法。[①]

李季教授在《中学德育问题与对策》一书中强调："德育活动可以从德育目标、价值取向、德育方法、德育过程、德育对象等方面探索和积累。"[②]体验式教育活动策略就是教育活动参与者根据体验式教育活动的存在问题和预期目标而采取的相应计策或方法：一是体验式教育活动的实施方案，二是体验式教育活动的评价方案，三是体验式教育活动参与者在活动过程中的方式与形成。

1. 重视第三方选择，全程贯彻"协同"原则

我们在素质教育的大背景下，不再把"制造产品"作为追求的目标，每个

---

① 李季，贾高见.中学德育问题与对策［M］.北京：中国轻工业出版社，2014.

② 李季，贾高见.中学德育问题与对策［M］.北京：中国轻工业出版社，2014.

学生都有他们的个性和种种先天或后天培养而成的能力。在体验式教育活动过程里，无论是体验式教育活动前的准备，还是在体验式教育活动中，都可以积极建立学生之间、师生之间的创造性伙伴关系，释放所有孩子主动支配而不是被动地接受自己人生的潜能。

上帝关上一扇门，一定会打开另一扇窗。不同的学生有不同的特点和才能，聚在一起时，班级才美。所以从学期初，我就鼓励学生以宿舍为单位组织设计活动方案。兴趣是最好的老师，我决心让"兴趣"牵引学生，允许体验主体的多样性及由此产生的体验式教育活动的多样性的存在，即体验也要因人而异，因需而异。

2. 完善制度，落实全员参与

我在进行班级的体验式教育活动时，从设计、分工、实施和评价等环节落实"活动酝酿—立意选取—文字设计—组织分工—广泛宣传—活动进行—评价反思—活动奖励"。每个人的人生都有两条线，脚下走的往往是曲线，但心里还有一条直线，内心的渴望关系着活动的结果。体验必须是参与又产生感悟的。"众人胜出"是体验式教育活动的价值追求，至于价值大小，则因人而异。因此，对于体验式教育活动的效果并不能仅仅是着眼于目前，得从长远角度看学生的成长！

3. 在进行班级的体验式教育活动时，做着一个完整的体系

不难发现，学生的时间和精力都在学习上，只有少数时间和精力放在生活、运动和娱乐上。试问，这样德育又如何进行？在体验式教育活动中，我们提出"体验在生活""体验在课堂"的理念，尽可能充分利用学校的软硬件和各种平台，让体验尽可能地深入学生的生活和课堂中。

体验式教育活动可通过三种活动来进行：一是室外活动的"设计"，二是创造学习经验的"教室实践"，三是对东莞特色资源进行"总结和利用"。体验式教育活动可以进行三个对话——"与主题对话""与活动过程中的同伴对话""与自己对话"，但归根结底是"人与人之间的对话"。体验式教育活动的最大魅力就在于从活生生的现实出发进行学习，学生可以在活动过程中把自己的思想、方法和人际方式都加以融入。

4. "教育生活化"尝试

蔡元培先生曾经说过："教育者，与其守成法，毋宁尚自然；与其求划一，毋宁尚自然。"纵观当今世界教育的格局，以学生为中心正在成为很多国家提升教育质量的核心导向（表2）。

表2　教育五环

项目	特征	具体内容
教育目标	生活化	把体验教育的出发点和落脚点都放在学生的生活中
教育取向	成长化	通过体验教育促成学生的健康成长
教育方法	大众化	体验在生活，体验在课堂
教育过程	开放化	允许各种有利因素和各种内容融入体验教育过程
教育对象	全员化	尊重学生个体差异，鼓励全员、全程参与

以学生为中心，一是全员化发展，即每个学生都是重要的；二是个性化发展，即每个学生都是不同的。与此相适应的是学校的多元化发展。例如，法国2010年秋季进入高一的学生已经在按改革后的"新高中"的学业组织模式接受法国的高中教育，用新的"探索课程"取代"定向课程"，对所有学生进行"个性化陪护"；新加坡的教育导向一直随着时代要求不断更新：从1959年起的"生存导向"，到1979年以后的"效率导向"，再到1997年以后的"能力导向"。2011年9月22日，新加坡教育部部长提出让教育系统变得更加以学生为中心，更加关注全面教育，更加强调价值观和品格发展，并将之概括为"学生中心、价值观导向的教育"。

四、培养砖块式的创新

为什么要提出一个"砖块式的创新"话题？首先，我们要考虑的是创新离学生究竟有多远的问题。中国应试教育下的大背景，高中学业对中学生的成长而言，是一个沉重的话题。中学生每天早上6点起床，到晚上10点半、11点睡觉，整个过程其实都在应付着沉重的学业任务。

其次，学校在自身发展的过程当中，必定会重视关注培养学生的各种兴趣、爱好和特长。为此，学校肯定会充分利用各种机会，提供各种平台，创造有利条件，采取一切形式多样的活动，去丰富学生的课余生活。所以在校园丰富的课余生活之中，广泛存在着学生发展的点点可能性。我们只要对这点点的可能性加以分析、加以引导、加以鼓励，学生的健康快乐而富有特性的成长必将随之到来。

最后，我们抓住时机努力去观察和挖掘学生在应付沉重学业之余手表现出来的种种具有创意的可能性。这种可能性广泛存在于学生的笔记、作业、画画、手工制作中。不要小看这些点点滴滴的作品或者创意，我们要把学生的这些作品或者是创意保存好，公开地提醒。目的在于不断鼓励学生重视自己手头上的兴趣、爱好、特长，鼓励他们坚持和深入学习，保证在未来的个人成长和发展进程当中，能获取创新意识和创造精神。

有部分的学生会习惯把自己的生活、学习、工作以及冥想的东西都记录下来，那里面既有文字记录，可以有素描作品，甚至是那种在大自然难以找到的原生态作品，那些过去的、小小的、带有自己意志和情绪印记的东西会发生"光合作用"，变成未来无限创意和能力。

（1）学生思维导图（图4）

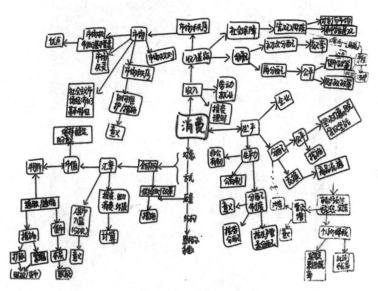

图4　学生思维导图

（2）学生的宣传报（图5）

图5　学生设计社团宣传报

（3）学生的手抄报（图6）

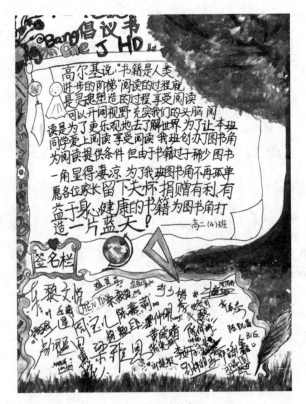

图6　学生手抄报

（4）学生的作文

女性不应该被定义

"格斗玫瑰"张伟丽仅用42秒的时间便打倒UFC现役冠军，加冕拳王。一时间，她成为媒体和公众追捧的对象。她用她的成功告诉我们，女性不应该被定义。

作为金腰带的获得者，大家对于张伟丽最感兴趣的一点是，她作为一名女性，却在男性林立的拳台中崭露头角。从古至今，对女性的定义似乎都应该是温柔的、贤惠的，女性即使不应该像林黛玉般弱柳扶风，至少也应该像薛宝钗那样温柔大方。社会对于女性的期待更多的是承担起相夫教子的责任而非是在男性的领域中叱咤风云。而张伟丽却跳出了社会为女性划定的圈子，她充满力量，她的拳头甚至能够让很多男性汗颜，也正因为如此，伴随着她夺冠之后，是许许多多的质疑，女性是否应该如此血腥和暴力？

而我又想说，是谁认为女性就不能充满力量？是谁又能保证，在某一个领域，女性就一定不如男性？张伟丽说："事实证明，我现在做的职业，可以让我在男性林立的拳台中依然做得很好，而且还能得到大家的认可。"类似的例子，古今中外比比皆是。中国历史上伟大的女政治家武则天，其在位期间，国家昌盛，开创大唐盛世；在文坛中，宋朝的李清照，留下了很多著名的诗篇，她的作品不仅有女性的温婉，同样也有类似"生当作人杰，死亦为鬼雄"般的豪迈；在沙场上，花木兰巾帼不让须眉，跨上骏马，同样是保家卫国的得力战将……英国的"铁娘子"撒切尔夫人，诺贝尔奖获得者居里夫人，等等，她们并没有囿于社会对于女性的定义，在本不属于自己的领域做出了让人类震惊的成绩。

或许，所谓的男女，只是生物学界的界定，它不应该成为一种偏见或是不平等的源泉。在漫长的历史长河中，给女性所下的定义，不管是出自对女性的保护，或者是其他什么原因，似乎都是一种偏见和不平等。在现在的社会中，女性扮演着越来越重要的角色，作为女性本身，应该明白，自己不应该因为性别而给自己设限，而作为男性乃至整个社会更应该明确，女性不应该随便被定义。

（5）学生的设计创意（图7）

班徽的设计者郭嘉荣如是说："班徽的设计需要体现三个原则，班情与学情的统一，德智体美劳的整体和各位同学个性发展与班级追求的统一。所以，我首先把班级的最大元素'高一几班'和我们的学习科目结合；其次，我把一些运动、艺术的元素结合起来，充分展现德智体美劳全面发展；最后，我用地球作为最大的发展视野，彰显班级发展目标。"

图7　学生班徽设计创意

（6）学生的美术创意（图8）

中学生有责任发展好身边美好的事物！中学生有义务用好各种新颖的方法传承与保护我们的传统！

作者莫梦娜说："我喜欢彩绘，我想用我喜欢的方式记录我的生活、长大的家乡，特别是我内心深深的记忆，高埗桥、母校、年味、东江……"

图8　学生美术创意

（7）学生的管理创意

宿舍公约

为了让宿舍全员考上理想大学，特制定以下公约：

早晨：6：00起床（当然有梦想的应当更早，毕竟有梦的人睡不着，没梦的人睡不醒）。

中午：13：00午休（保证下午学习质量）。

晚间：23：20前完成宿舍内务（早睡早起）。

坚持一个信念，改变不了大环境，就改变小环境，做自己力所能及的事情。我们不能决定太阳几点升起，但可以决定自己几点起床！

每天值日的同学在打扫完宿舍之后，其余同学应尊重他人的劳动成果。例如，舍友早上拖完地后离开了宿舍，其他舍友若踩踏严重，应肩负起重新打扫的责任。

另外，每周的周一和周四定为612宿舍的"学习日"。

"学习日"即该日应跟舍友重点探讨学习上的疑点、重点、学习心得、学习方法等。

优势科目的同学应尽量帮扶劣势科目的同学，有劣势科目的同学应主动求学，积极上进，争取赶上大队伍的前进步伐！

612宿舍将每两周开一小会，总结得失，探讨改进方案。

小小构图，大大世界。学生在校，既想看自己的分数，来证明自己的成功；亦想在生活、工作和服务上有自己的种种尝试，以证明自己在更好地"活着"。于是，一方面，学生们努力按照老师的设想和建议，做着如流水线上的产品，希望自己的成长能达到家长、老师的要求；另一方面，学生也想利用在学校中的宝贵时间和种种可用之机，按照自己的意愿和能力，体现自己的思想，追求自己的所需。

学生很多好的点子、好的作品、好的初稿……凡此种种，如同实验室中的瞬间发现，如同绞尽脑汁时的灵光一现，都能如黑夜里的明灯，其功能有时鼓励学生，有时亦能引导学生努力一生。有时学生的听话只是符合标准，但学生的杂乱个性才显其活力与魅力。

这些美好，都需要老师有一双发现美的"眼睛"，注意观察学生的日常表现，注重收集学生的平时，更需要老师走近学生，进行平等的交流。教育，不就是要有发现美的眼光和培养的能力吗？学生在校的点点创新，是"星星之火，可以燎原"。

如果，这是一种难能可贵的习惯！

如果，这是一种持续的潜意识！

如果，这是一种引导人生发展方向的动力！

　　如果，我们，作为教育者在日常生活中注重学生的美好点滴……

　　有时，我们会矛盾，究竟是学生的分数线还是学生呈现出的创意更能刺激我们这些长期处于一线的教育者。所以，教育不是单纯灌输给学生种种前人的观点，而且要伴着学生的成长过程而做出活的牵引。它有时需要柔情，有时需要刚性。在相对完整的教育体系中，倒也鼓励各位教育者根据教育对象的个性进行各取所需。

　　尤瓦尔·赫拉利在《人类简史》里说过："故事不仅仅是让人拥有想象力更重要的是让人类'一起'想象。"作为教育者，如果你不抓住学生的成长故事，你是不可能抓住学生的成长规律的。你不鼓励学生创新自信，创新自觉，创新自强，你又如何能与其共同成长！

五、重视培育学生的美育素养

　　早在70年前，著名的清华大学教授梁思成就提倡："教育要努力走出'半个人'的世界，培养具有完整人格的人。"人格是个人在一定社会中的地位和作用的统一；是个人做人的尊严、价值和品格的总和。2018年9月在北京召开的全国教育大会指出，以凝聚人心、完善人格、开发人力、培育人才、造福人民为工作目标，培养德智体美劳全面发展的社会主义建设者和接班人，加快推进教育现代化，建设教育强国，办好人民满意的教育。

　　安东尼奥·葛兰西说："当旧有的行将逝去而新生的尚未形成，在这样的日子里形形色色的不正常现象都会出现。"经济全球化深入发展与逆全球化并行，互联网发展与物联网发展并行，国家力量整合与民粹主义兴起，人类的意见表达空间在网络媒介的帮助下无限发展。新技术、新工艺、新产品、新征途以及新的社会结构与关系出现，都需要一种"美"的引领。费孝通先生说："各美其美，美人之美；美美与共，天下大同。"人工智能的出现彰显着科技美，生产力的发展彰显着社会美，文化的多元彰显着人文美。"美"立在科技与人文发展的制高点，统领着陌生人际、极化观念纷争、技术发展与正在变化的社会治理格局。

　　在国外，费孝通先生早年的学术著作，早早成为西方社会学必读书。但在国内，依然强调"学好数理化，走遍天下都不怕"，培养的人才如钱理群教授所称的大批"精致的利己主义者"，成为如社会学家韦伯说的"没有灵魂"

的专家。审美水平造成了人与人之间的行为差异。奥地利导演迈克尔·哈内克说，道德也是一种审美。人的审美如果达到一定水平，自然会识别"不美"之事，便不会去做了。而不良之徒恰恰认为"此事极美"。

在校园，一些学生正在乐做一些"俗事"，如和美环境中的冷嘲热讽、安于现状的目标追求、游玩主业化、成人行为低龄化、人生追求物质化，学生的欲望正在社会化、成人化、放大化。

在校园，一些学生正不愿做一点"好事"，如公平与正义的维护、集体共同的价值追求、是非观念法制化……多元文化背景下的中学生，在对民主与自由的渴望下，选择权增加了，其选择权下的自我变得利己化，只有不断地调整选择，才能更好地清晰化自己，从而能发展最真实的自己。奥地利著名小说家、剧作家，当代德语文学重要的作家之一彼得·汉德克相信，美能拯救这个世界、大自然和人性的美。有人说真相是具体的，但他觉得美才是具体的。

一个多元、多学科、多主体的校园中，大美育是一个独特的存在。它因教育而立，因师生而泛，因社会所需而存在。其美，可以体现在个体，亦可整体捕捉。

校园中的大美育可以是学科美、课程美、人文美、科技美、环境美、学生美。

校园中的大美育有五层结构：认同美—欣赏美—发展美—交流美—创造美。

校园中的大美育的实现路径：提出—厘清—构建—普及—推广—创造。

它是校园环境中的五彩，它是课室里的积极人文活力，它是科技领域中的点点人性智慧。大美育，以它特有的包容性，灵活地走动在文理体艺的领域中，带领学生接受人文、理性的光辉，领略着力量与艺术的美，追求共性，散发着和谐美！

（一）重视"生活美"，这是一切美的基础

人人都希望生活在美的当下。热爱生活是一种态度，也是一种美的追求。"生活美"一直都存于人类的日常生活之中，如语言美、行为美、心灵美、劳动美、学习美、道德美、体育美……无论是学生的日常，还是学生的思想，都需秉持一颗追求真善美的"生活美"的心，重视学习过程的美，重视尊师睦友的美，重视呵护环境的美……

（二）鼓励追求"事业美"

《易经》有云，举而措之天下之民，谓之事业。简单地说，就是既做了自己喜欢的事情，却又帮助了他人，这个就是事业。在美术领域，齐白石老人用生活中的物象，提炼出中国美学的经典元素，致力把中国艺术与生活结合，做到生活与艺术的融合统一；余秋雨先生在撰写陈逸飞先生墓志时说："陈逸飞先生是当代中国享誉国际的杰出画家，他曾在劫后余生的文化断层间，找回浔阳遗韵的丰姿，江南午后的宁静，小桥流水的思念，安顿了一代人浮躁的眼神和心灵。而后，他又日夜求新求变，扩充绘画生命，拓展视觉艺术，做出极大贡献。他曾以中国的美丽，感动过世界。"美的事业，熬人心血。学生既是一种社会身份，也是学生本人的应有事业，学生就应该在学校以学习为途径，成长自己，又努力帮助他人。

（三）借助教育"成就美"

不是如此吗？教师不亦是如此吗？教师在教育过程中，特别是在教育最佳契机里，紧紧抓住，努力引导着一个个受教育者的生命，牵引着一个个方向，安顿着一个个躁动不安的心灵。而后教师又不断更新知识和技能，延伸自己的职业生命，将本属于一支蜡烛的光和热放大成太阳的能量！

案例 34

简单发生，却也美好！

在我身边，一瓶水也能和一瓶牛奶发生故事！原来，生活中的故事，特别是教育者与被教育者之间，没有过多的预设和铺垫，却能简简单单发生，也甚是美好！

1.故事发生

早上到办公室，我的办公室桌面上放着一瓶酸奶，当时，办公室人并不多，我只有在脑海中做出各种想象了：是不是有同事结婚？是不是同事有喜事，比如获奖？是不是年级统一发放的福利？……

终于，上课的同事回来了，旁边的黄老师提醒了我一下："七班的周同学来过你这里。"这一下我知道了，联系一下昨天下午的事，瞬间明朗。

2.美好回忆

周三下午，一帮爱好足球的同事和学生踢完友谊比赛后，坐在足球场边喝水，边休息。

400米的跑道上，高三在跑步的学生并不多。一位男生从远及近，在我们身旁停了下来，喘气，深呼吸，背对着我们，大汗淋漓。

当时，我也没有多想，我们叫过来的一箱饮用纯净水还剩几瓶，见到这位姓周的学生，便招呼他过来，请他喝一瓶水而已。万万没有想到，还有这么精彩的后续，他与我之间的故事极其简单，轻轻地，没有任何痕迹就发生了，带着美好，留给我深深的思考。

3. 教学反思

（1）教育必然在生活中。教育，说白了就是教师和学生的一种发展关系！教育是一个过程，是终身教育而不是一次性完成的。人的一生，都以生活为载体，所以，对生活的教育，是最好的、最符合学生的教育。完整的生活教育是一种幸福。

（2）教育无痕才有更好的自发教育效果。每个孩子来到世间，都有他们独一无二的天赋和选择如何利用他们天赋的权利。教育的任务，是帮助所有孩子最大限度地发挥他们的潜能。教育者所采取的教育措施如果太显性、太刚强，其效果也许是适得其反的。

（3）既然是使用标签，那么学生应该是丰富标签者。有人会因为我们的缺点而讨厌我们，但也会有人因为我们的真实而喜欢我们。我们不必让那些本不喜欢我们的人喜欢上自己，而应坚持让那些本该喜欢我们的人尽快发现自己。

（4）你的教育故事在哪里？年轻的教师认为自己还没有锤炼好自己，哪有时间关注；年长的教师把自己的故事埋藏心底……不管是何种年龄段的教师，不管是哪类教师，总有故事在身边。故事可能发生在你的课堂，故事也可能发生在你与学生的交流中，故事也许就在校园中的某些活动里……教育的故事不一定是好的，也许是悲伤的，也许是欢喜的。教育故事也不在乎形式，主要是有内涵、富有内心撼动性的。

六、用文化支撑未来

文化承载过去，也支撑未来。文化对人的影响，就如同生存对人类的影响。只有生存，才能使人类长久发展；只有更好的生存，才能支撑人类更好的发展。人要想在未来有更大的发展空间和进步，就必须拥有丰厚的文化底蕴，特别是文化当中的丰富知识以及价值观念。因此，在未来，无论是大到一个国家、民族，还是小到一个企业，再小到一个个人，其实都必须要重视文化对人的存在以及发展的重要影响。文化是一种包含精神价值和生活方式的生态共同体，它通过积累和引导，创建集体人格。中学生其实在成长的这十多年的人生经历过程中，已经经历过大大小小的好几种文化。

第一种文化肯定是家庭文化（甚至是胎教文化）。孩子从出生开始，就接受着这种文化的影响和熏陶。

第二种是校园文化。孩子达到法定入学年龄，往往就会进入比较完善的教育体系，如幼儿园、小学、初中、高中、大学，接受传统文化甚至是正统文化的教育和熏陶。

第三种文化应该是校园中的群体文化。中学生在校时间比较长，与同学、老师相处机会比较多，往往会形成一些特定的群体文化，如宿舍文化、班级文化、社团文化。不论是哪一种群体文化，对中学生的价值观念、行为习惯以及发展成长，都产生着或多或少的影响。

第四种应该是国家文化或者叫社会主流文化。这种文化应该是国家主流倡导的文化，当然，这个主流文化当中也不乏因为互联网技术发展、价值多元化发展而产生的各种各样大大小小的文化。社会主流文化发展直接影响着中学生的发展成长。

各种文化之间的地位、作用不完全相同，但是又是影响中学生成长的一个综合的文化因素。因此我们有必要对它们进行地位、作用的规范说明，加以引导以便正确发挥各个阶段、各种文化对中学生的影响。

（1）家庭文化，是学生人格形成的基础，主要解决"文化入心"的问题。有人说，每个家庭就是一个小小的社会。这个小小的社会里也有明确的分工。只不过它是由血缘关系组成的，有别于社会。家庭不仅仅是学生成长的港湾，家庭还是一定范围内，在血缘关系的基础上形成的一定的文化延续，这样的文化延续能不断地维护和促进家庭的进步和家庭成员的发展。例如，我们大家都熟悉的《傅雷家书》。优秀的家庭文化往往会表现在家庭关系的和谐、家庭成员的精神面貌、家庭成员的习惯、家庭成员之间的约束、家庭成员的不断追求等方面，为学生的人格成长奠定基础。

（2）校园文化，是学生人生进步的延伸，主要解决"文化成人"的问题。一个学生进入了一个校园往往带有各种各样的疑问，如："这所学校究竟有什么吸引我？""这所学校的文化积淀和我的成长能达成一致吗？"文化对人的影响是潜移默化和深远持久的。校园文化的实施和文化环境的培育，特别是学校的"教育理念、校训、校风、班风、学风"以及一系列校园文化活动，是教育学生、培养学生进步发展的根本潜性基因，也是推动学校历届学生进步发展的持续动力。

（3）群体文化，是学生人际发展的提升，主要解决"文化入世"的问题。在余秋雨先生眼中，文化是一种习惯了的精神价值和生活方式，它的最终成果是集体人格！[①]人是社会性动物。学生进入学校，成为学生，尤其离不开班级、宿舍以及社团三个群体。班级形成团队竞争、合作力，宿舍形成良好人际互动、友爱力，社团保障了个性发展和探究力。

【学生素材39】

高三（14）班高考冲刺公约

青春在拼搏中闪光，生命在奋斗中豪迈！全力以赴的时刻来了！为了无悔青春与明天，我们共同约定：

1. 此刻打盹，你将做梦；此刻学习，你将圆梦。

2. 方法总比困难多。

3. 不能高声语，会惊读书人。

4. 难在坚持，贵在坚持，成在坚持！

5. 情绪稳定，身心健康。

6. 紧张而有序，效率是关键。

7. 向弱项挑战，向懒惰挑战，向陋习挑战！

8. 上课不偷睡，晚上不漏睡。

9. Take control of your own destiny.命运掌握在你手中。

10. Quitters never win and winners never quit.退缩者永无胜利，胜利者永不退缩。

（4）国家文化，主要解决"文化归向"的问题。国家文化是国家的总体精神根基和精神引领。国家文化既包括历史文化、当代文化，又包含国家文化发展

---

① 余秋雨.中国文化课［M］.北京：中国青年出版社，2019.

未来趋向。国家文化在校园内的传播适宜全面、准确而又直观。国家文化对校园内学生的教育又应该科学、个性和高度地体现国家文化和个体文化的充分结合。

文化生存和发展也是有危机的。学校里的文化危机在哪里？我设想从四个层次分析：①文化的落地缺少人为的主动；②健康文化的生存空间不断地被压缩；③文化的隐形功能和潜移默化的功能被功利化，被固定化；④校园文化与校园里的文化如何实现共生？

那么，校园里的文化"机"在何方？我们先来弄清楚文化的几个层次。

（一）文化的固定因素

文化活动：通过丰富的文化活动感悟文化的魅力。

文化课程：文化在校园里的最大载体，是文化塑造的途径。

文化环境：文化硬环境，用硬的环境追求软的文化氛围。

文化品位：是文化在生活中的一种追求，文化毕竟要服务生活。

文化主旋律：是校园文化的最高引领，是忠诚家国、服务社会的文化根本。

（二）文化的延展因素

文化影响：横向的影响，强调学校文化对学生、家庭、社会的广阔影响空间。

文化发展：纵向的影响，强调在学校老师、历届学生对学校文化的努力践行，不断继承，发展学校的中心文化。

从横向的角度，衡量文化的影响，需要衡量不同的社会群体，如家长、社会、毕业生、在校生的接纳度和认同度；从纵向的角度，归纳文化的影响需要做好文化的传承与践行。但横向的角度和纵向的角度交汇时，都应该考虑"人在文化发展过程中的中心"这个问题，注重孩子健康积极人格的形成，以优良文化形成优秀的人的自然性和社会性。人的本性，归根到底属于文化，人性的光芒，也是由文化所决定。

四种文化应该保持步调一致。文化是一种更具普遍意义、更合情理、更深层次的集体追求。文化的价值既在意文化能统领的社会高度有多高，又在意其能统领的范围有多广。无论是家庭文化、校园文化、群体文化还是国家文化，都需要在各自的属地表现得有节制、有分寸，四种文化在落地生根的重要问题上要做到自上而下的步调统一。

后 记

书稿撰写，确实是一个艰辛的历程，犹如孕育生命！

书稿终于完成了，它是千呼万唤始出来的。这是我的处女作，它是我教育生涯一个重要的里程碑。以东莞市名班主任陈青天工作室为支撑，在东莞德育团队中我接触到很多学习的机会，获得很多的素材，通过我所在的学校——东莞市第五高级中学，接触到大量学生的信息，这些都成为我宝贵的素材。

工作18年了，连续15年担任班主任，担任德育级长，主持工作室4年，让我养成了三个很好的习惯：第一，建立学生成长素材库；第二，用手机记录自己的灵感；第三，凡所看所历，都对应给出自己的所思。由此，我要感谢自己，感谢一路相随的人！

我是两个孩子的爸爸，两个孩子的成长经历给了我很多灵感和点子，特别是她们之间的相处、相爱、矛盾和合作给了我不少的经验和建议，她们俩有时甚至成为我一些教育措施的"实验品"。通过对学生的教育、积累和反思，我在提高自己教育能力的同时又能不断地修正我教育孩子的行为和不足。这时才发现，教育学生和教育孩子之间竟然有如此高的契合度。

教育，本质上是生活。教育是一种以学生为对象，以成长为主线，以生活为主题，以核心素养为追求的过程。只有公平、公正、科学、富有启发性地进行，才能对学生实施正能量的教育。编写自己的教育教学实践，是对教育的探索和对生活的再出发，是一种自我的进步与提升。

最后，衷心感谢广东省第二师范学院政治系主任、广东省中小学德育研究与指导中心主任高家方教授的指导和作序，感谢广东省东莞市第五高级中学杨志坚校长的鼓励和支持，感谢东莞市第五高级中学莫佛钦副校长的帮助，感谢东莞市第五高级中学吴梓萍老师的支持和帮助，感谢东莞市第五高级中学的郭燕茹老师、田洋老师，感谢深圳市艺术中学周静老师提供的素材，感谢学生莫梦娜作画支持和帮助。

　　还有太多我生命中的贵人，给我提供太多的帮助，无法一一列举，在此一并表示感谢！感谢一切，让我能在新的起点，跑出全新的旅途！

陈青天

2020年2月10日